AF284759

René Martin

Excel-Gimmicks I:

Amüsantes, Wissenswertes und Erstaunliches rund um die Tabellenkalkulation Excel

René Martin

Excel-Gimmicks I:
Amüsantes, Wissenswertes und Erstaunliches rund um die Tabellenkalkulation Excel

Alle in diesem Buch enthaltenen Informationen, Verfahren und Darstellungen wurden nach bestem Wissen zusammengestellt und mit Sorgfalt getestet. Dennoch lassen sich trotz sorgfältiger Prüfung kleinere Fehler und Unstimmigkeiten in einem Fachbuch nur selten völlig vermeiden. Aus diesem Grund sind die im vorliegenden Buch enthaltenen Informationen mit keiner Verpflichtung oder Garantie irgendeiner Art verbunden. Der Autor, René Martin und der Verlag, bod, übernehmen infolgedessen keine juristische Verantwortung und werden keine daraus folgende oder sonstige Haftung übernehmen, die auf irgendeine Art aus der Benutzung dieser Informationen – oder Teilen davon – entsteht. Ebenso übernehmen der Autor, René Martin und der Verlag, bod, keine Gewähr dafür, dass beschriebene Verfahren frei von Schutzrechten Dritter sind. Die Wiedergabe von Gebrauchsnamen, Handelsnamen, Warenbezeichnungen und so weiter in diesem Buch berechtigt deshalb auch ohne besondere Kennzeichnung nicht zu der Annahme, dass solche Namen im Sinne der Warenzeichen- und Markenschutz-Gesetzgebung als frei zu betrachten wären und daher von jedermann benutzt werden dürfen.

Bibliografische Information der Deutschen Nationalbibliothek:
Die Deutsche Nationalbibliothek verzeichnet diese Publikation
in der Deutschen Nationalbibliografie; detaillierte bibliografische Daten
sind im Internet über http://dnb.dnb.de abrufbar.

© 2021 René Martin
Erste Auflage
Illustration: René Martin
Satz: René Martin
Herstellung und Verlag: BoD – Books on Demand, Norderstedt
ISBN: 978-3-7526-6674-8

Inhaltsverzeichnis

Vorwort

Warum Excelgimmicks? Warum ein weiteres Buch über Excel? Nun – die Idee hierzu entstand auf den Excelstammtischen.

Excelstammtische – Was ist den das?

Die Idee des Excelstammtischs ist nicht meine. Schon vorher gab es im deutschsprachigen Raum Excelstammtische: Andreas Thehos und Johannes Curio organisierten sie. Ich wollte so etwas auch in München installieren und habe es geschafft: Seit Anfang 2016 treffen wir uns fast jeden Monat und diskutieren über Excel. Es nimmt kein Ende. Hier nur einige der Themen, über die wir bisher gesprochen haben:

Didaktik, PowerQuery, PowerPivot, PowerBI, Inquire, AGGREGAT, XVERWEIS, Excel „hacken", Vorlagen, Excel und XML, Diagramme, Namen in Excel, Excel „schneller machen", eigene Funktionen mit VBA programmieren, bedingte Formatierung, Statistik & Excel und OfficeJS.

Aber auch nicht „reine" Excelthemen, wie beispielsweise: OneNote, Datenvisualisierung, DataSience, SharePoint, Webinare standen auf der Tagesordnung. Wir haben Spaß dabei.

Der Spaß wurde im Jahr 2020 leider getrübt als wir uns nicht mehr treffen durften. Also habe ich den Excelstammtisch online organisiert. Ebenso hat dies Andreas Thehos und Frank Arendt-Theilen getan. Und ich habe auf vielen dieser Stammtische ein kurzes Referat gehalten. Es wäre schade, wenn diese Referate – ich habe sie Excelgimmicks genannt – verschwinden würden: Amüsantes, Interessantes, Lustiges und Wissenswertes zu verschiedenen Excelthemen.

Vorhang auf und Bühne frei für den Hauptakteur: Excel!

Zu Excel

„To excel" steht im Oxford Dictionary, bedeutet: „do better than others, be very good". Auf Deutsch könnte man dies mit „herausragen" oder einfach „gut sein" übersetzen. Eben: ein tolles Programm. Eines meiner Lieblingsprogramme. Vielleicht ist es aber auch ein Wortspiel mit „ex" und „cell": aus der Zelle ... Wer weiß?

Auf alle Fälle: Excel ist ein großartiges Programm. Eines meiner Lieblingsprogramme.

Zu mir

Seit über 30 Jahren unterrichte ich Softwareprodukte von verschiedenen Herstellern aus verschiedenen Bereichen. Dabei zählt Excel zu meinen bevorzugten Programmen. Ich programmiere auch Lösungen für Firmen. Sie ahnen es sicherlich: VBA ist meine Lieblingssprache.

Nicht nur, weil es in viele verschiedene Wissensgebiete eingreift, sondern auch, weil an dieses Produkt immer wieder neue Anforderungen gestellt werden, die es zu lösen gilt. Und auch, weil häufig neue, spannende Funktionen und Funktionalitäten hinzukommen.

Zu den Lesern und Leserinnen des Buchs

Ich habe versucht, das vorliegende Buch sowohl für Excel-Anfänger als auch für Profis zu schreiben. Jedes Kapitel kann einzeln gelesen werden. Man muss also nicht von der ersten bis zur letzten Seite vorgehen.

Das Buch richtet sich zum einen an Anwender und Anwenderinnen im Büro, die mit Excel arbeiten und die Spaß am Tüfteln und Knobeln haben. Die gerne mit dieser Tabellenkalkulation umgehen und sich freuen, wenn sie etwas Neues lernen.

Zu den Download-Dateien und Screenshots

Die Bildschirmfotos sind alle in Excel aus Office 2019 / 2016 / Office 365 gemacht worden. Bis auf wenige Ausnahmen lassen sich alle in diesem Buch beschriebenen Funktionen mühelos auf die älteren Versionen 2007, 2010 und 2013 übertragen.

Die Beispiele können Sie von meiner Seite

www.compurem.de

und dort unter Texte & Videos / Downloads herunterladen. Die Beispiele sind auf verschiedene Dateien und Ordner verteilt. An ihren Namen kann das zugehörige Kapitel des Buchs entnommen werden. Keine der Dateien verlangt irgendeinen Datei- oder Ordnernamen.

Dankeschön

Ein großes Dankeschön geht an die Mitdenker und Mitdenkerinnen unseres Excelstammtisches in München (insbesondere an Christian Neuberger). Ein Dankeschön auch an Andreas Thehos (https://thehosblog.com/), Mourad Louha (http://www.excel-ticker.de/) und Frank Arendt-Theilen. Auch bei Ihnen habe ich einige interessante Gedanken gefunden, die in dieses Buch eingeflossen sind.

Und nun wünsche ich viel Freude beim Lesen, beim Rechnen und beim Schmunzeln

René Martin; München, Januar 2021

P.S.: Über Kritik, Anregungen und Vorschläge freue ich mich sehr.

Besuchen Sie auch meinen Blog:

http://www.excel-nervt.de

1 Zahlenformate

Excelstammtisch vom 17.11.2020

1.1 Wert und Format

Man muss sicherlich niemandem, der mit Excel arbeitet, erzählen, dass sich unter oder hinter einer Zelle ein Format befindet. Der Wert der Zelle ist in der Bearbeitungsleiste zu sehen. Das formatierte Ergebnis auf dem Tabellenblatt. Dabei ist es unerheblich, ob die Schriftart, Schriftgröße, Schriftfarbe, Hintergrundfarbe und so weiter, geändert wird oder das Zahlenformat. Der Wert (`Value`) wird durchs Formatieren nicht geändert. Wirklich?

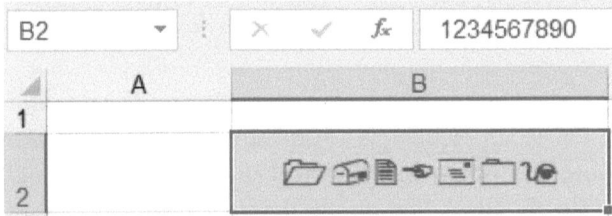

1.2 Die Grenzen der Zahlen

Die Obergrenze bei der Eingabe bei Zahlen liegt bei 15:

- 15 Stellen vor dem Komma
- 15 Stellen nach dem Komma
- 15 Stellen insgesamt

| G5 | ▼ | : | × | ✓ | f_x | 01.01.9999 |

▲	A	B	C	D	E	F	G
1					Stunden		Datum
2			12345678901234500000,00		20:30		1-1-1875
3			0,1234567890123450000000		200:45:00		01.01.1905
4			1234567890,123450000000		2000:15:00		16.11.2020
5					20000:30		01.01.9999
6					200000:45		
7							

Die Grenzen werden beschrieben auf:

```
https://support.microsoft.com/de-de/office/spezifikationen-
und-beschr%C3%A4nkungen-in-excel-1672b34d-7043-467e-8e27-
269d656771c3
```

Spezifikationen und Beschränkungen für Arbeitsblätter und Arbeitsmappen

Feature	Obergrenze
Geöffnete Arbeitsmappen	Beschränkung durch verfügbaren Arbeitsspeicher und verfügbare Systemressourcen
Gesamtzahl der Zeilen und Spalten in einem Arbeitsblatt	1.048.576 Zeilen und 16.384 Spalten
Spaltenbreite	255 Zeichen
Zeilenhöhe	409 Punkt
Seitenumbrüche	1.026 horizontal und vertikal
Maximale Anzahl von Zeichen in einer Zelle	32.767 Zeichen
Zeichen in einer Kopf- oder Fußzeile	255
Maximale Anzahl von Zeilenvorschüben pro Zelle	253
Arbeitsblätter in einer Arbeitsmappe	Beschränkung durch verfügbaren Arbeitsspeicher (der Standardwert liegt bei 1 Arbeitsblatt)
Farben in einer Arbeitsmappe	16 Millionen Farben (32 Bit mit Vollzugriff auf das 24-Bit-Farbspektrum)
Benannte Ansichten in einer Arbeitsmappe	Beschränkung durch verfügbaren Arbeitsspeicher

Auch Datums- und Uhrzeitangaben haben Obergrenzen!

1.3 Standard und Zahl

Auf den ersten Blick sehen Zahlen, die als Standard oder Zahl ohne Nachkommastellen formatiert sind, gleich aus. Sie erkennen den Unterschied jedoch sehr schnell, wenn die Zahl groß wird: 121212121212121 wird mit dem Zahlenformat „Standard" zu 1,21212E+14, als Zahl wird sie nicht in die wissenschaftliche Schreibweise verwandelt. Ebenso wirkt es sich bei der Eingabe von Dezimalstellen aus. Eine Zahl mit einer festen Anzahl Nachkommastellen bedeutet: diese feste Anzahl Nachkommastellen. Werden Zahlen mit Nachkommastellen eingegeben, werden diese gerundet formatiert und erscheinen nicht in der Zelle. Beide Zahlenformate löschen jedoch führende Nullen.

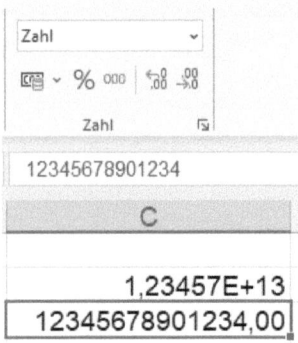

1.4 Währung und Buchhaltung

Stellt diese Zahl einen Geldbetrag dar, so kann man sie mit dem Buchhaltungszahlenformat oder als Währung formatieren.

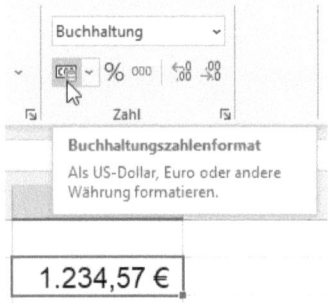

Excel greift auf die Währung zu, die in der Systemsteuerung in Windows unter „Ländereinstellung" festgelegt wurde. Soll die Zahl dagegen eine andere Währung besitzen, so kann diese über den Dialog „Zellen formatieren / Zahlen" formatieren:

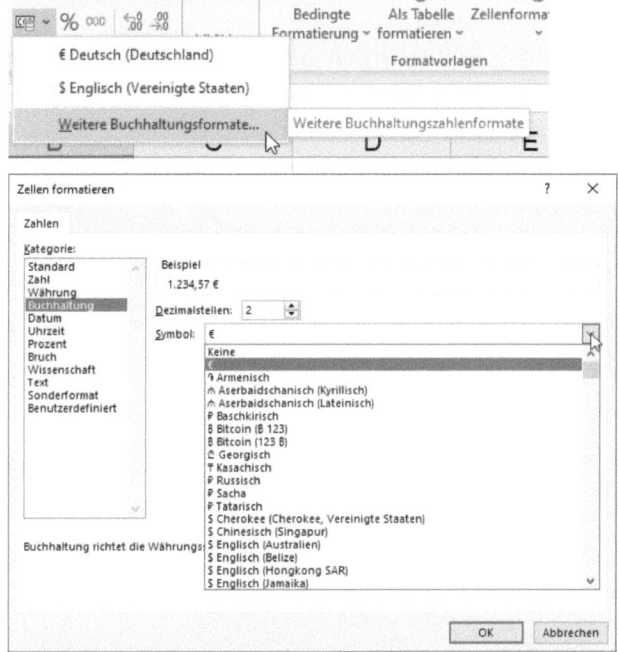

Die Liste unterteilt sich in zwei Hälften: In der oberen Hälfte befinden sich die Währungen als Symbol oder Abkürzung, in der unteren befindet sich die ISO-Norm 4217, die festlegt, welche drei Buchstaben für welche Währung steht[1].

Auch wenn sie sehr ähnlich sind, so existieren einige Unterschiede zwischen der Kategorie „Währung" und der Kategorie „Buchhaltung".

Die Unterschiede zwischen „Währung" und „Buchhaltung" sind:

- Bei Buchhaltung bleibt ein kleiner Rand zwischen dem Text „EUR" oder „€" und der Gitternetzlinie, bei Währung nicht; die Währung steht immer am linken oder rechten Rand der Zelle.

- Buchhaltung stellt 0 als - EUR (- €) dar, Währung als 0,00 EUR (0,00 €).

- Schaltet man in den Optionen „in Zellen mit Nullwerten eine Null anzeigen" aus, wird - € bei Buchhaltung dargestellt; eine leere Zelle bei Währung.

---

[1] Amüsant ist, dass sich auch Bitcoin ist der Liste befindet.

- Buchhaltung stellt $ an den linken Rand der Zelle, Währung direkt vor die Zahl.

- Negative Zahlen können im Währungsformat rot dargestellt werden.

- Eine mit dem Zahlenformat „Buchhaltung" formatierte Zahl kann nicht zentriert werden.

- Wird das Ergebnis einer Zelle buchhalterisch unterstrichen (Start | Schriftart), dann wird die Zelle einer Buchhaltungszahl fast ganz unterstrichen, die Zelle einer Währungszahl nur so weit, wie die Zahl lang ist.

- Wird ein kurzer Text als Buchhaltung formatiert, befindet sich eine kleine Lücke zwischen dem linken Rand und dem ersten Buchstaben.

- Wird „langer Text" (Text mit mehr als 253 Buchstaben) als Buchhaltung formatiert, wird er mit ###### dargestellt; bei Währung jedoch nicht.

Währung	Buchhaltung	
1.234,57 €	1.234,57 €	
0,00 €	- €	
$1.234,57	$ 1.234,57	
-1.234,57 €	- 1.234,57 €	
1.234,57 €	1.234,57 €	
1.234,57 €	1.234,57 €	
Kafka:	Kafka:	
Als Gregor Samsa eines M	#############	
		Wiederholungen:
XXXXXXXXXXXXXXXX	#############	255

1.5 Benutzerdefiniertes Zahlenformat

Verblüffend! Kennen Sie die Funktion UMWANDELN? Diese Funktion stellt über 100 Maßeinheiten zu Verfügung, die umgerechnet werden können. Natürlich kann ich nicht Meter in Kilogramm umrechnen und natürlich sind viele Einheiten in Zehnerpotenzen vorhanden: mm, cm, m, km, ...

Umso erstaunlicher ist es, dass keine dieser Maßeinheiten in den Zahlenformaten in Excel zu finden sind. Zwar finden sich alle Währungen dieser Welt. Als 2005 in der Türkei von der Lira auf die neue türkische Lira (TRY) umgestellt wurde, hielt diese Währung in Excel Einzug. Ebenso findet sich in der aktuellen Version Bitcoin.

Während das Dollar-Zeichen auf den meisten Computertastaturen vorhanden ist und das Euro-Zeichen meistens mit [Alt Gr]+[e], [Strg]+[Alt]+[e] oder auch

[Shift]+[Strg]+[Alt]+[e] erzeugt werden kann, finden sich andere Währungssymbole nicht auf der Tastatur. Wenn Sie sie benötigen, dann können Sie mit gedrückter [Alt]-Taste auf der rechten Zahlentastatur den ANSI-Code für folgende Symbole eingeben:

£ (GBP) 0163

¥ (JPY) 0165

€ (EUR) 0128

₽ (RUB) 8381

Weitere Währungssymbole finden sich im Internet

Man kann jedes beliebige Wort vor oder hinter den Zahlen durch ein benutzerdefiniertes Zahlenformat hinzufügen. Ob das Leerzeichen sich innerhalb der Anführungszeichen befindet oder außerhalb, spielt keine Rolle:

```
"Schulden:" 0,00
```

entspricht:

```
"Schulden: "0,00
```

Alternativ könnte vor jedes Zeichen ein „\" gesetzt werden:

```
\Sc\h\u\l\d\e\n\: 0
```

Und so könnte man benutzerdefiniert formatieren:

- 1234 km
- 1235 m²
- 1236 m³
- 1237 °C
- 1238 hl
- 1239 kg

und so weiter.

Soll die Zahl 1400000 nicht als 1.400.000 dargestellt werden, sondern als 1,4 Mio., dann muss sie formatiert werden:

\# stellt sie als 1400000 dar.

\#. stellt sie als 1400 dar.

\#.. stellt sie als 1 dar.

\#..,\# stellt sie als 1,4 dar.

#..,# "Mio." stellt sie als 1,4 Mio. dar.

	A	B	C	D	E
1	Panzerknacker	Name deutsch	Name englisch	Nummer	Gestohlen (in Mio)
2	Panzerknacker 1	Karlchen Knack	Big Time Beagle	167-671	265448,08
3	Panzerknacker 2	Burger Knack	Burger Beagle	761-176	750155,43
4	Panzerknacker 3	Kuno Knack	Bouncer bzw. Biceps Beagle	716-167	299745,23
5	Panzerknacker 4	Schlabber Knack	Baggy Beagle	617-716	523146,65
6	Panzerknacker 5	Babyface Knack	Babyface Beagle	176-167	314848,28
7	Panzerknacker 6	Knubbel Knack	Bugle bzw. Bebop Beagle	671-761	621136,04
8	Panzerknacker 7	Bankjob Knack	Bankjob Beagle	176-671	85005,69
9	Panzerknacker 8	Bomberknacker	Bomber Beagle	117-671	692916,21
10	Panzerknacker 9	Bullauge Knack	Bullseye Beagle	671-761	884595,15

(D2 = 167671)

Hinweis

Anders als in Deutschland oder Österreich wird in der Schweiz der Apostroph als Tausendertrennzeichen verwendet. Dort muss das obige Format lauten: #'',# "Mio."

Hinweis

Die folgenden Zeichen werden ohne Verwenden von Anführungszeichen angezeigt: $ - + / ( ) : ! ^ & ' (einfaches Anführungszeichen links) ' (einfaches Anführungszeichen rechts) ~ { } = < > und das Leerzeichen.

Sollten Sie sich bei einigen Sonderzeichen unsicher sein, ob sie nun Text sind oder außerhalb des Texts eingegeben werden können, dann empfiehlt es sich im Zweifelsfall immer, diese Sonderzeichen als Text zu formatieren, das heißt, in Anführungszeichen darzustellen.

Ziffer/Zeichen	Bedeutung	Beispiel: 1234,5678	Formatiert
0	Eine Ziffer ist zwingend notwendig.	0	1235
#	Eine Ziffer ist möglich.	#.##0	1.235
?	fügt auf beiden Seiten der Dezimalstelle Leerzeichen für nicht signifikante Nullen ein, um Dezimalzahlen am Dezimalkomma auszurichten, wenn die Formatierung mit einer Festbreitenschrift erfolgt (beispielsweise Courier New). Sie können das Zeichen ? auch für Brüche mit einer unterschiedlichen Anzahl von Ziffern verwenden.	????,????	1234,5678
,	Dezimaltrennzeichen	0,00	1234,57
.	Tausendertrennzeichen	#.##0,00	1.234,57

Ziffer/Zeichen	Bedeutung	Beispiel: 1234,5678	Formatiert
		#.##0,00 "kg"	1.234,57 kg
;	positive und negative Zahlen	#.##0 "kg"; [Rot]-#.##0 "kg"	1.234,57 kg
;;	positive, negative Zahlen und 0	#.##0 "kg";[Rot]-#.##0 "kg"; ""	1.234,57 kg
;;;;	positive, negative Zahlen, 0 und leere Zellen	#.##0 "kg";[Rot]-#.##0 "kg";0;""	1.234,57 kg

So könnte formatiert werden:

```
"Gewinn:" 0,00;"Verlust: "0,00
```

Vielleicht fragen Sie sich, wer so etwas braucht? Eine Antwort: Sie können sehr leicht Zahlen mit der Formatierung ;;; „verstecken" – das heißt, sie stehen zwar in der Zelle, werden aber auf dem Ausdruck nicht angezeigt.

Eine andere Anwendung stellen Diagramme dar: wenn beispielsweise negative Zahlen positiv dargestellt werden soll, so funktioniert dies nur über eine Formatierung 0;0, da in Diagrammen keine bedingten Formatierungen zur Verfügung stehen.

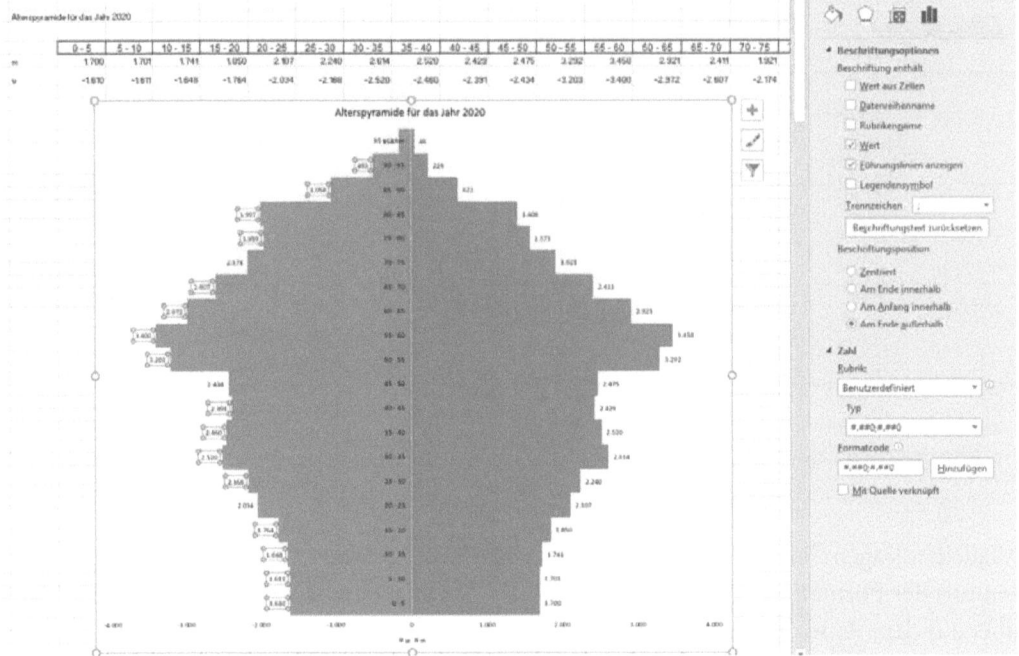

1.6 *;;;*

Bei dem benutzerdefinierten Zahlenformat ;;;; stehen die vier Elemente für:

- Positive Zahl
- Negative Zahl
- Leer
- Text

Damit ist es beispielsweise möglich in Tabellen mit einem farbeigen Zellhintergrund „Rundungsfehler" auszublenden, also werden Zahlen als #.##0,0000;- #.##0,0000; dargestellt. So kann man Rundungsfehler ausblenden und ist unabhängig von einer Hintergrundfarbe.

Hinweis

leider findet Inquire nicht die Zellen, die mit ;;;; formatiert wurden. Weiße Schriftfarbe dagegen wird aufgespürt!

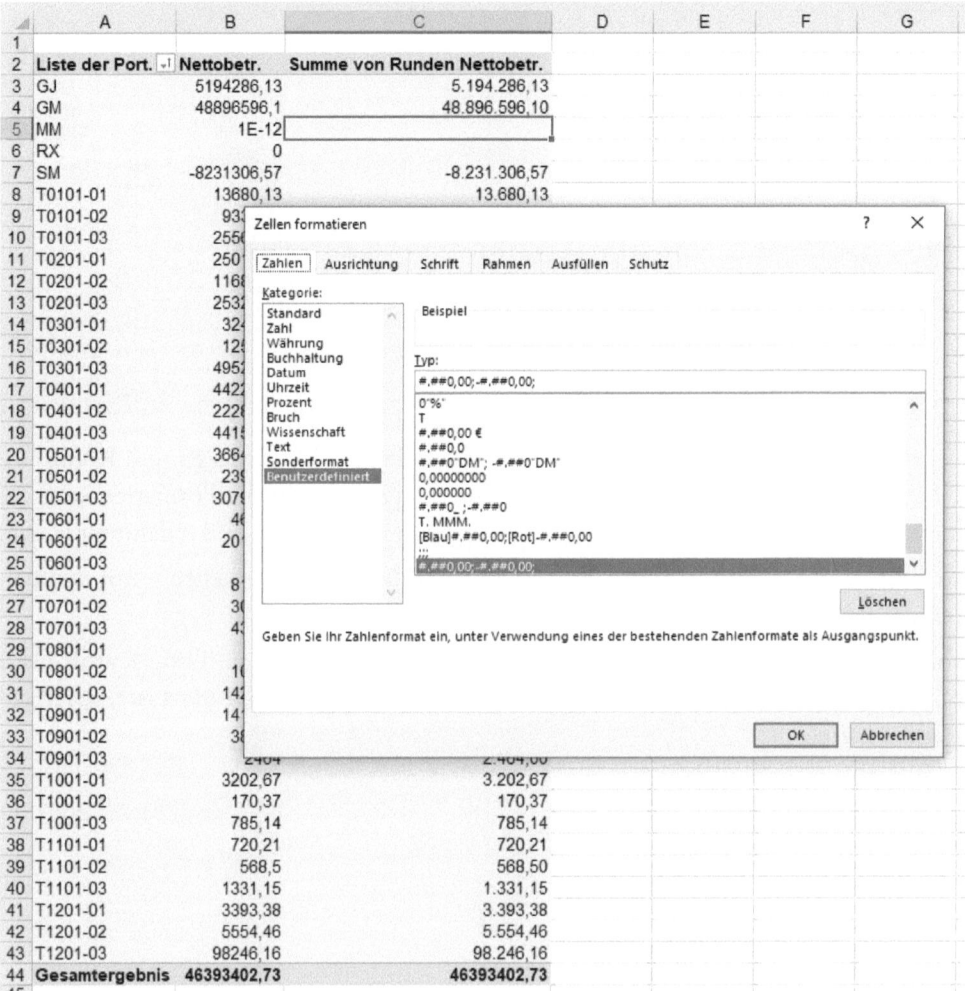

Dies kann beispielsweise in folgendem Szenario verwendet werden:

In einem Formular soll ein Kombinationsfeld (Datenüberprüfung) die beiden Varianten „Keine Auswahl;x" zur Verfügung stellen. Jedoch soll der ausgewählte Text „keine Auswahl" nicht auf dem Tabellenblatt angezeigt werden. Also kann man ihn dynamisch mit Hilfe einer bedingten Formatierung (Bedingung: Text = „Keine Auswahl") ausblenden: Benutzerdefiniertes Zahlenformat: ;;;

Somit wird bei dieser Auswahl nichts angezeigt.

I107	▼	⁞	✕ ✓	*fx*	keine Angabe

	C	D	E	F	G	H	I	J	K	L	M	N	O	P	Q	R
105			bis 24 h		bis 48 h		bis 72 h		bis 96 h		bis 120 h		bis 240 h		bis 480 h	
106	x				x		x		x		x		x		x	
107	x						▼ keine Angabe / x				x		x		x	
108	x								x		x		x		x	
109	x															
110	x				x											

In Excel (Word, PowerPoint & co) kann man die beiden Symbole Haken und Kreuz einfügen. Sie finden sich in der Schriftart Wingdings – ganz am Ende. Formatiert man sie mit einer anderen Schriftart, erfährt man, dass die beiden Zeichen û und ü dahinter liegen.

Und so kann man eine Auswahlliste über eine Datenüberprüfung erstellen – mit den beiden Texten „erledigt" und „nicht erledigt".

Mit Hilfe der bedingten Formatierung kann man nun diese beiden Texte jeweils als û respektive ü darstellen – ;;;"ü" oder ;;;"û" hilft dabei. Fertig ist die To-do-Liste, die abgehakt werden kann.

	A	B	C
1		To-do-Liste:	erledigt
2	☞	Aufs Dach klettern und Ziegelsteine hinunter werfen, während ich die Musik von Tetris summe.	✖
3	☞	Im Standesamt irgendeinem Bräutigam zurufen: "ich werde dich trotzdem immer lieben!"	✓
4	☞	Mit einem Grillhähnchen zum Tierarzt gehen und fragen, ob noch was zu retten ist.	✓
5	☞	Mit einem Laborkittel in den Supermarkt gehen und sagen: "schön dass so viele an unserem Experiment teilnehmen."	✓
6	☞	Vanillepudding in ein Mayo-Glas füllen und es in der Mittagspause essen.	
7	☞	Zwei Privatdetektive anheuern und sich gegenseitig beschatten lassen.	
8	☞	Ein T-Shirt anziehen, auf dem "Leben" steht und Zitronen verteilen.	
9	☞	In einem vollen Aufzug laut sagen: "ihr wundert euch sicher, warum wir uns heute hier versammelt haben..."	
10	☞	In ein Geschäft rennen und fragen welches Jahr wir haben. Wenn jemand antwortet, erfreut rufen: "Hurra es hat funktioniert!" und wegrennen.	
11	☞	In einem Internetforum die Frage stellen, ob es normal ist, dass ich beim Duschen immer nass	
12	☞	Einen Doktor machen und meinen Nachnamen auf "Acula" ändern.	
13	☞	Mit einem Laserpointer in die Sauna gehen und die Schwachstellen der Körper anderer Gäste markieren.	
14	☞	Einen Papagei kaufen und ihm folgenden Satz beibringen: "Hilfe, ich wurde in einen Vogel	
15	☞	Jemanden anrufen, um ihm zu sagen, dass ich jetzt wirklich keine Zeit habe zu telefonieren und	
16	☞	Joggern mit dem Auto hinterherfahren und zur Motivation "Eye of the Tiger" spielen.	
17	☞	Mich mit einem Bauplan in die Fußgängerzone stellen, wahllos auf Gebäude zeigen und auf Fragen der Passanten mit den Worten: "das kommt hier alles weg!" antworten.	
18	☞	In die Umkleidekabine einer feinen Boutique gehen und laut heraus brüllen: "das Klopapier ist alle."	
19	☞	Im Ankunftsbereich des Flughafens ein Schild mit "E. Snowden" hochhalten.	
20	☞	Eine neue To-Do Liste erstellen.	

(in C6: erledigt / nicht erledigt)

1.7 Benutzerdefiniertes Zahlenformat statt Bedingte Formatierung

Die Farbe für einen Abschnitt des Formats wird festgelegt, indem Sie den Namen einer der folgenden acht Farben in eckigen Klammern im Abschnitt eingeben. Groß- und Kleinschreibung spielt hierbei keine Rolle. Der Farbcode muss das erste Element im Abschnitt sein.

- Schwarz
- Zyan
- Magenta
- Weiß
- Blau
- Grün
- Rot
- Gelb

Mithilfe dieser Farbe könnten Bedingungen definiert werden:

```
[Blau][<100]0;[Grün][>1000]0;Standard
```

 Hinweis

Bedauerlicherweise kann man nur zwei Farbvarianten wählen.

Man kann auch über [Farbexx] einen Farbwert erzeugen – Excel stellt 56 verschiedene Werte zur Verfügung:

	A	B	C	D	E	F	G	H
1								
2		1		3	4	5		7
3		8	9	10	11	12	13	14
4		15	16	17	18			21
5		22	23	24	25	26		28
6		29	30	31	32	33		
7			37	38	39	40	41	42
8		43	44	45	46	47	48	49
9		50	51	52	53	54	55	56

Man kann die Werte leicht mit einem Makro erzeugen:

```
Sub FarbeSchreiben()
    Dim xlZelle As Range


    For Each xlZelle In ActiveSheet.UsedRange
        xlZelle.NumberFormat = _
        "[Color" & xlZelle.Value & "]"
    Next
End Sub
```

Leichter ist dies sicherlich in den meisten Fällen über die bedingte Formatierung (Registerkarte „Start"). Allerdings gibt es einige Stellen in Excel, beispielsweise im Diagramm, wo die bedingte Formatierung nicht verwendet werden kann.

Und so kann man mit der benutzerdefinierten Formatierung

```
[Blau][<0,8]0,00%;[Rot][<0,95]0,00%;[Grün]0,00%
```

In Diagramme eine dynamische Schriftfarbe erzeugen:

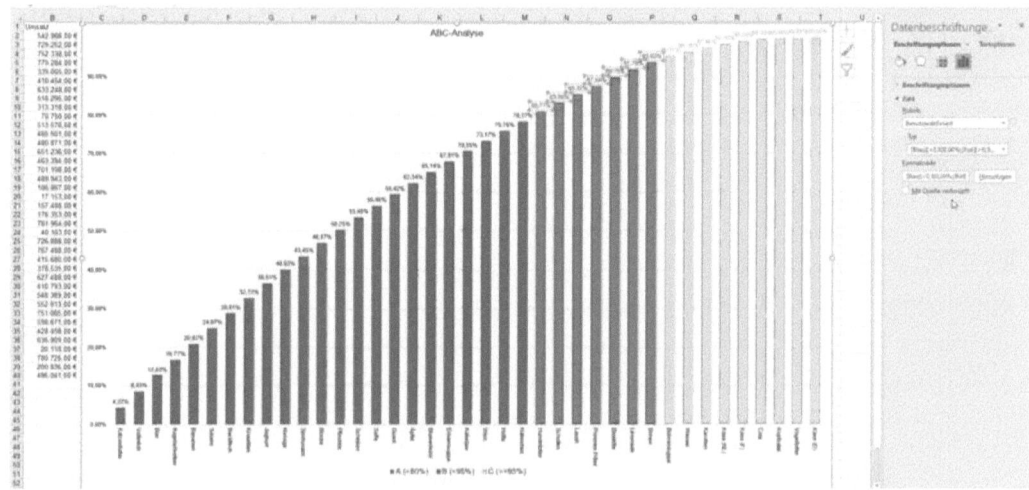

Um ein Leerzeichen in der Breite eines Zeichens im Zahlenformat zu erstellen, geben Sie ein Unterstreichungszeichen (_) und dahinter das betreffende Zeichen ein. Wenn Sie zum Beispiel einen Unterstrich mit einer schließenden Klammer (_)) eingeben, werden positive Zahlen bündig mit in Klammern stehenden negativen Zahlen ausgerichtet.

Soll das auf eine Zahl folgende Zeichen im Format zum Ausfüllen der Spalte wiederholt werden, nehmen Sie ein Sternchen (*) in das Zahlenformat mit auf. Geben Sie zum Beispiel **0*-** ein, um die Zelle mit Bindestrichen aufzufüllen.

1.8 Mehr als drei Bedingungen?

Mithilfe dieser Farbe könnten Bedingungen definiert werden:

```
[Blau][<100]0;[Grün][>1000]0;Standard
```

Hinweis
Bedauerlicherweise kann man nur zwei Farbvarianten wählen.

Benötigt man mehr als drei Farben oder Texte, muss man auf die „klassische" (oder: neue) Bedingte Formatierung zurückgreifen. Beispielsweise, um in einem Diagramm Text darzustellen.

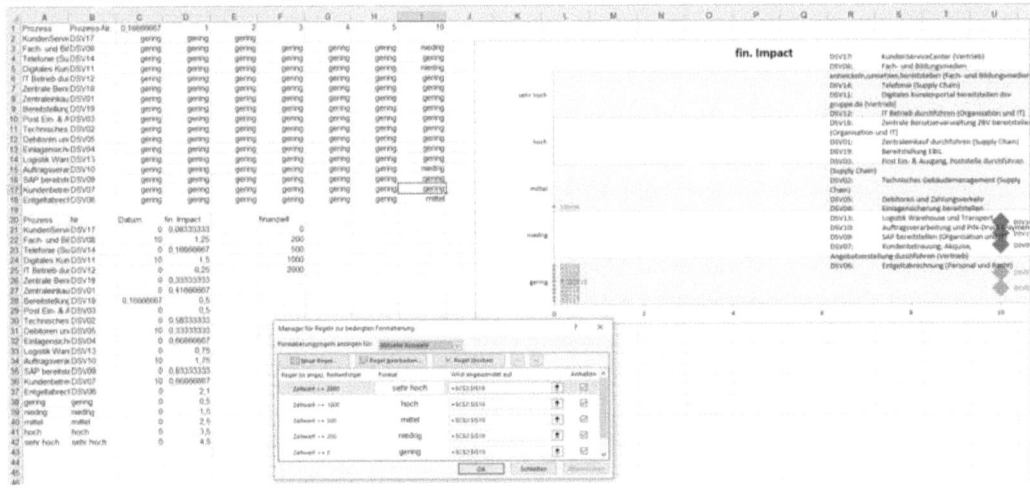

1.9 Datumsangaben sind Zahlen

Einen besonderen Stellenwert nehmen Datum und Uhrzeit ein. Wenn Sie ein Datum eingeben, beispielsweise den 1.1.5, so wird dieses Datum sofort dargestellt als:

    01.01.2005

Selbst eine Eingabe wie 1. Mai, 02.03. oder 3. Januar wird „umformatiert" und anders dargestellt:

    01. Mai, 02. Mrz, 03. Jan

Übrigens wird auch Januar 2020 verändert zu Jan 20.

Wünschen Sie eine andere Darstellung, dann wählen Sie diese aus dem Register Start | Zahl aus der Kategorie „Datum". Dies wird an einem beliebigen Datum, dem 1.1.2020, ein Mittwoch, dargestellt. Excel selbst verwendet exemplarisch ein Datum – den 14. März 2012.

Zeichen	Bedeutung	Darstellung beim 1.1.2021
T	Tag, einstellig	1
TT	Tag, zweistellig	01
TTT	Wochentag in der Kurzform	Fr
TTTT	Wochentag in der Langform	Freitag
M	Monat, einstellig	1

Zeichen	Bedeutung	Darstellung beim 1.1.2021
MM	Monat, zweistellig	01
MMM	Monat, als Text in der Kurzform	Jan
MMMM	Monat, als Text in der Langform	Januar
JJ	Jahr in der Kurzform	21
JJJJ	Jahr in der Langform	2021

Hinweis

Zwischen Groß- und Kleinschreibung wird bei „T" und „J" nicht unterschieden, bei „M" allerdings schon. Alle benutzerdefinierten Formate können in Groß- oder Kleinschreibung eingegeben werden, alle Zellbezüge, Formeln und Funktionen. Auch in VBA wird nicht zwischen Groß- und Kleinschreibung bei internen Funktionen unterschieden. Lediglich „M" ist reserviert für den Monat, „m" für Minuten! So würde ein tt.mm.jj zu folgender fehlerhaften Darstellung führen:

```
01.00.21
```

Wenn Sie das Datum folgendermaßen darstellen möchten:

```
Freitag, den 01. Januar 2021
```

dann muss es wie folgt formatiert sein:

```
TTTT, "den" TT. MMMM JJJJ
```

Achten Sie dabei auf Punkte und Leerstellen!

Tipp

Manche Excel-Benutzer tippen die Zahlen sehr gerne auf der rechten Zahlentastatur. Damit Sie beim Eingeben von Datumsangaben nicht auf die Schreibmaschinentastatur umgreifen müssen, um einen Datumspunkt zu setzen, können Sie auch ein Minus- (-) oder ein Geteiltzeichen (/) verwenden. Diese finden Sie auch rechts. Korrekte Eingaben sind also:

```
1.1.20
1-1-20
1/1/20
```

Achtung

Die Eingabe 31-12-29 wird interpretiert als 31.12.2029, dagegen wird 1-1-30 zum 01.01.1930. Dazwischen verläuft sich die Grenze. Sie wird im Betriebssystem in der Systemsteuerung festgelegt.

Und woher „weiß" Excel, dass es sich in Deutschland befindet, dass „MMMM" Januar bedeutet und nicht beispielsweise January, Enero, Ocak oder Leden? Die Antwort darauf finden Sie in der Windows-Systemsteuerung. Excel greift auf die Ländereinstellung zu und zeigt im Zahlendialog das dort eingestellte Gebietsschema an. Wurde dort „Österreich" eingestellt, wird der erste Monat des Jahres zum Jänner formatiert.

Was passiert nun, wenn ein Datum in eine Zahl formatiert wird? Ein Datum, wie 18.06.2020, wird dann zur Zahl 44000. Die Erklärung ist denkbar einfach: Hinter jedem Excel-Datum steht eine serielle Zahl. Excel beginnt in seiner Zählung am 01.01.1900, was der Zahl 1 entspricht. Der 02.01.1900 ist also 2, der 3. Januar 3 und so weiter bis zum 18.06.2020, was für 44000 steht.

Übrigens hat Excel auch eine Obergrenze: Sie liegt beim 31.12.9999 (oder der Zahl 2.958.465) Das dürfte fürs Erste genügen ...

Die Zuweisung von Zahlen zu Datumsangaben hat Konsequenzen. Durch diese interne Umrechnungsart „erkennt" Excel sehr schnell, dass es keinen 31.11.2019 gibt, und lässt das Datum linksbündig als Text stehen. Für den 31.12.2019 wird eine Zahl gefunden. Auch beim Herunterziehen von Datumsangaben erkennt Excel sehr schnell, wie sie „weiterlaufen".

Sollten Sie allerdings ein Datum in eine Zelle schreiben, den Zellinhalt löschen und nun eine Zahl eingeben, so wird diese Zahl in ein Datum formatiert. Steht beispielsweise in einer Zelle das heutige Datum, wird es gelöscht, und wird 500 (€) eingegeben, dann wird der (Währungs-)Betrag in das Datum 14.05.1901 umgerechnet.

Gerade Anfänger sind davon leicht verwirrt. Gibt ein Anfänger beispielsweise statt 2,5 auf der Tastatur 2.5 ein, wie er es vom Taschenrechner her kennt, so wird die Zahl in den 2. Mai konvertiert. Ein Löschen bewirkt nur das Löschen des Inhaltes, nicht der Formatierung. Wird nun korrekt 2,5 eingetippt, so wird es in den 2. Januar gedreht. Erst ein korrektes Löschen über Start | Löschen | Alle löschen | Formate löschen oder Umformatieren der Zelle Start | Zahlenformat hilft weiter.

Übrigens: In Excel ist es möglich ein benutzerdefiniertes Datumsformat nach einem Gebietsschema zu formatieren. Erstaunlicherweise stellt Excel beim schweizerischen und österreichischen Schema nicht so viele Typen zur Verfügung wie beim deutschen aus

Deutschland. Und: Ein Umstellen auf das US-amerikanische Schema stellt einen Typ MM-TT-JJJJ zur Verfügung, während Schemata wie Russisch oder Griechisch die Monatsnamen in der entsprechenden Schrift anzeigen. So wird aus dem 24. Dezember 2020 24 Δεκεμβρίος 2020 beziehungsweise 24 декабря 2020 г. Noch erstaunlicher ist, dass Excel beim Datumsformatieren in den entsprechenden Kalender umrechnen kann. Der 24.12.2020 wird korrekt als ٠٩.٠٥.١٤٤٢ (09. 05. 1442 umgerechnet oder als ٢٤.١٢.٢٠٢٠ (24.12.2020) dargestellt, wenn Arabisch gewählt wird.

Datum	Deutsch	Englisch	Niederländisch	Schwedisch	Norwegisch (Bokmal)	Isländisch	Dänisch	Färöisch
01.01.2019	1. Januar 2019	January 1, 2019	1 januari 2019	1 januari 2019	1. januar 2019	01. janúar 2019	1. januar 2019	1. januar 2019
01.02.2019	1. Februar 2019	February 1, 2019	1 februari 2019	1 februari 2019	1. februar 2019	01 febrúar 2019	1. februar 2019	1. februar 2019
01.03.2019	1. März 2019	March 1, 2019	1 maart 2019	1 mars 2019	1. mars 2019	01. mars 2019	1. marts 2019	1. mars 2019
01.04.2019	1. April 2019	April 1, 2019	1 april 2019	1 april 2019	1. april 2019	01. apríl 2019	1. april 2019	1. apríl 2019
01.05.2019	1. Mai 2019	May 1, 2019	1 mei 2019	1 maj 2019	1. mai 2019	01. maí 2019	1. maj 2019	1. mai 2019
01.06.2019	1. Juni 2019	June 1, 2019	1 juni 2019	1 juni 2019	1. juni 2019	01. júní 2019	1. juni 2019	1. juni 2019
01.07.2019	1. Juli 2019	July 1, 2019	1 juli 2019	1 juli 2019	1. juli 2019	01. júlí 2019	1. juli 2019	1. juli 2019
01.08.2019	1. August 2019	August 1, 2019	1 augustus 2019	1 augusti 2019	1. august 2019	01 ágúst 2019	1. august 2019	1. august 2019
01.09.2019	1. September 2019	September 1, 2019	#############	1 september 2019	1. september 2019	01. september 2019	1. september 2019	1. september 2019
01.10.2019	1. Oktober 2019	October 1, 2019	1 oktober 2019	1 oktober 2019	1. oktober 2019	01. október 2019	1. oktober 2019	1. oktober 2019
01.11.2019	1. November 2019	November 1, 2019	1 november 2019	1 november 2019	1. november 2019	01. nóvember 2019	1. november 2019	1. november 2019
01.12.2019	1. Dezember 2019	December 1, 2019	1 december 2019	1 december 2019	1. desember 2019	01. desember 2019	1. december 2019	1. desember 2019

Datum	Französisch	Spanisch	Italienisch	Portugiesisch	Rumänisch	Katalanisch	Galizisch
01.01.2019	1 janvier 2019	1 de enero de 2019	1 gennaio 2019	1 de janeiro de 2019	1 ianuarie 2019	1/gener/2019	1 de Xaneiro de 2019
01.02.2019	1 février 2019	1 de febrero de 2019	1 febbraio 2019	1 de fevereiro de 2019	1 februarie 2019	1/febrer/2019	1 de Febreiro de 2019
01.03.2019	1 mars 2019	1 de marzo de 2019	1 marzo 2019	1 de março de 2019	1 martie 2019	1/març/2019	1 de Marzo de 2019
01.04.2019	1 avril 2019	1 de abril de 2019	1 aprile 2019	1 de abril de 2019	1 aprilie 2019	1/abril/2019	1 de Abril de 2019
01.05.2019	1 mai 2019	1 de mayo de 2019	1 maggio 2019	1 de maio de 2019	1 mai 2019	1/maig/2019	1 de Maio de 2019
01.06.2019	1 juin 2019	1 de junio de 2019	1 giugno 2019	1 de junho de 2019	1 iunie 2019	1/juny/2019	1 de Xuño de 2019
01.07.2019	1 juillet 2019	1 de julio de 2019	1 luglio 2019	1 de julho de 2019	1 iulie 2019	1/juliol/2019	1 de Xullo de 2019
01.08.2019	1 août 2019	1 de agosto de 2019	1 agosto 2019	1 de agosto de 2019	1 august 2019	1/agost/2019	1 de Agosto de 2019
01.09.2019	1 septembre 2019	1 de septiembre de 2019	1 settembre 2019	1 de setembro de 2019	1 septembrie 2019	1/setembre/2019	1 de Setembro de 2019
01.10.2019	1 octobre 2019	1 de octubre de 2019	1 ottobre 2019	1 de outubro de 2019	1 octombrie 2019	1/octubre/2019	1 de Outubro de 2019
01.11.2019	1 novembre 2019	1 de noviembre de 2019	1 novembre 2019	1 de novembro de 2019	1 noiembrie 2019	1/novembre/2019	1 de Novembro de 2019
01.12.2019	1 décembre 2019	1 de diciembre de 2019	1 dicembre 2019	1 de dezembro de 2019	1 decembrie 2019	1/desembre/2019	1 de Decembro de 2019

Datum	Finnisch	Ungarisch	Türkisch	Litauisch	Lettisch	Baskisch	Georgisch
01.01.2019	1. tammikuuta 2019	2019. január 1.	01 Ocak 19	2019 m. sausis 1 d.	otrdiena, 2019. gada 1 janvāris	2019(e)ko urtarrilaren 1a	2019 წლის 01 01, ხახხხხს
01.02.2019	1. helmikuuta 2019	2019. február 1.	01 Şubat 19	2019 m. vasaris 1 d.	piektdiena, 2019. gada 1. februāris	2019(e)ko Otsailaren 1a	2019 წლის 01 02, პარასკევი
01.03.2019	1. maaliskuuta 2019	2019 március 1	01 Mart 19	2019 m. kovas 1 d.	piektdiena, 2019. gada 1 marts	2019(e)ko Martxoaren 1a	2019 წლის 01 03, პარასკევი
01.04.2019	1. huhtikuuta 2019	2019. április 1	01 Nisan 19	2019 m. balandis 1 d.	pirmdiena, 2019. gada 1. aprīlis	2019(e)ko Apirilaren 1a	2019 წლის 01 04, ორშაბათი
01.05.2019	1 toukokuuta 2019	2019. május 1.	01 Mayıs 19	2019 m. gegužė 1 d.	trešdiena, 2019. gada 1 maijs	2019(e)ko Maiatzaren 1a	2019 წლის 01 05, ოთხშაბათი
01.06.2019	1. kesäkuuta 2019	2019. június 1.	01 Haziran 19	2019 m. birželis 1 d.	sestdiena, 2019. gada 1 jūnijs	2019(e)ko Ekainaren 1a	2019 წლის 01 06, შაბათი
01.07.2019	1. heinäkuuta 2019	2019. július 1.	01 Temmuz 19	2019 m. liepa 1 d.	pirmdiena, 2019 gada 1 jūlijs	2019(e)ko Uztailaren 1a	2019 წლის 01 07, ორშაბათი
01.08.2019	1. elokuuta 2019	2019. augusztus 1.	01 Ağustos 19	2019 m. rugpjūtis 1 d.	ceturtdiena, 2019. gada 1. augusts	2019(e)ko Abuztuaren 1a	2019 წლის 01 08, ხუთშაბათი
01.09.2019	1. syyskuuta 2019	2019. szeptember 1.	01 Eylül 19	2019 m. rugsėjis 1 d.	svētdiena, 2019. gada 1 septembris	2019(e)ko Irailaren 1a	2019 წლის 01 09, კვირა
01.10.2019	1. lokakuuta 2019	2019. október 1.	01 Ekim 19	2019 m. spalis 1 d.	otrdiena, 2019. gada 1. oktobris	2019(e)ko Urriaren 1a	2019 წლის 01 10, ხახხხხს
01.11.2019	1. marraskuuta 2019	2019. november 1.	01 Kasım 19	2019 m. lapkritis 1 d.	piektdiena, 2019. gada 1. novembris	2019(e)ko Azaroaren 1a	2019 წლის 01 11, პარასკევი
01.12.2019	1. joulukuuta 2019	2019. december 1.	01 Aralık 19	2019 m. gruodis 1 d.	svētdiena, 2019. gada 1 decembris	######################	2019 წლის 01 12, კვირა

29

Datumsangaben sind Zahlen

Datum	Deutsch	Polnisch	Tschechisch	Slowakisch	Slowenisch	Kroatisch	Serbisch
01.01.2019	1. Januar 2019	1 styczeń 2019	1. leden 2019	1. januar 2019	1. januar 2019	1. siječanj 2019.	1. januar 2019
01.02.2019	1. Februar 2019	1 luty 2019	1. únor 2019	1. februar 2019	1. februar 2019	1. veljača 2019.	1. februar 2019
01.03.2019	1. März 2019	1 marzec 2019	1. březen 2019	1. marec 2019	1. marec 2019	1. ožujka 2019.	1. mart 2019
01.04.2019	1. April 2019	1 kwiecień 2019	1. duben 2019	1. apríl 2019	1. april 2019	1. travanj 2019.	1. april 2019
01.05.2019	1. Mai 2019	1 maj 2019	1. květen 2019	1. máj 2019	1. maj 2019	1. svibanj 2019.	1. maj 2019
01.06.2019	1. Juni 2019	1 czerwiec 2019	1. červen 2019	1. jún 2019	1. junij 2019	1. lipanj 2019.	1. jun 2019
01.07.2019	1. Juli 2019	1 lipiec 2019	1. červenec 2019	1. júl 2019	1. julij 2019	1. srpanj 2019.	1. jul 2019
01.08.2019	1. August 2019	1 sierpień 2019	1. srpen 2019	1. august 2019	1. avgust 2019	1. kolovoz 2019.	1. avgust 2019
01.09.2019	1. September 2019	1 wrzesień 2019	1. září 2019	1. september 2019	1. september 2019	1. rujan 2019.	1. septembar 2019
01.10.2019	1. Oktober 2019	1 październik 2019	1. říjen 2019	1. október 2019	1. oktober 2019	1. listopad 2019.	1. oktobar 2019
01.11.2019	1. November 2019	1 listopad 2019	1. listopad 2019	1. november 2019	1. november 2019	1. studeni 2019.	1. novembar 2019
01.12.2019	1. Dezember 2019	1 grudzień 2019	1. prosinec 2019	1. december 2019	1. december 2019	1. prosinac 2019.	1. decembar 2019

Datum	Griechisch	Russisch	Ukrainisch	Weißrussisch	Bulgarisch	Kirgiesisch
01.01.2019	1 Ιανουάριος 2019	01 января 2019 г.	1 січня 2019 р.	1 студзеня 2019	01 януари 2019 г.	1-январь 2019-ж.
01.02.2019	1 Φεβρουάριος 2019	01 февраля 2019 г.	1 лютого 2019 р.	1 лютага 2019	01 февруари 2019 г.	1-февраль 2019-ж.
01.03.2019	1 Μάρτιος 2019	01 марта 2019 г.	1 березня 2019 р.	1 сакавіка 2019	01 март 2019 г.	1-март 2019-ж.
01.04.2019	1 Απρίλιος 2019	01 апреля 2019 г.	1 квітня 2019 р.	1 красавіка 2019	01 април 2019 г.	1-апрель 2019-ж.
01.05.2019	1 Μάιος 2019	01 мая 2019 г.	1 травня 2019 р.	1 мая 2019	01 май 2019 г.	1-май 2019-ж.
01.06.2019	1 Ιούλιος 2019	01 июня 2019 г.	1 червня 2019 р.	1 чэрвеня 2019	01 юни 2019 г.	1-июнь 2019-ж.
01.07.2019	1 Ιούλιος 2019	01 июля 2019 г.	1 липня 2019 р.	1 ліпеня 2019	01 юли 2019 г.	1-июль 2019-ж.
01.08.2019	1 Αύγουστος 2019	01 августа 2019 г.	1 серпня 2019 р.	1 жніўня 2019	01 август 2019 г.	1-август 2019-ж.
01.09.2019	1 Σεπτέμβριος 2019	01 сентября 2019 г.	1 вересня 2019 р.	1 верасня 2019	01 септември 2019 г.	1-сентябрь 2019-ж.
01.10.2019	1 Οκτώβριος 2019	01 октября 2019 г.	1 жовтня 2019 р.	1 кастрычніка 2019	01 октомври 2019 г.	1-октябрь 2019-ж.
01.11.2019	1 Νοέμβριος 2019	01 ноября 2019 г.	1 листопада 2019 р.	1 лістапада 2019	01 ноември 2019 г.	1-ноябрь 2019-ж.
01.12.2019	1 Δεκέμβριος 2019	01 декабря 2019 г.	1 грудня 2019 р.	1 снежня 2019	01 декември 2019 г.	1-декабрь 2019-ж.

Datum	Arabisch I	Arabisch II	Syrisch	Hebräisch	Farsi
01.01.2019	٢٠١٩ كانون الثاني	١٤٤٠ ربيع الثاني ٢٤	2019 ,كسان 01	ינואר 1	1440 ربيع الثاني 24
01.02.2019	٢٠١٩ شباط	١٤٤٠ الأولى جمادى ٢٦	2019 ,جبط 01	פברואר 1	1440 جمادى الاول 26
01.03.2019	٢٠١٩ آذار	١٤٤٠ جمادى الثانية ٢٤	2019 ,آدار 01	מרץ 1	1440 جمادى الثاني 24
01.04.2019	٢٠١٩ نيسان	١٤٤٠ رجب ٢٥	2019 ,نيسان 01	אפריל 1	1440 رجب 25
01.05.2019	٢٠١٩ أيار	١٤٤٠ شعبان ٢٦	2019 ,أيار 01	מאי 1	1440 شعبان 26
01.06.2019	٢٠١٩ حزيران	١٤٤٠ رمضان ٢٨	2019 ,حزيران 01	יוני 1	1440 رمضان 28
01.07.2019	٢٠١٩ تموز	١٤٤٠ شوال ٢٨	2019 ,تموز 01	יולי 1	1440 شوال 28
01.08.2019	٢٠١٩ آب	١٤٤٠ ذو القعدة ٣٠	2019 ,آب 01	אוגוסט 1	1440 ذو القعدة 30
01.09.2019	٢٠١٩ أيلول	١٤٤١ محرم ٢	2019 ,أيلول 01	ספטמבר 1	1441 محرم 2
01.10.2019	٢٠١٩ تشرين الأول	١٤٤١ صفر ٢	2019 ,تشرين 01	אוקטובר 1	1441 صفر 2
01.11.2019	٢٠١٩ تشرين الثاني	١٤٤١ ربيع الأول ٤	2019 ,طهرن 01	נובמבר 1	1441 ربيع الاول 4
01.12.2019	٢٠١٩ كانون الأول	١٤٤١ ربيع الثاني ٥	2019 ,كسان 01	דצמבר 1	1441 ربيع الثاني 5

Datum	Armenisch	Chinesisch	Hindi	Japanisch	Koreanisch	Punjabi	Sanskrit	Thai
01.01.2019	1 Յունվար, 2019	1月1日	१.१.२०१९, १२:०० पूर्वाह्न	2019年1月1日	2019년 1월	01 ਜਨਵਰੀ 2019 ਮੰਗਲਵਾਰ	01 जनवुअरी 2019 मङ्गलवासर	๑.๐๑.๒๕๖๒
01.02.2019	1 Փետրվար, 2019	2月1日	१.२.२०१९, १२:०० पूर्वाह्न	2019年2月1日	2019년 2월	01 ਫ਼ਰਵਰੀ 2019 ਸ਼ੁੱਕਰਵਾਰ	01 फ़रवरी 2019 शुक्रवासर	๑.๐๒.๒๕๖๒
01.03.2019	1 Մարտ, 2019	3月1日	१.३.२०१९, १२:०० पूर्वाह्न	2019年3月1日	2019년 3월	01 ਮਾਰਚ 2019 ਸ਼ੁੱਕਰਵਾਰ	01 मार्च 2019 शुक्रवासर	๑.๐๓.๒๕๖๒
01.04.2019	1 Ապրիլ, 2019	4月1日	१.४.२०१९, १२:०० पूर्वाह्न	2019年4月1日	2019년 4월	01 ਅਪ੍ਰੈਲ 2019 ਸੋਮਵਾਰ	01 अप्रैल 2019 सोमवासर	๑.๐๔.๒๕๖๒
01.05.2019	1 Մայիս, 2019	5月1日	१.५.२०१९, १२:०० पूर्वाह्न	2019年5月1日	2019년 5월	01 ਮਈ 2019 ਬੁੱਧਵਾਰ	01 मे 2019 बुधवासर	๑.๐๕.๒๕๖๒
01.06.2019	1 Յունիս, 2019	6月1日	१.६.२०१९, १२:०० पूर्वाह्न	2019年6月1日	2019년 6월	01 ਜੂਨ 2019 ਸ਼ਨੀਚਰਵਾਰ	01 जून 2019 शनिवासर	๑.๐๖.๒๕๖๒
01.07.2019	1 Յուլիս, 2019	7月1日	१.७.२०१९, १२:०० पूर्वाह्न	2019年7月1日	2019년 7월	01 ਜੁਲਾਈ 2019 ਸੋਮਵਾਰ	01 जुलाई 2019 सोमवासर	๑.๐๗.๒๕๖๒
01.08.2019	1 Օգոստոս, 2019	8月1日	१.८.२०१९, १२:०० पूर्वाह्न	2019年8月1日	2019년 8월	01 ਅਗਸਤ 2019 ਵੀਰਵਾਰ	01 अगस्त 2019 गुरुवासर	๑.๐๘.๒๕๖๒
01.09.2019	1 Սեպտեմբեր, 2019	9月1日	१.९.२०१९, १२:०० पूर्वाह्न	2019年9月1日	2019년 9월	01 ਸਤੰਬਰ 2019 ਐਤਵਾਰ	01 सेप्टेंबर 2019 रविवासर	๑.๐๙.๒๕๖๒

Sie können leicht einen Ländercode ermitteln. Er setzt sich aus zwei Buchstaben für die Sprache und zwei für das Land zusammen: der Sprache Deutsch entsprich de, Deutschland entspricht DE, Österreich AT, Schweiz CH, Französisch in Frankreich fr-FR, Englisch aus Großbritannien en-GB, Russisch aus Russland ru-RU, Polnisch (Polen): pl-PL und so weiter. Über ein Dropdown-Feld wird eine Sprache oder ein Land ausgewählt, der zugehörige Code wird in einer Liste gesucht und das heutige Datum mit der Funktion

```
=TEXT(HEUTE();"[$-"&C3&"] TTTT TT.MMMM JJJJ")
```

formatiert.

	A	B	C	D	E	F	G	H
1							Name	Code
2	Sprachauswahl:						Afrikaans	af
3	Hungarian	111	hu				Afrikaans (South Africa)	af-ZA
4							Arabic	ar
5							Arabic (U.A.E.)	ar-AE
6							Arabic (Bahrain)	ar-BH
7							Arabic (Algeria)	ar-DZ
8				heutiges Datum:			Arabic (Egypt)	ar-EG
9				kedd 12.február 2019			Arabic (Iraq)	ar-IQ
10							Arabic (Jordan)	ar-JO
11							Arabic (Kuwait)	ar-KW
12							Arabic (Lebanon)	ar-LB
13							Arabic (Libya)	ar-LY
14							Arabic (Morocco)	ar-MA
15							Arabic (Oman)	ar-OM
16							Arabic (Qatar)	ar-QA
17							Arabic (Saudi Arabia)	ar-SA
18							Arabic (Syria)	ar-SY
19							Arabic (Tunisia)	ar-TN
20							Arabic (Yemen)	ar-YE
21							Azeri (Latin)	az
22							Azeri (Latin) (Azerbaijan)	az-AZ
23							Azeri (Cyrillic) (Azerbaijan)	az-AZ
24							Belarusian	be

Und damit kann man leicht einen mehrsprachigen Kalender erstellen:

31

1.10 Uhrzeitangaben sind Zahlen

Eine Uhrzeit 12:00 Uhr (mittags) kann auf verschiedene Weisen dargestellt werden:

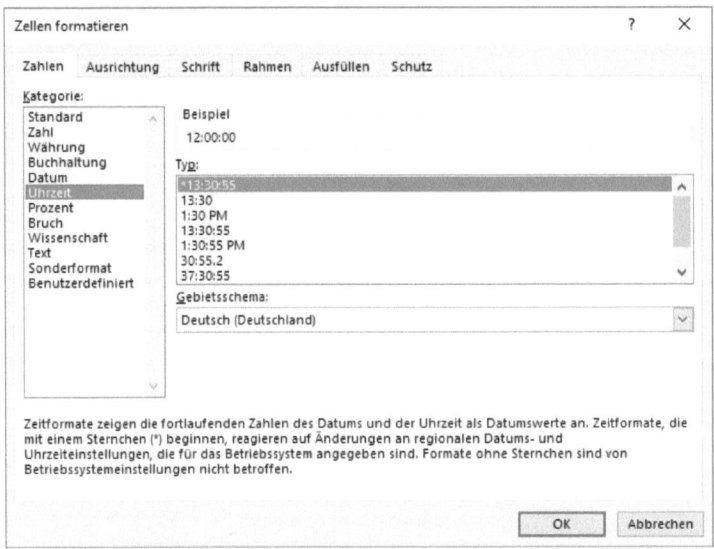

Zeichen	Bedeutung	Bei 08:05
h	Stunde in der Kurzform	8
hh	Stunde in der Langform	08
[h]	Stunden über 24:00 (Uhr)	08
m	Minute in der Kurzform	5
mm	Minute in der Langform	05
s	Sekunde in der Kurzform (hier nicht vorhanden)	0
ss	Sekunde in der Langform (hier nicht vorhanden)	00
AM/PM	das amerikanische 12-Stunden-Zeitformat	08:05 AM

Tipp

Auch bei der Uhrzeit gibt es – wie bei Datumsangaben – einen Trick bei der Eingabe – man kann über die AutoKorrektur zwei Kommata durch einen Doppelpunkt ersetzen lassen – und schon wird aus 12,,30 die Uhrzeit 12:30.

Dabei stehen auch hier verschiedene Gebietsschemata zur Verfügung – sie liefern die sprachtypischen Ziffernzeichen

Hinweis

Formatiert man in Excel eine Uhrzeit als „mm", speichert man die Datei, öffnet sie wieder, wandelt Excel den Zellwert in „MM" um.

1.11 Text und Zahl

Texte werden als @ formatiert. Dies kann man feststellen, wenn das Zahlenformat „Text" gewählt wurde und man anschließend in die Kategorie „Benutzerdefiniert" wechselt.

Mit [Alt] + Zahl < 32 kann ein nicht-druckbares Zeichen erzeugt werden. Dieses kann in dem benutzerdefinierten Zahlenformat

* @

verwendet werden. Dieses wiederum könnte man als Zellenformatvorlage speichern – warum nicht auch mit Einzug?

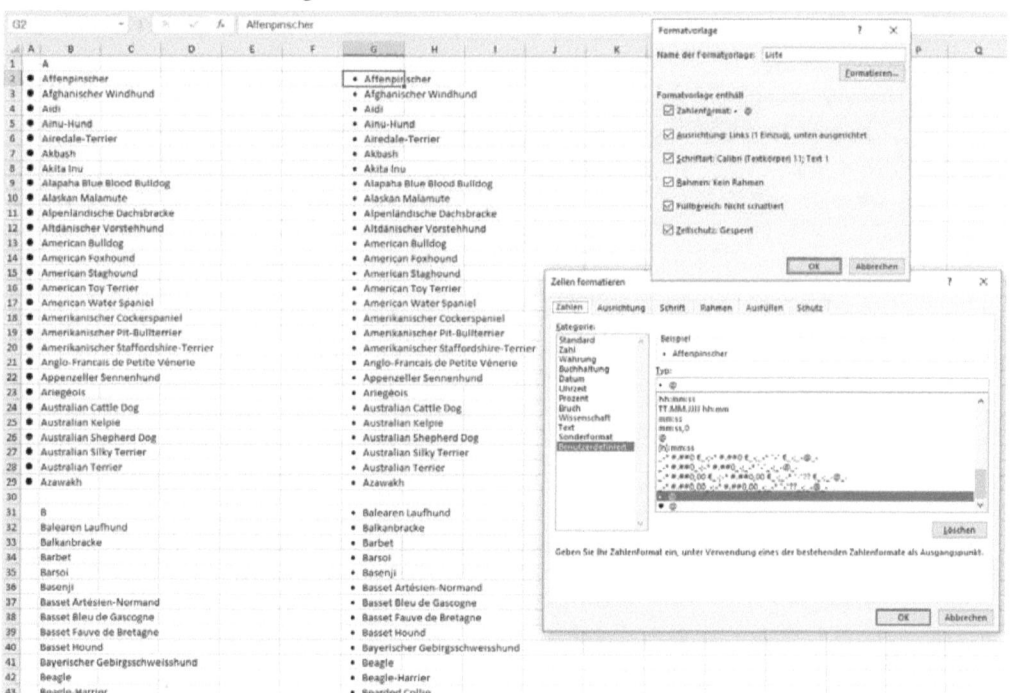

1.12 SAP & co

Kennen Sie SAP? Das ist mein Freund!

Nein – das war sehr ironisch. Jeder, der häufig Daten aus SAP oder anderen Datenbanksystemen exportiert, kennt sicherlich das Problem: Ab und zu werden Textinformationen unter die Zellen geschoben. Das sieht man erstaunlicherweise nicht – die Zellen sind als „Standard" formatiert. Oft erkennt man es daran, dass die Zahlen linksbündig in der Zelle stehen. Spätestens wenn Sie mit den Zahlen weiterrechnen möchten oder wenn Sie die Zahlen sortieren oder filtern oder als Zahlen formatieren möchten … stellen Sie fest, dass Excel Ihnen nun einen Strich durch die Rechnung macht.

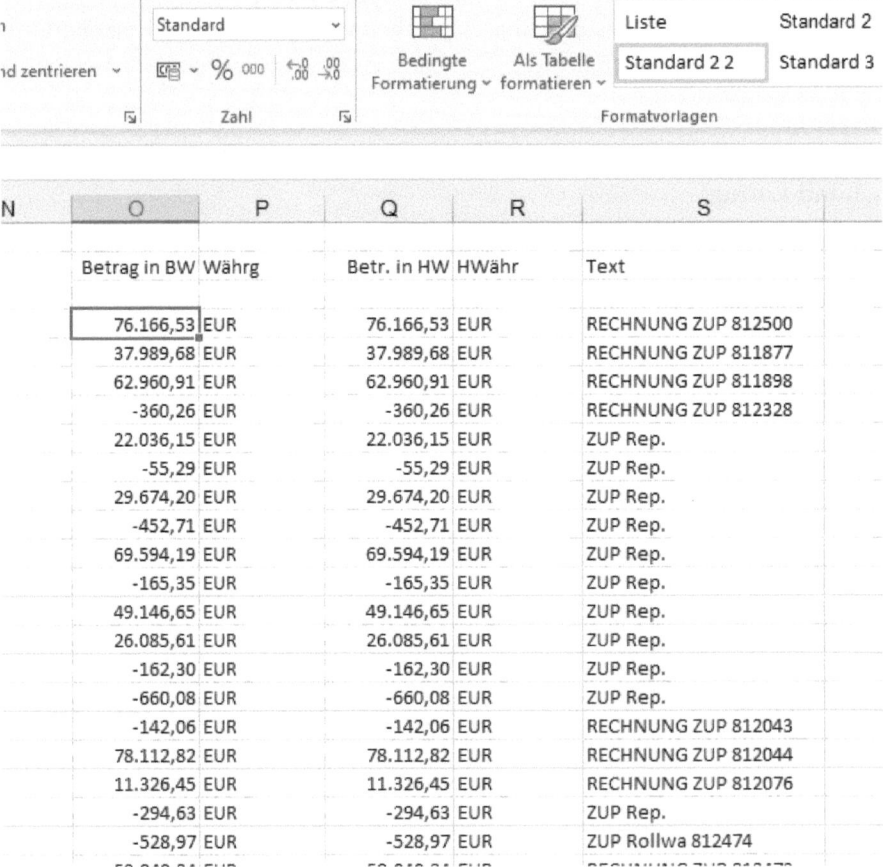

Sieht aus wie Zahl, ist aber Text.

Ich habe für dieses Problem folgende Lösungen gefunden:

1. Wenn Sie Glück haben und das kleine grüne Dreieck sehen zur Fehlerüberprüfung, können Sie darüber die Texte in Zahlen zurückkonvertieren.

| | 76.166,53 | EUR | 76.166,53 EUR | RECHNUNG ZUI |
| | 37.989,68 | FUR | 37.989,68 FUR | RECHNUNG ZUI |

Die Zahl in dieser Zelle ist als Text formatiert oder es ist ein Apostroph vorangestellt.

2. Wenn Sie nur einige wenige Zellen haben, können Sie auf die Zelle einen Doppelklick machen (oder mit [F2] die Zelle editieren und anschließend wieder mit [Enter] beenden. Dann „greift" sich Excel das korrekte Zahlenformat.

3. Sie können in einer Hilfsspalte daneben den Wert der Zelle mit 1 multiplizieren (=O2*1). Die Formel herunterziehen, kopieren und die Inhalte als Werte einfügen.

4. Das Gleiche erledigt auch die Funktion =WERT

5. Oder auch der Rechenoperator -- (also zwei Mal das Minuszeichen)

6. Oder Sie markieren die Spalten und verwenden den Assistenten „Text in Spalten", den Sie im Register „Daten" finden. Geben Sie dort ein absurdes Trennzeichen ein (beispielsweise eine ~); ein Trennzeichen, das es natürlich in den Zahlen nicht gibt. Dann überschreibt er die Werte mit sich selbst und „greift sich" das korrekte, das heißt das darunterliegende Zahlenformat.

7. Die Zahl 1 in eine leere Zelle schreiben. Die Zelle kopieren, den Text-Zahl-Bereich markieren und mit Inhalten einfügen / Multiplizieren (Kontextmenü) „darüber klatschen". Das Ergebnis ist das Gleiche wie in Punkt 2 oder 3 oder 5 – Excel greift sich nun das korrekte Zahlenformat.

Betrag in BW	Währg	Betr. in HW	HWähr	Text		
76.166,53	EUR	76.166,53	EUR	RECHNUNG ZUP 812500		1
37.989,68	EUR	37.989,68	EUR	RECHNUNG ZUP 811877		
62.960,91	EUR	62.960,91	EUR	RECHNUNG ZUP 811898		

Inhalte einfügen ? ✕

Einfügen

- ● Alles
- ○ Formeln
- ○ Werte
- ○ Formate
- ○ Kommentare und Notizen
- ○ Gültigkeit

- ○ Alles mit Quelldesign
- ○ Alles außer Rahmen
- ○ Spaltenbreite
- ○ Formeln und Zahlenformate
- ○ Werte und Zahlenformate
- ○ Alle zusammenführenden bedingten Formate

Vorgang

- ○ Keine
- ○ Addieren
- ○ Subtrahieren

- ● Multiplizieren
- ○ Dividieren

☐ Leerzellen überspringen   ☐ Transponieren

Verknüpfen   OK   Abbrechen

59.040,24	EUR	59.040,24	EUR	RECHNUNG ZUP 812473	
43.819,33	EUR	43.819,33	EUR	ZUP Rep.	
-266,25	EUR	-266,25	EUR	ZUP Rep.	
38.363,30	EUR	38.363,30	EUR	ZUP Rep.	
36.142,31	EUR	36.142,31	EUR	ZUP Rep.	
47.426,92	EUR	47.426,92	EUR	ZUP Rep.	
-70,91	EUR	-70,91	EUR	ZUP Rep.	
67.642,89	EUR	67.642,89	EUR	RECHNUNG ZUP 812577	
24.197,44	EUR	24.197,44	EUR	RECHNUNG ZUP 812564	

Zur Ehrenrettung von SAP sei angemerkt: Viele mir bekannte Datenbanksysteme, die da heißen DATEV, KISS, ORBIS, EBIS und andere „schieben" manchmal (nicht immer!) Textformate unter Zahlen beim Export nach Excel.

Das kann man übrigens leicht simulieren: Ein Makro wie:

```
Sub MacheTextAusZahl()
    Dim s As String
    s = InputBox("Bitte geben Sie eine Zahl ein!")
    ActiveCell.Value = s
End Sub
```

Wandelt die Zahl 17,5 in den Text „17,5" um.

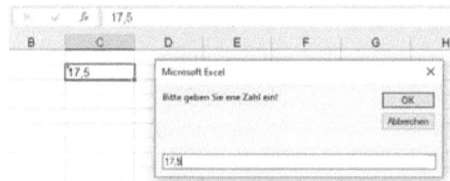

1.13 Prozent

Immer wieder erlebe ich in Schulung, dass Teilnehmer 0,19 schreiben und dann als Prozent formatieren. Wenn ich erstaunt nachfrage und darauf hinweise, dass man auch 19% schreiben könne, sind einige verblüfft. Oder 16% oder 20% …

Das Prozentformat ist dafür gedacht einen Quotienten nicht als Dezimalzahl, sondern als Prozentzahl dazustellen.

Hinweis

die Option „Automatische Prozenteingabe aktivieren" bewirkt, dass in Zellen, die mit dem Prozentformat formatiert sind, das Prozentzeichen bei der Eingabe bereits vorgeschlagen wird.

Achtung

Und schließlich: Es ist bedauerlich, dass das Symbol "%" eine Prozentzahl ohne Nachkommastellen formatiert; das Zahlenformat "Prozent" aus dem Kombinationsfeld jedoch mit zwei Dezimalstellen.

F2	▼	>	✓	*fx*	=[@[Fläche in km²]]/Länder_Europas[[#Ergebnisse];[Fläche in km²]]

	A	B	C	D	E	F
1	Land[A 1] EU-Länder sind hellblau unterlegt ▼	Hauptstadt ▼	Einwohne ▼	Einwohner pro km²[1▼	Fläche in km² ▼	Fläche in % ▼
2	Albanien	Tirana	2.930.187	106,9	28.748	0,29%
3	Andorra	Andorra la Vella	76.965	163,8	468	0,00%
4	Belgien	Brüssel	11.429.336	377,5	32.545	0,32%
5	Bosnien und Herzegowina	Sarajevo	3.507.017	68,8	51.129	0,51%
6	Bulgarien	Sofia	7.084.571	65,3	110.994	1,11%
7	Dänemark	Kopenhagen	5.733.551	135,1	43.098	0,43%
8	Deutschland	Berlin	82.114.224	235,6	357.121	3,56%
9	Estland	Tallinn	1.309.632	30,9	45.227	0,45%
10	Finnland	Helsinki	5.523.231	18,2	338.144	3,37%
11	Frankreich	Paris	64.979.548	118,7	543.965	5,42%
12	Griechenland	Athen	11.159.773	86,6	131.957	1,32%
13	Irland	Dublin	4.761.657	69,1	70.273	0,70%
14	Island	Reykjavík	335.025	3,3	103.000	1,03%
15	Italien	Rom	59.359.900	201,8	301.336	3,00%
16	Kasachstan	Nur-Sultan	480.000	3,3	146.700	1,46%
17	Kosovo	Pristina	1.907.592	151	10.887	0,11%
18	Kroatien	Zagreb	4.189.353	74,9	56.542	0,56%
19	Lettland	Riga	1.949.670	31,3	64.589	0,64%
20	Liechtenstein	Vaduz	37.922	237	160	0,00%
21	Litauen	Vilnius	2.890.297	46,1	65.301	0,65%
22	Luxemburg	Luxemburg	583.455	225,3	2.586	0,03%
23	Malta	Valletta	430.835	1346,4	316	0,00%
24	Republik Moldau	Chişinău	4.051.212	123,3	33.800	0,34%
25	Monaco	(Stadtstaat)	38.695	25969,8	2	0,00%
26	Montenegro	Podgorica	628.960	46,8	13.812	0,14%
27	Niederlande	Amsterdam	17.035.938	505,2	41.526	0,41%
28	Nordmazedonien	Skopje	2.083.160	82,6	25.713	0,26%
29	Norwegen	Oslo	5.305.383	14,5	323.759	3,23%
30	Österreich	Wien	8.823.054	106	83.879	0,84%
31	Polen	Warschau	38.170.712	124,6	312.685	3,12%
32	Portugal	Lissabon	10.329.506	112,8	92.345	0,92%
33	Rumänien	Bukarest	19.679.306	85,5	238.391	2,38%
34	Russland	Moskau	104.000.000	26,3	3.955.800	39,44%
35	San Marino	San Marino	33.400	556,7	61	0,00%
36	Schweden	Stockholm	9.910.701	24,2	449.964	4,49%
37	Schweiz	Bern	8.476.005	214,5	41.285	0,41%
38	Serbien	Belgrad	7.058.322	91,1	88.361	0,88%
39	Slowakei	Bratislava	5.447.662	113,3	49.034	0,49%
40	Slowenien	Ljubljana	2.079.976	103,3	20.253	0,20%
41	Spanien	Madrid	46.354.321	92,9	504.645	5,03%
42	Tschechien	Prag	10.618.303	137,5	78.866	0,79%
43	Türkei	Ankara	9.799.745	419,1	23.384	0,23%
44	Ukraine	Kiew	44.222.947	76,3	603.700	6,02%
45	Ungarn	Budapest	9.721.559	107,4	93.030	0,93%
46	Vatikanstadt	(Stadtstaat)	792	1800	0	0,00%
47	Vereinigtes Königreich	London	66.101.595	272,8	243.610	2,43%

1.14 Wissenschaft

Trägt man in Excel „sehr große" oder „sehr kleine" Zahlen ein, beispielsweise die Länge eines Lichtjahres in Metern, also 9.460.730.472.580.800, wandelt Excel diese Zahl im Standardformat um in: 9,46073E+15. Wenn Sie die Lichtgeschwindigkeit in m/s angeben, also 299.792.458, könnte man auch 2,99E+08 eingeben. Excel wandelt ab der zwölften Stelle in das Zahlenformat „Wissenschaft" um.

Probleme treten dann auf, wenn Textzahlenkombinationen mit einem „E", beispielsweise Gennamen importiert werden:

Clone ID: 2310009E13, (FANTOM 3) Sequence ID: 23753, Rearray ID: ZX00130K08, DDBJ Accession in HTC: AK019078, DDBJ Accessions in EST: AV084947, (FANTOM 2) Sequence ID: 23753, (FANTOM 1) Sequence ID: 23753, MGI Clone Accession: MGI:1912336, MGI Marker Accession: MGI:1914582

(DNA seq [Table] / AA seq / SeqQual) /Menu/Option/RIKEN/NTTSOFT | Order this clone

Library information

TS: stage28, Dev.stage: adult, Strain: C57BL/6J, Sex: male, Tissue: tongue, EMAP name: tongue

Tentative clustering (TK:mm5)

TK ID: 99507 , # of transcript(s): 6

Representative	3300001O07					
Other Member(s)	8430422N14	1500032G08	1700043E15	B830002E03	2310009E13	
External sequences	GB|BC011510					

Tentative clustering (TU:mm5)

TU ID: 99507 , # of transcript(s): 6

Representative	3300001O07					
Other Member(s)	8430422N14	1500032G08	1700043E15	B830002E03	2310009E13	
External sequences	GB|BC011510					

MGI Assignment

MGI annotation (July 2004)	MGI ID	MGI Gene Symbol	MGI Gene Name	
	MGD|MGI:1925629	2310009E13Rik	RIKEN cDNA 2310009E13 gene	

	A	B	C	D	E	F	G
1	Clone ID: 2310009E13, (FANTOM 3) Sequence ID: 23753, Rearray ID: ZX00130K08, DDBJ Accessio						
2	(DNA seq [Table] / AA seq / SeqQual) /Menu/Option/RIKEN/NTTSOFT	Order this clone						
3	Library information						
4	TS: stage28, Dev.stage: adult, Strain: C57BL/6J, Sex: male, Tissue: tongue, EMAP name: tongue						
5	Tentative clustering (TK:mm5)						
6	TK ID: 99507 , # of transcript(s): 6						
7	Representative	3300001O07					
8	Other Member(s)	8430422N14	1500032G08	1,70E+21	B830002E03	2,31E+19	
9	External sequences	GB|BC011510					
10	Tentative clustering (TU:mm5)						
11	TU ID: 99507 , # of transcript(s): 6						
12	Representative	3300001O07					
13	Other Member(s)	8430422N14	1500032G08	1,70E+21	B830002E03	2,31E+19	
14	External sequences	GB|BC011510					
15	MGI Assignment						
16	MGI annotation (July 2004)	MGI ID	MGI Gene Symbol	MGI Gene Name			
17		MGD|MGI:1925629	2310009E13Rik	RIKEN cDNA 2310009E13 gene			

Die Genforschung hat sich deshalb überlegt, einige Gennamen umzubenennen:

https://www.spiegel.de/netzwelt/web/fuer-microsoft-excel-forscher-be-nennen-menschliche-gene-um-a-0d80a025-85af-4652-ace1-e29bb96109f1

1.15 Boolesche Werte (WAHR, FALSCH)

Anders als openOffice oder libreOffice Calc hat Excel kein eigenes Format für Wahrheitswerte. Obwohl Wahrheitswerte in Excel einen eigenen Datentyp (neben Text und Zahl) darstellen, was man mit ISTLOG überprüfen kann, stellt Excel kein Zahlenformat dafür zur Verfügung.

In Excel liefert =ISTZAHL(WAHR) FALSCH, in Calc wird WAHR daraus.

Das kann allerdings dazu führen, dass in Calc in einer Tabelle ungewollt Zahlen als WAHR dargestellt werden.

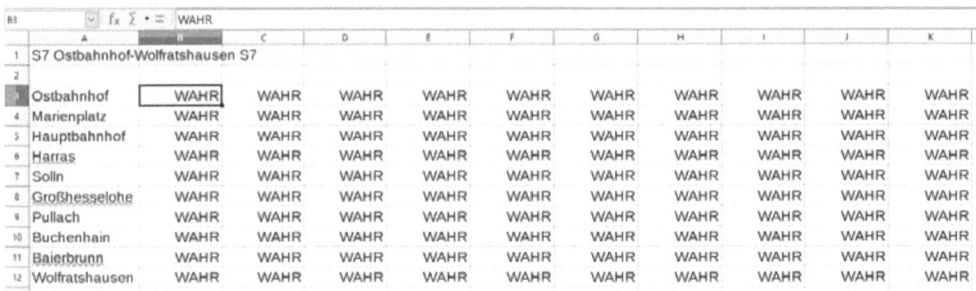

1.16 Man spricht Deutsch – Unterschiede Deutschland und Österreich und Schweiz

Einige kleine Differenzen gibt es bei den Zahlenformaten. Das Datum des ersten Monats im Jahr wird in Österreich mit dem Format MMMM als Jänner angezeigt, in Deutschland und der Schweiz als Januar.

Das Tausendertrennzeichen lautet in der Schweiz ', also: 1'234 in Deutschland und Österreich ., also: 1.234 Das bedeutet: das Zahlenformat

#..,# "Mio."

funktioniert in der Schweiz nicht – dort muss es

#'',# "Mio."

lauten.

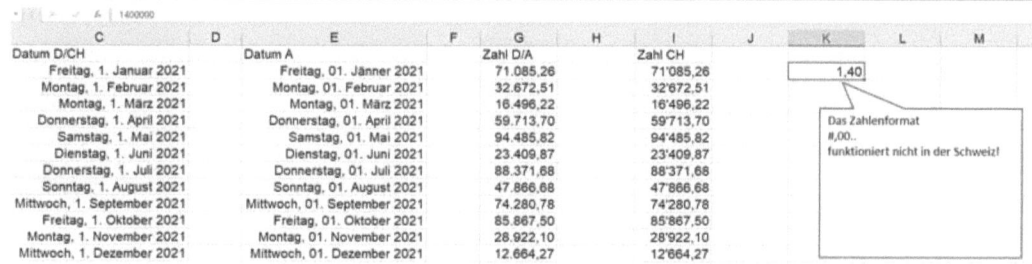

Datum D/CH	Datum A	Zahl D/A	Zahl CH	
Freitag, 1. Januar 2021	Freitag, 01. Jänner 2021	71.085,26	71'085,26	1,40
Montag, 1. Februar 2021	Montag, 01. Februar 2021	32.672,51	32'672,51	
Montag, 1. März 2021	Montag, 01. März 2021	16.496,22	16'496,22	
Donnerstag, 1. April 2021	Donnerstag, 01. April 2021	59.713,70	59'713,70	Das Zahlenformat
Samstag, 1. Mai 2021	Samstag, 01. Mai 2021	94.485,82	94'485,82	#,00..
Dienstag, 1. Juni 2021	Dienstag, 01. Juni 2021	23.409,87	23'409,87	funktioniert nicht in der Schweiz!
Donnerstag, 1. Juli 2021	Donnerstag, 01. Juli 2021	88.371,68	88'371,68	
Sonntag, 1. August 2021	Sonntag, 01. August 2021	47.866,68	47'866,68	
Mittwoch, 1. September 2021	Mittwoch, 01. September 2021	74.280,78	74'280,78	
Freitag, 1. Oktober 2021	Freitag, 01. Oktober 2021	85.867,50	85'867,50	
Montag, 1. November 2021	Montag, 01. November 2021	28.922,10	28'922,10	
Mittwoch, 1. Dezember 2021	Mittwoch, 01. Dezember 2021	12.664,27	12'664,27	

1.17 Excel formatiert „automatisch"

Achtung ist bei „gemischten" Zahlenformaten geboten. Stehen drei Zahlen direkt untereinander, die in der gleichen Art formatiert sind, also beispielsweise als Währung, dann wird jede Zahl, die darunter eingegeben wird, automatisch in dasselbe Format übertragen. Dies kann bei Währungsangaben oder bestimmten Zahlenformaten hilfreich sein, aber bei drei Datumsangaben, unter denen sich eine Zahl befinden soll, im ersten Moment irritieren.

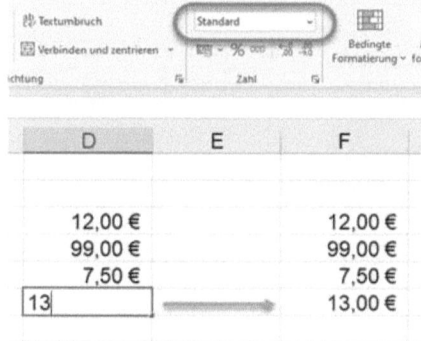

Hinweis

Diese Option kann über die Optionen | Erweitert | Optionen bearbeiten über „Datenbereichsformate und -formeln erweitern" deaktiviert werden.

2 Excel auf Mac und PC

Excelstammtisch vom 08.12.2020

2.1 Tastatur – oder: wo sind die Zeichen?

Kennen Sie die Mac-Tastatur?

Wo befinden sich die Zeichen @, \, [,], die Anführungszeichen „ und" oder « beziehungs-weise: »? Wie erzeugt man Zeichen < 32, als die ASCII-Zeichen auf der „rechten" Zahlen-tastatur? Wo ist die hochgestellte „2" oder „3" in m² oder m³?

Im Anhang finden Sie eine Liste der Sonderzeichen.

Wahrscheinlich hat Apple Funktionalität gegenüber „schönem" Design geopfert.

2.2 Die Architektur eines Apple-Rechners

Es gibt mehrere Vorzüge des Macs gegenüber dem PC:

- Stabilität
- Einfache Installation (und Deinstallation) der (meisten) Programme
- Werkzeuge wie Timeline machen das Arbeiten einfach
- Vorschau von Bildern und Filmen
- …

Und Excel?

2.3 Die Oberfläche von Excel

Excel auf Mac hatte in früheren Versionen anderen Bezeichnungen, andere Sortierreihenfolgen, andere Farbvorgaben in den Designs, …

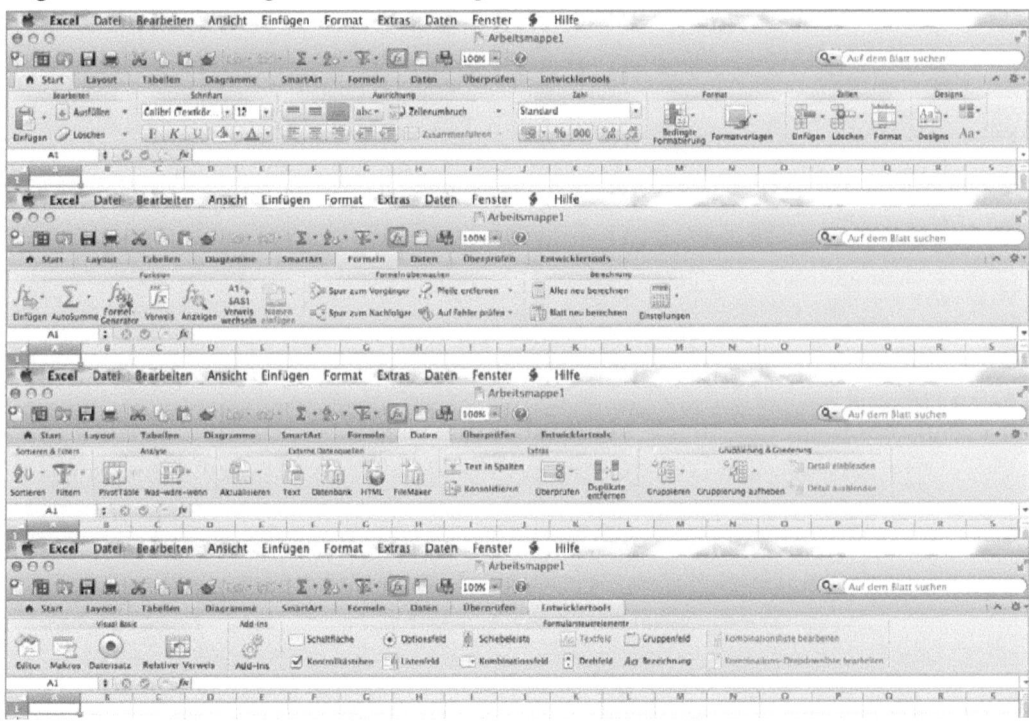

In Microsoft 365 wurde das angepasst:

- Menüband-Sortierung

- Menüband-Namen und andere Beschriftungen

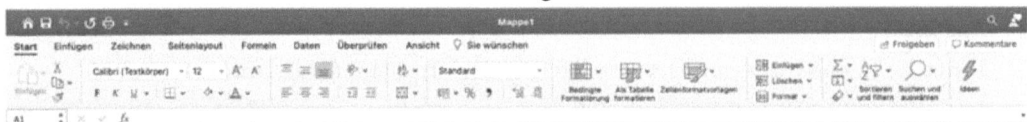

- Gleiche Designs, Farben und Schriften

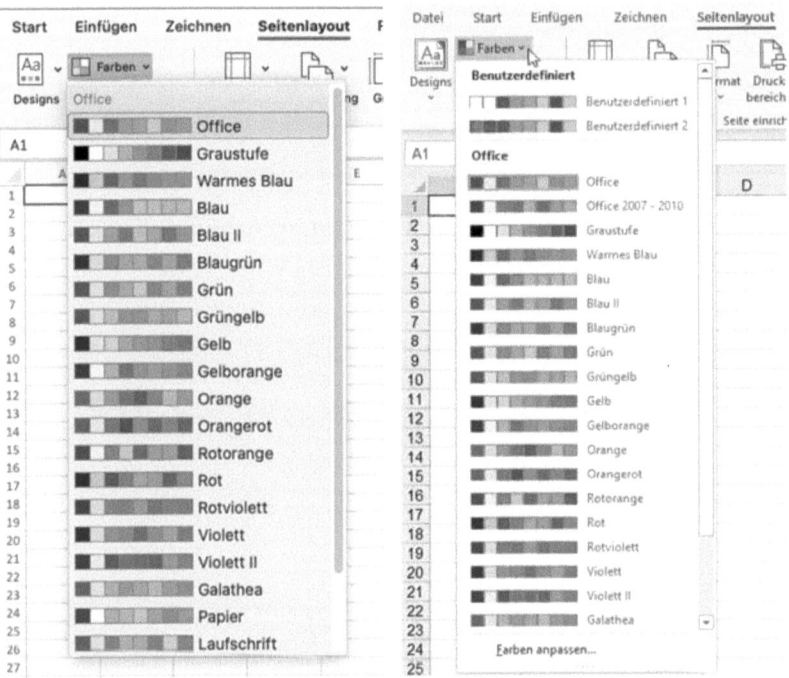

- Identisches Kontextmenü (die Minisymbolleiste fehlt):

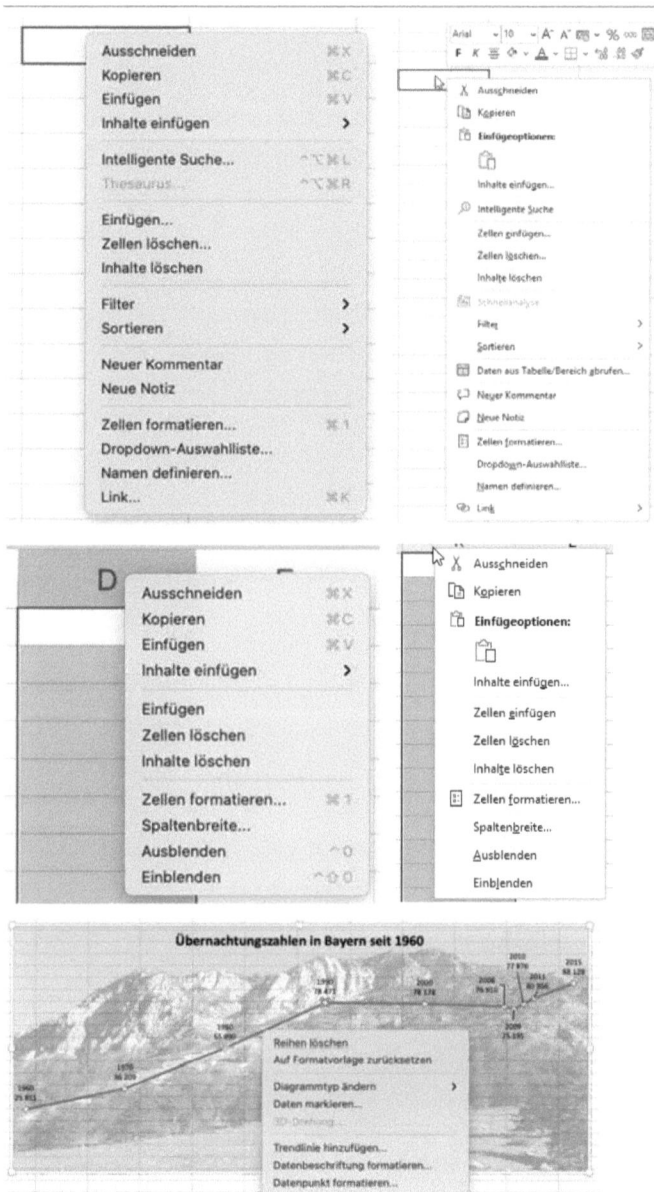

Smarttags sind vorhanden:

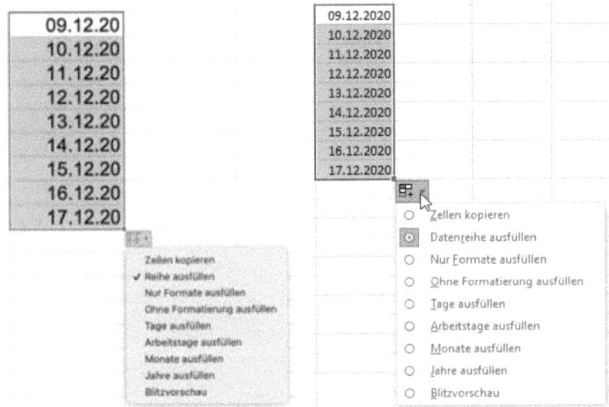

Ebenso die Fehlerprüfung:

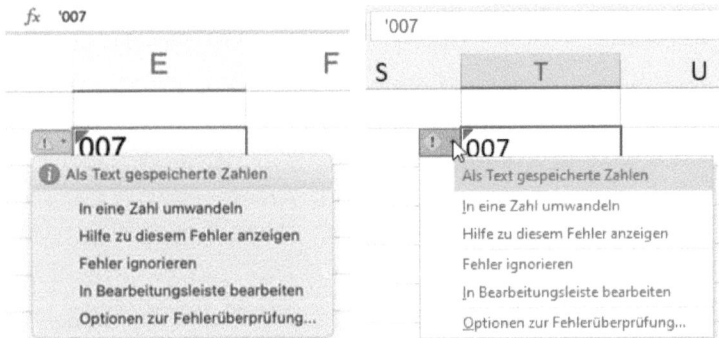

■ Jedoch: in der Menüleiste finden sich immer noch einige Inkonsistenzen in der Beschriftung:

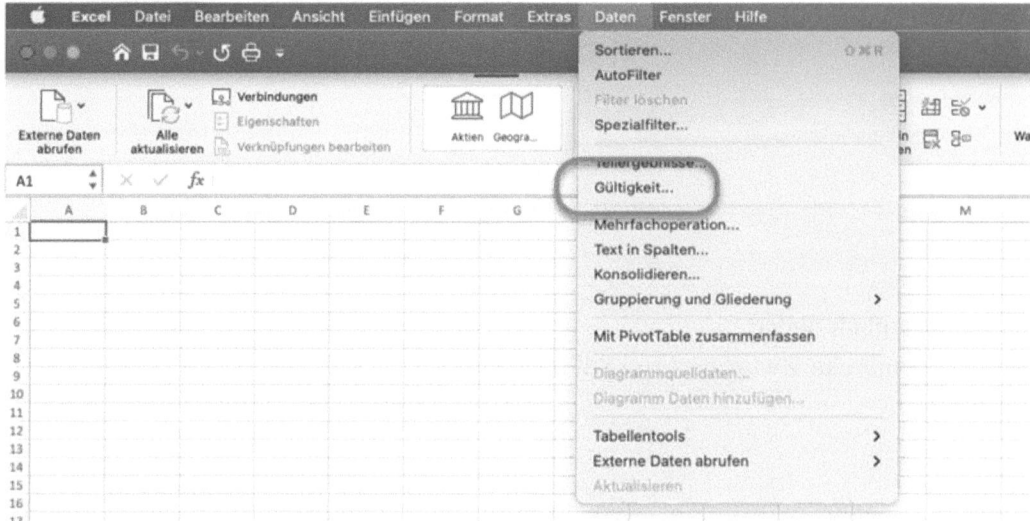

Aber:

■ Das Menüband lässt sich nur am PC komplett ausblenden:

■ Es gibt keine Schnellstartsymbole

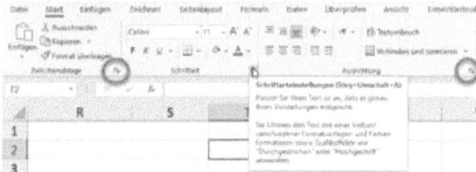

■ Der Backstage-Bereich ist nicht vorhanden
■ Die Speicherorte sind verschieden

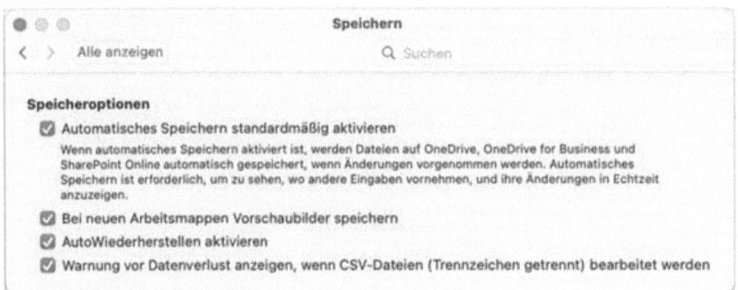

■ Speicherpfade anders

■ Es gibt nur eine Zwischenablage auf dem Mac:

2.4 Tastenkombinationen

Der Mac hat nicht nur die Tasten Control, Option und Wahl (oder CTRL, ALT und CMD/Apfel (⌘)

Wichtige Tastenkombination für den Mac finden Sie am Ende oder auf:

    https://support.apple.com/de-de/HT201236

2.5 Optionen und Einstellungen

Alle wichtigen Optionen sind vorhanden. Man findet sie in Excel / Einstellungen. Beispiele:

■ Standardschrift

■ Benutzername

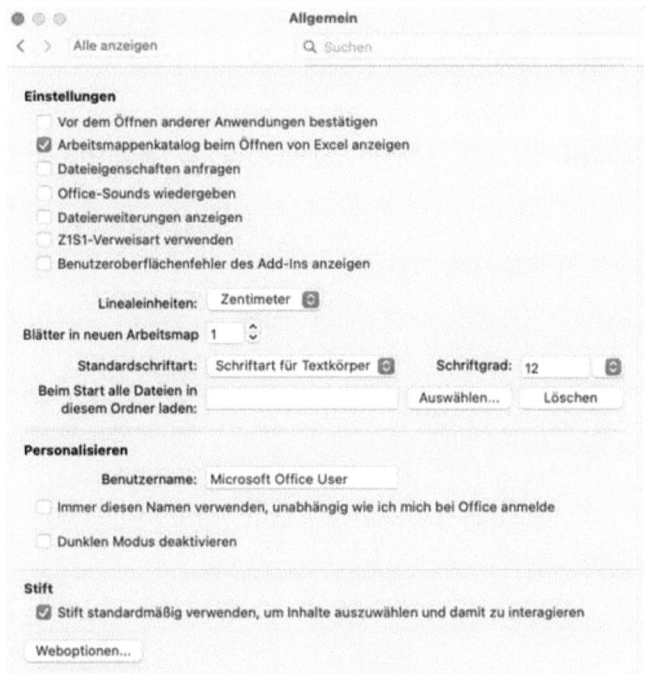

■ Fehlerüberprüfung (grüne Ecken)

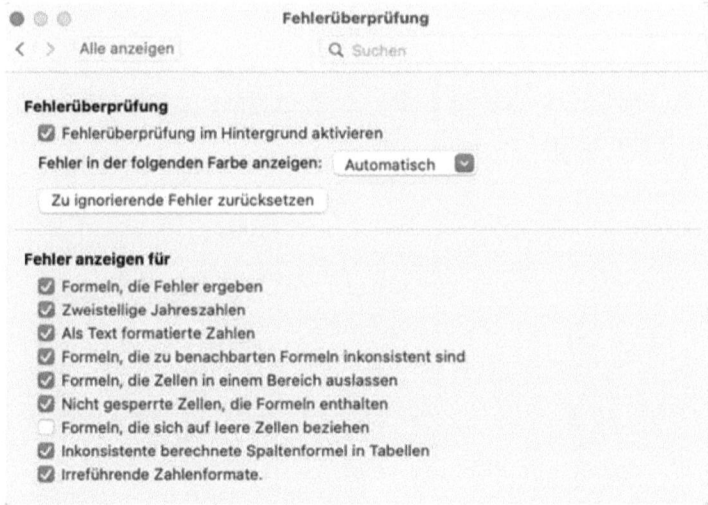

■ Optionen für Pivottabellen

■ AutoKorrektur

- Standardspeicherort
- Sprache umstellen
- Blitzvorschau
- Trennzeichen aus dem Betriebssystem
- Bilder ausblenden
- Berechnungsoptionen

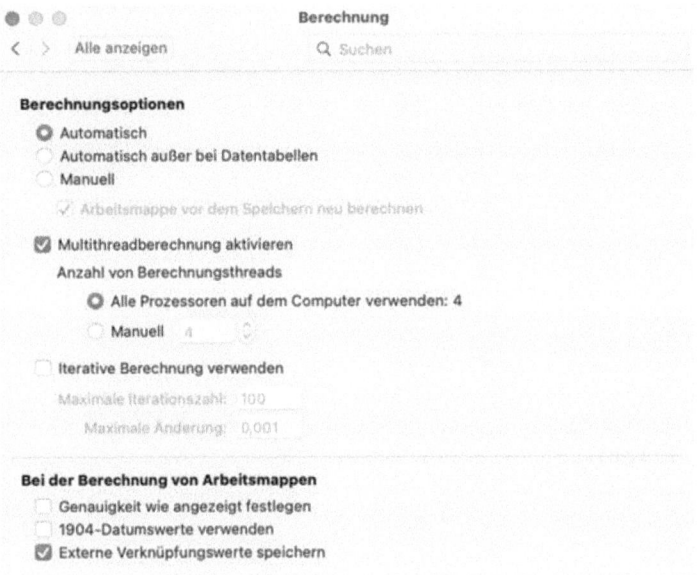

- Dezimalkomma automatisch einfügen

■ Blattregisterkarten ausblenden, Scrollleiste, Zeilen- und Spaltenüberschriften

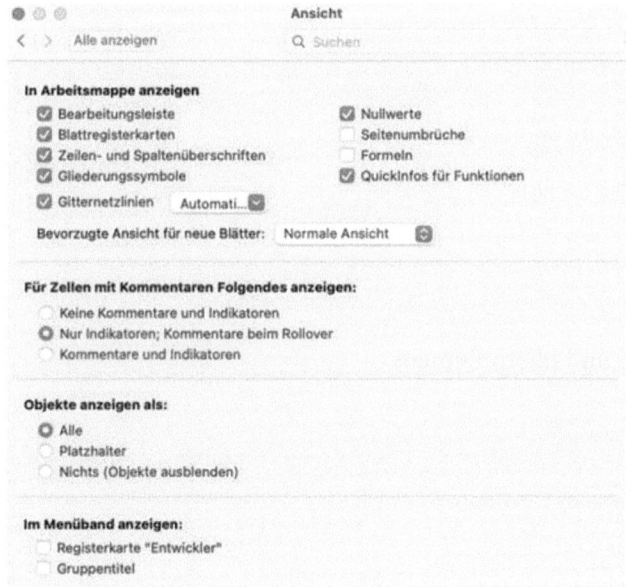

2.6 **Formatierungen**

Sonderzeichen werden übernommen – auch wenn das Betriebssystem sie nicht zur Verfügung stellt. Der Grund: Eine Excelmappe wird als Archiv mit XML-Dateien gespeichert, die in UTF-8 codiert sind, also alle Zeichen sämtlicher Sprachen enthalten.

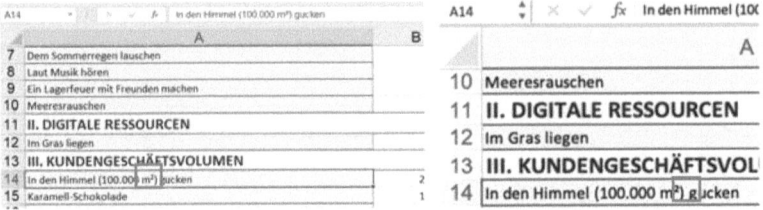

Der interne Code der Zeichen unterscheidet sich jedoch:

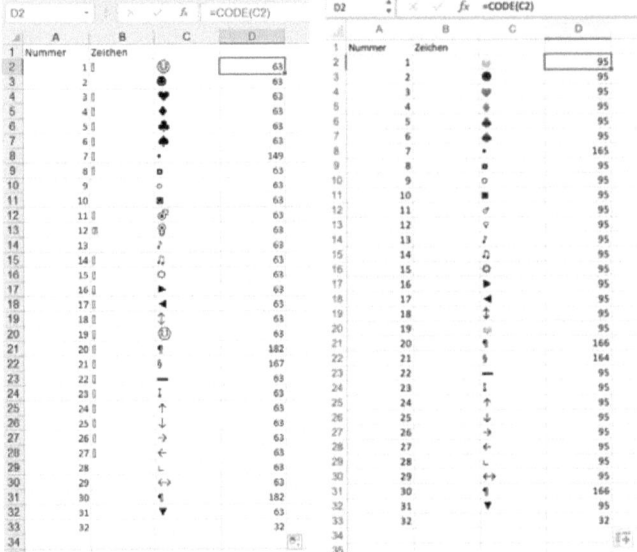

Farben werden als RGB gespeichert und übernommen:

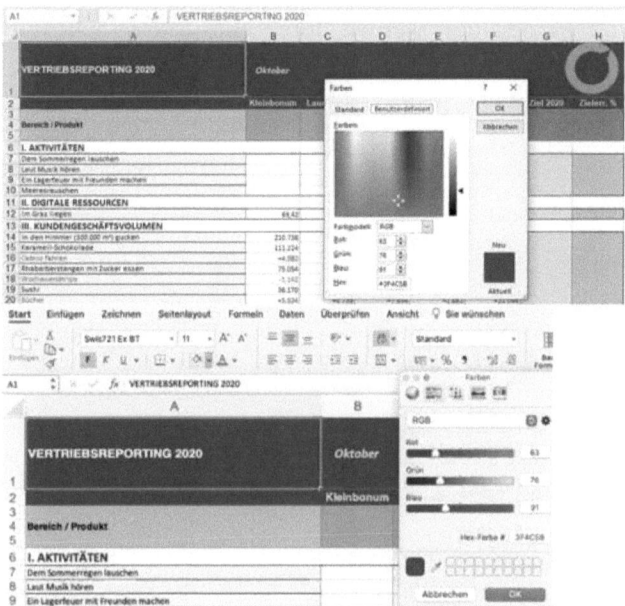

Bilder werden übernommen, jedoch minimal in der Größe verändert:

Schriftarten können nicht eingebettet werden und werden durch eine andere Schriftart ersetzt:

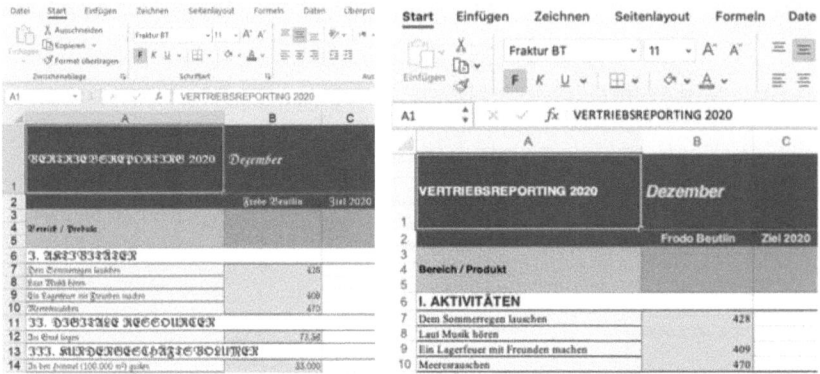

Bei Zeilenhöhe und Spaltenbreite kann es zu leichten Veränderungen kommen:

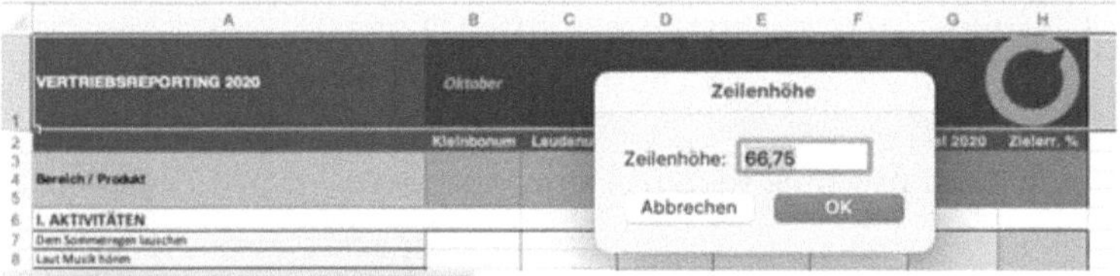

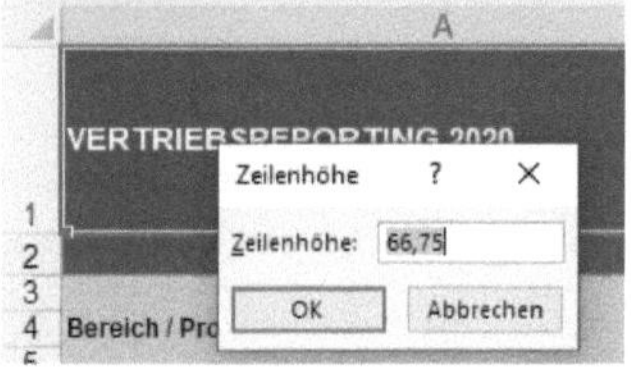

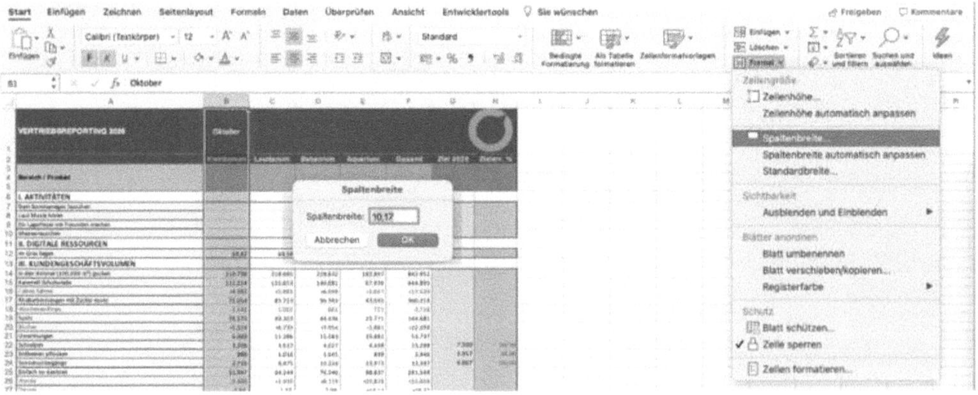

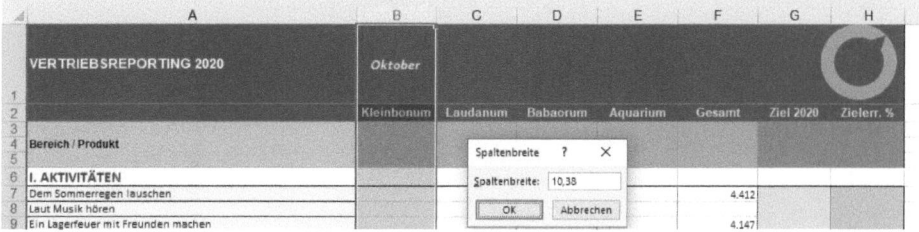

2.7 Werkzeuge

Sämtliche Assistenten sind vorhanden und können verwendet werden:

- Datenüberprüfung
- Bedingte Formatierung
- Sortieren
- Filtern
- Pivottabellen (allerdings ohne Datenmodell)
- Solver
- …

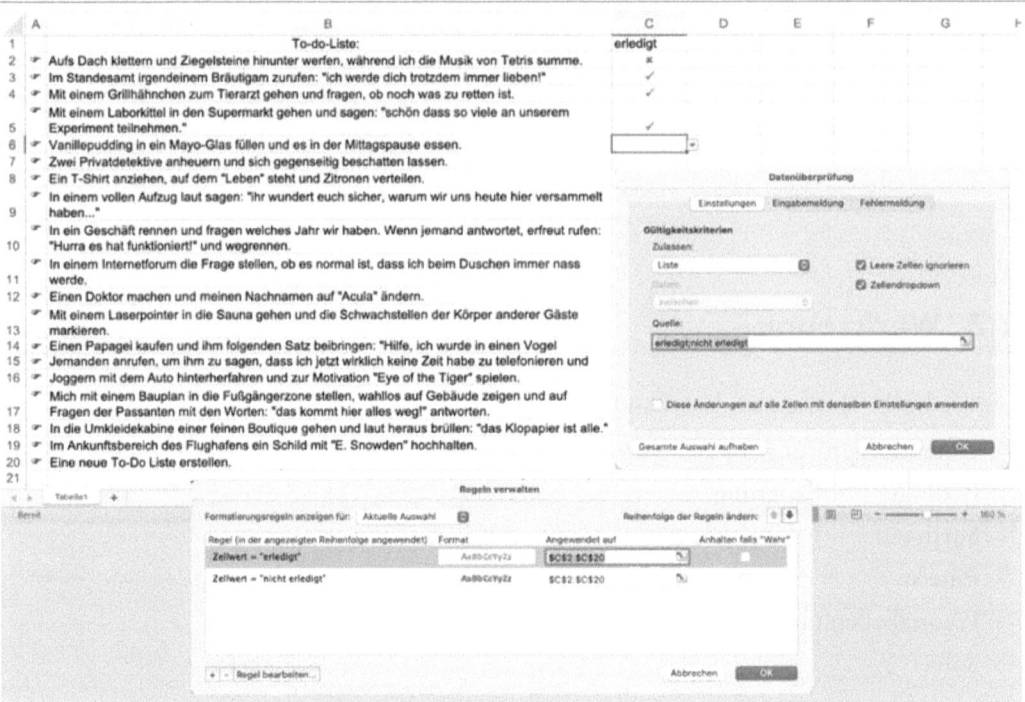

2.8 Namen

Der Namensmanager ist leider auf dem Mac nicht so umfangreich wie auf dem PC. Es wird nicht angezeigt, ob Namen lokal für ein Blatt oder global für eine Datei definiert werden:

Ist Excel online eine Alternative? – Leider nein! Dort können Namen nicht angelegt werden!

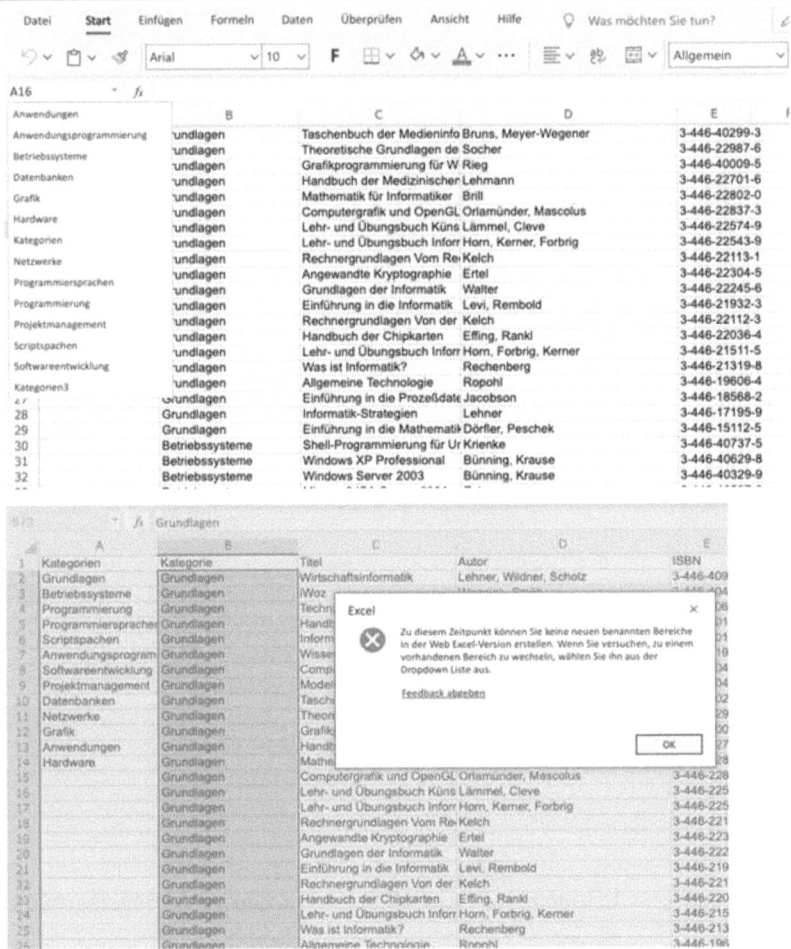

2.9   Rechengenauigkeiten und Grenzen

Auf

```
https://support.microsoft.com/de-de/office/datumssysteme-in-
excel-e7fe7167-48a9-4b96-bb53-5612a800b487
```

ist zu lesen:

„Excel unterstützt zwei Date-Systeme, das 1900-Datensystem und das 1904-Datensystem. Jedes Datumssystem verwendet ein eindeutiges Anfangsdatum, ab dem alle anderen Arbeitsmappendaten berechnet werden. Alle Versionen von Excel für Windows berechnen Datumsangaben auf der Grundlage des 1900-Datumssystems. Excel 2008 für Mac und frühere Versionen von Excel für Mac berechnen Datumsangaben basierend auf dem 1904-Datumssystem. Excel 2016 für Mac und Excel für Mac 2011 verwenden das 1900-Datensystem, das die Kompatibilität von Daten mit Excel für Windows garantiert.

Wenn Sie Datumsangaben aus einer Arbeitsmappe, die in einer früheren Version erstellt wurde, in eine in Excel 2016 oder 2011 für Mac erstellte Arbeitsmappe kopieren, werden diese automatisch konvertiert, es sei denn, die Option "Automatisches Konvertieren des Datumssystems" ist unter " Einstellungen " > "Bearbeiten" deaktiviert. > Date-Optionen. Wenn diese Option deaktiviert ist, wird eine Meldung angezeigt, in der Sie gefragt werden, ob die Datumsangaben beim Einfügen konvertiert werden sollen. Es gibt zwei Optionen. Sie können die Datumsangaben in die Verwendung des 1900-Datumssystems konvertieren (empfohlen). Mit dieser Option werden die Datumsangaben mit anderen Datumsangaben in der Arbeitsmappe kompatibel. Oder Sie können das 1904-Datumssystem nur für die eingefügten Datumsangaben aufheben."

Ich finde im Internet die Information „Excel für Mac verwendete aus historischen Gründen einen anderen Stichtag und zwar den 2.1.1904. Dies entspricht einer Verschiebung um 1462 Tage." Möglicherweise beruht dieser Unterschied auf der Tatsache, dass Microsoft falsch den 29.02.1900 eingegeben hatte und Apple diesen Fehler vermeiden wollte.

Inzwischen sind beide System angeglichen – Datumsangaben werden beim Austausch nicht „verschoben".

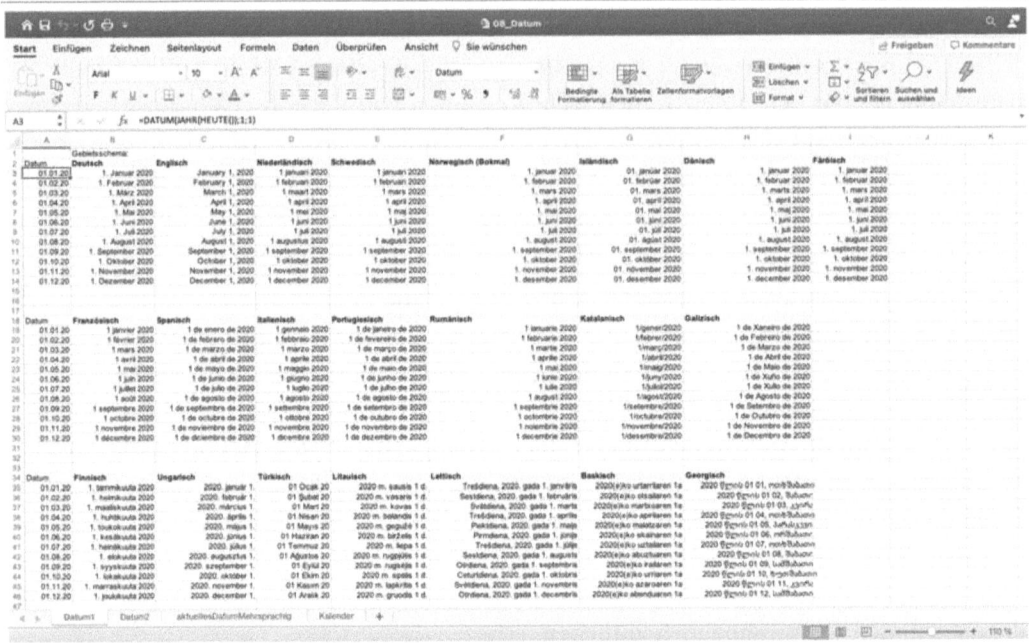

2.10 Formeln

Alle Funktionen sind vorhanden. Beispielsweise LET:

```
=LET(PP;ZELLE("dateiname");LINKS(PP;SUCHEN("[";PP)-2))
```

Die Funktionen ZELLE, ZEICHEN und INFO liefern natürlich andere Ergebnisse:

```
=ZELLE("dateiname")
=INFO("SYSVERSION")
=INFO("VERSION")
=INFO("SYSTEM")
```

Die Trennzeichen sind abhängig von der Systemumgebung

Leider fehlt die Formelauswertung und auf dem Mac:

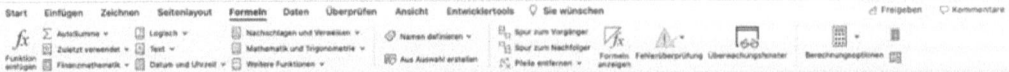

2.11 Formeleditor, 3D-Modell und Film

Der Formeleditor funktioniert auf Mac und PC.

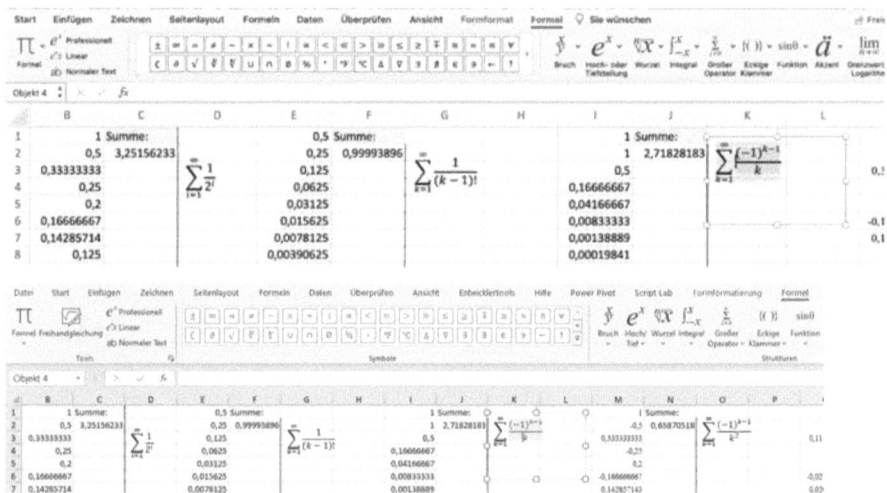

3D-Modelle sind auch vorhanden:

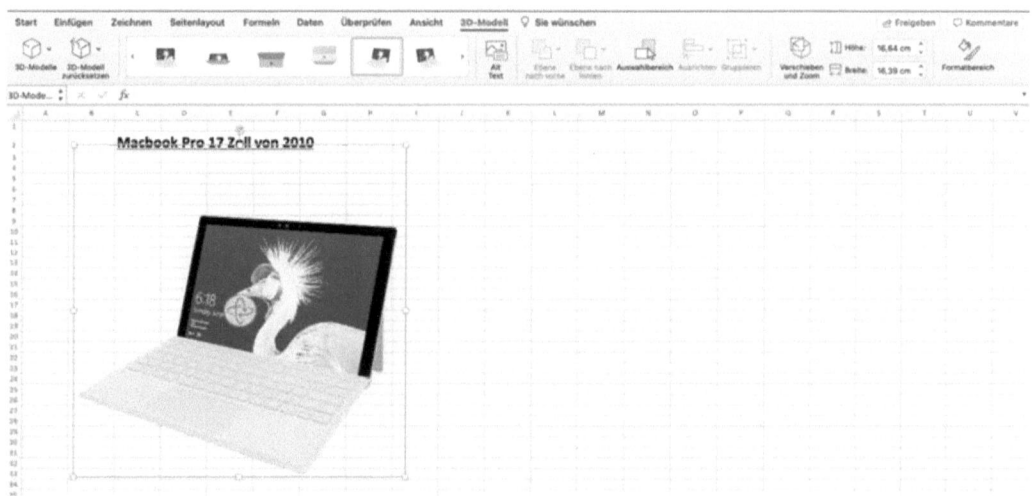

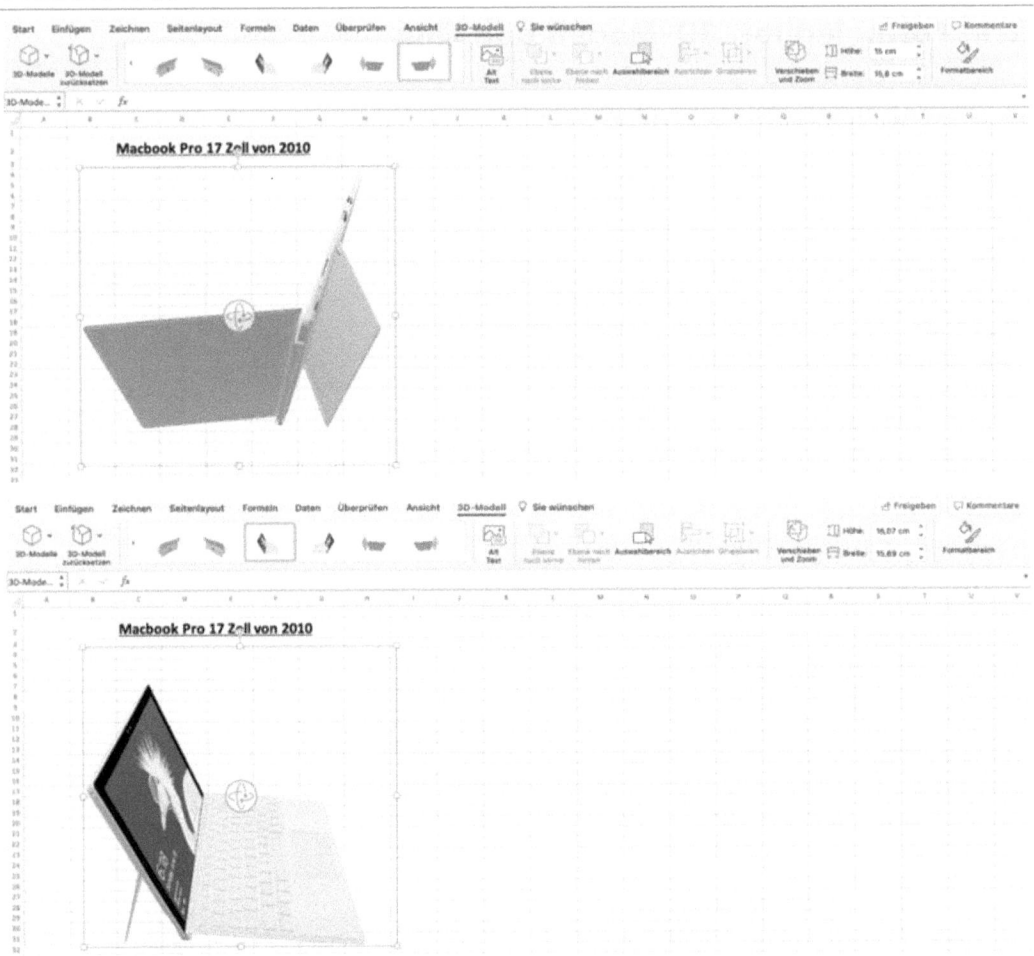

Dagegen kann man nur auf dem Mac Filme einfügen:

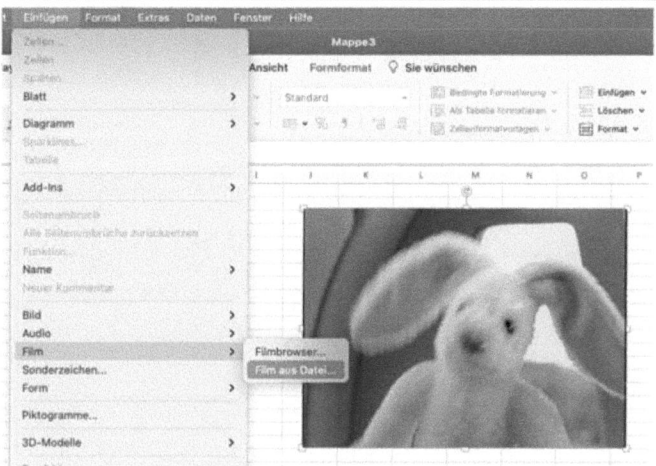

2.12 Diagramme

Auch der Austausch von Diagrammen funktioniert gut. Auf dem Mac stehen alle Diagrammtypen zur Verfügung, die auch auf dem PC verwendet werden können:

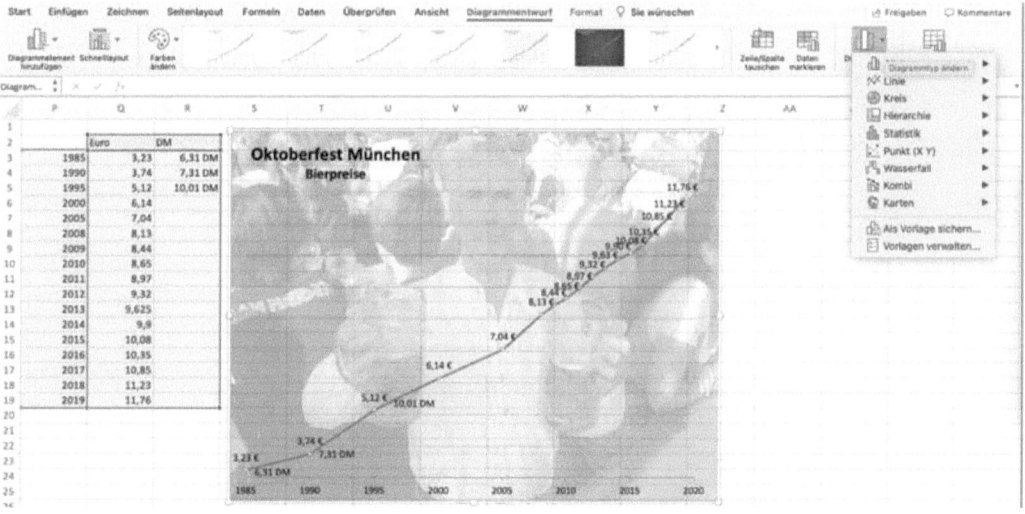

Diagramme

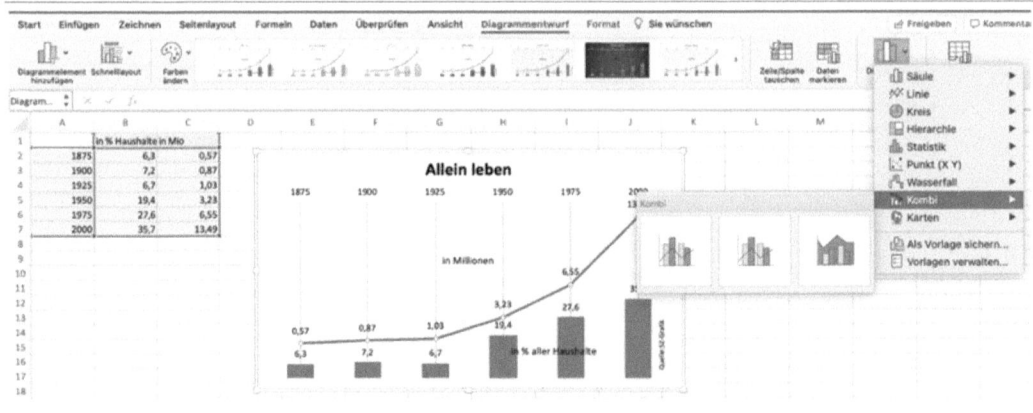

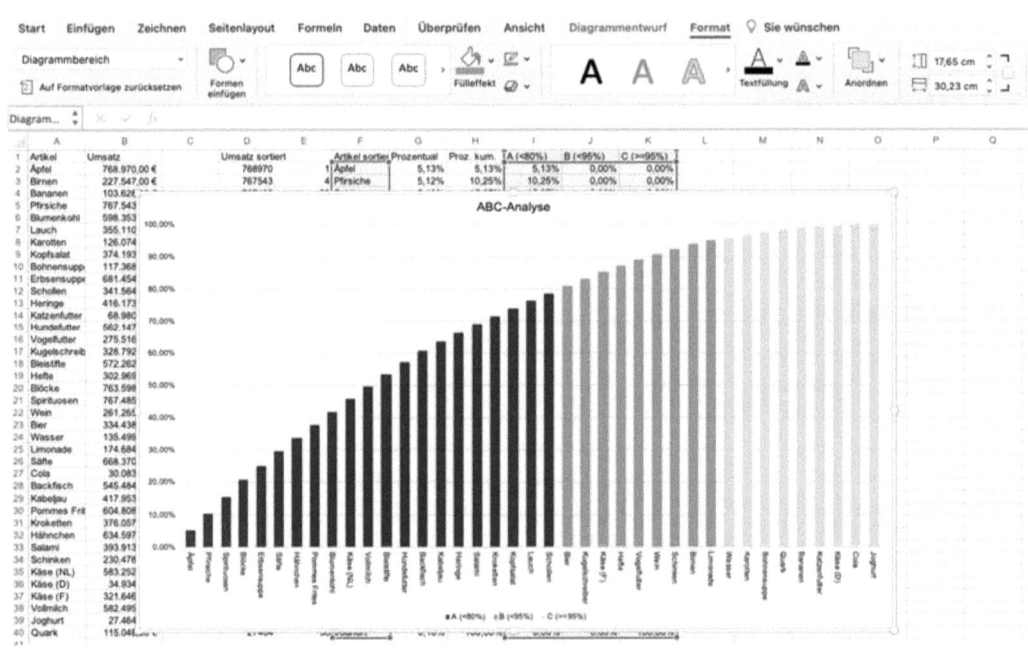

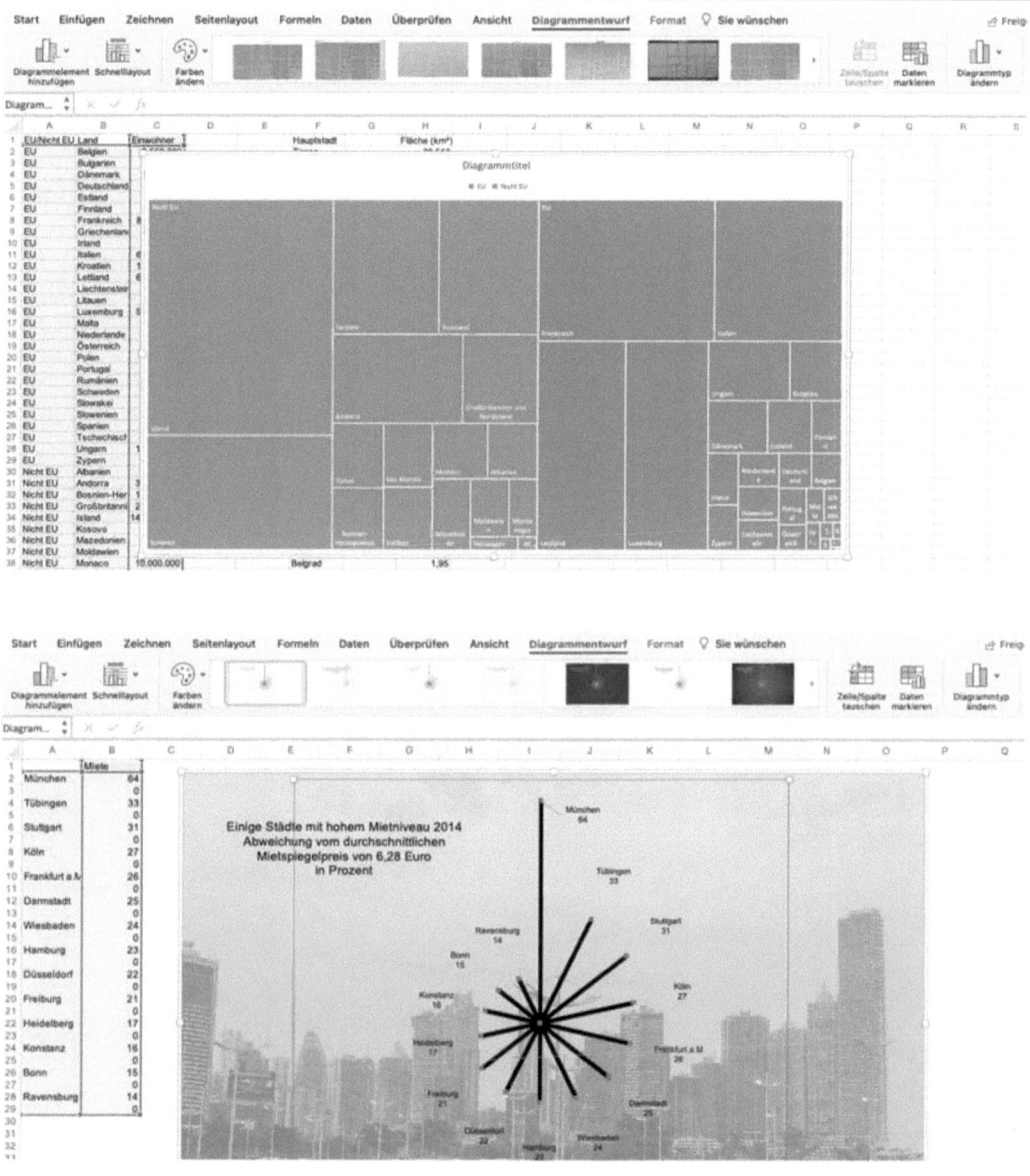

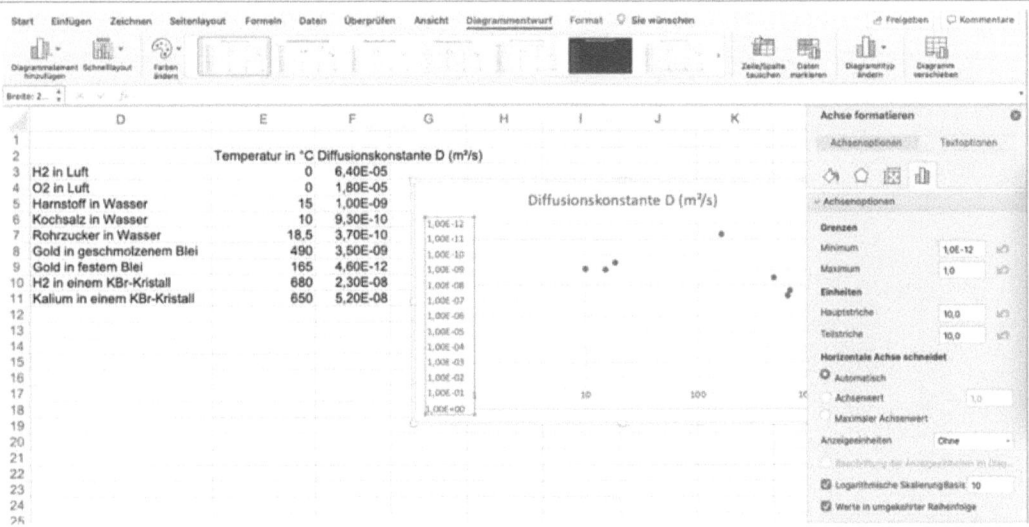

Die Frage, ob auf dem Mac gespeicherte Diagramme Datenbeschriftungen nicht mehr anzeigen, wenn sie auf dem PC geöffnet werden, konnte ich nicht nachvollziehen. Auf dem PC sieht das Diagramm, das ich auf dem Mac erstellt habe, folgendermaßen aus:

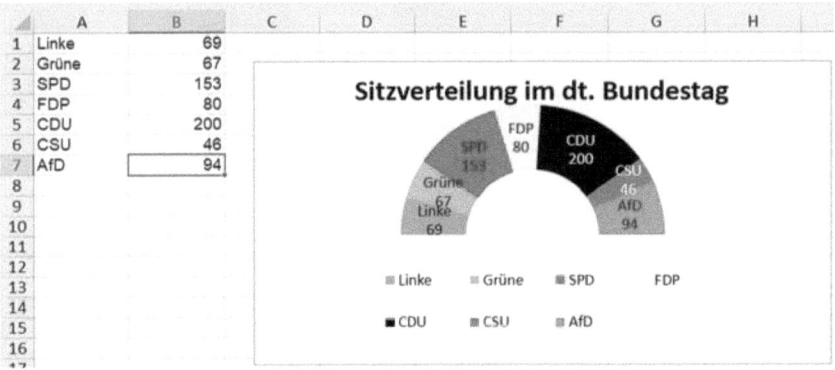

Das heißt: in meinem Testbeispiel blieben die Datenbeschriftungen vorhanden.

2.13 Intelligente Tabellen

Auch intelligente (strukturierte, formatierte, dynamische) Tabellen stellen keine Schwierigkeit für den Mac dar:

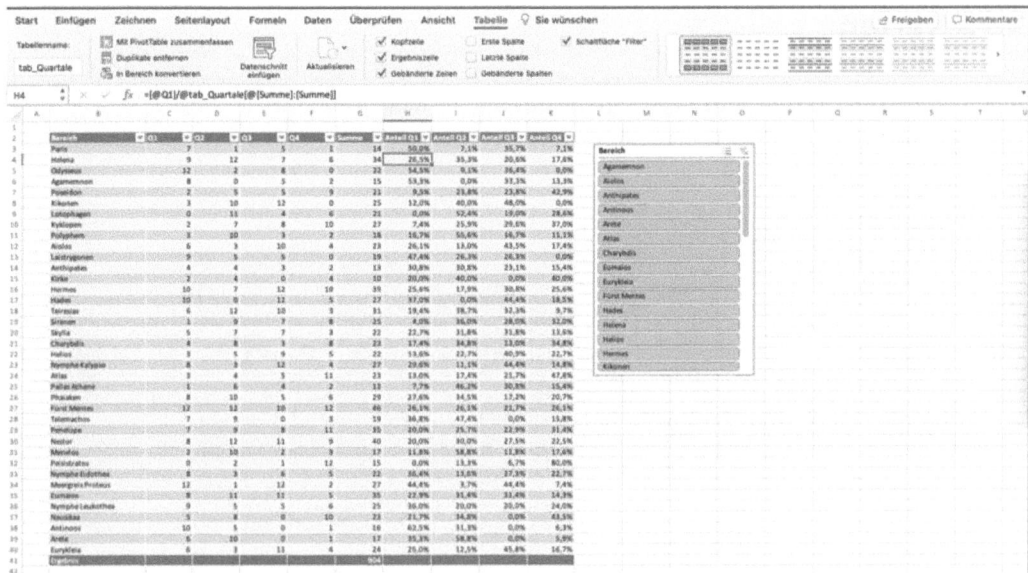

2.14 Power-Werkzeuge?

Die Power-Werkzeuge stehen leider auf dem Mac (noch?) nicht zur Verfügung:

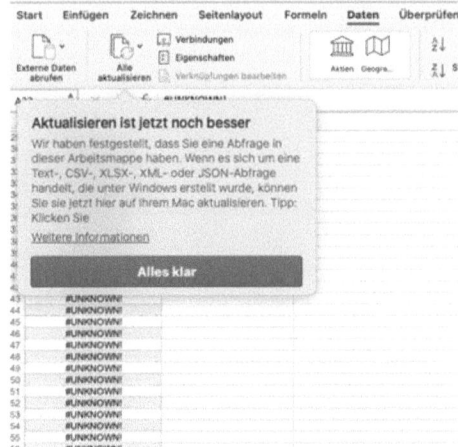

2.15 Karten

Die Datentypen Aktien und Geografie werden vom Mac unterstützt:

	A	B	C	D	E	F	G	H	I
			fx =B2.Bevölkerung						
1	ID	Stadt	Bundesland	Einwohner	Fläche (km²)	Einwohner/km²			
2	1	🏙 Stuttgart	Baden-Württemberg	623.738	207,35	3.008	Fritz Kuhn (Oberbürgermeister)	=B2.Bevölkerung	
3	2	🏙 Karlsruhe		307.755	173,46	1.774	Frank Mentrup (Bürgermeister)	297.488	
4	3	🏙 Mannheim		305.780	144,96	2.109	Peter Kurz (Bürgermeister)	314.931	
5	4	🏙 Freiburg im Breisgau		226.393	153,06	1.479	Martin Horn (Bürgermeister)	229.144	
6	5	🏙 München	Bayern	1.450.381	310,7	4.668	Dieter Reiter (Bürgermeister)	1.539.740	
7	6	🏙 Nürnberg		509.975	186,38	2.736	Marcus König (Bürgermeister)	510.602	
8	7	🏙 Augsburg		286.374	146,84	1.950	Eva Weber (Bürgermeister)	266.647	
9	8	🏙 Berlin	Berlin	3.520.031	891,68	3.948	#FELD!	3.769.495	
10	9	🏙 Potsdam	Brandenburg	167.745	188,25	891	Mike Schubert (Bürgermeister)	158.902	
11	10	🏙 Bremen	Bremen	557.464	325,56	1.712	Andreas Bovenschulte (Bürgermeister)	547.976	
12	11	🏙 Hamburg	Hamburg	1.787.408	755,3	2.366	Peter Tschentscher (Bürgermeister)	1.802.041	
13	12	🏙 Frankfurt am Main	Hessen	732.688	248,31	2.951	Peter Feldmann (Oberbürgermeister)	691.518	
14	13	🏙 Wiesbaden		276.218	203,92	1.355	Gert-Uwe Mende (Bürgermeister)	278.919	
15	14	🏙 Kassel		197.984	106,78	1.854	Christian Geselle (Bürgermeister)	196.496	
16	15	🏙 Rostock	Mecklenburg-Vorpommern	206.011	181,26	1.137	Claus Ruhe Madsen (Bürgermeister)	204.260	
17	16	🏙 Hannover	Niedersachsen	532.163	204,15	2.607	Belit Onay (Bürgermeister)	525.875	
18	17	🏙 Braunschweig		251.364	192,17	1.308	Ulrich Markurth (Bürgermeister)	250.556	
19	18	🏙 Oldenburg (Oldb)		163.830	102,99	1.591	Jürgen Krogmann (Bürgermeister)	170.000	
20	19	🏙 Osnabrück		162.403	119,79	1.356	Wolfgang Griesert (Bürgermeister)	168.145	
21	20	🏙 Köln	Nordrhein-Westfalen	1.060.582	405,02	2.619	Henriette Reker (Bürgermeister)	1.017.155	
22	21	🏙 Düsseldorf		612.178	217,41	2.816	Thomas Geisel (Bürgermeister)	642.304	
23	22	🏙 Dortmund		586.181	280,71	2.088	Ullrich Sierau (Bürgermeister)	580.956	
24	23	🏙 Essen		582.624	210,34	2.770	Thomas Kufen (Bürgermeister)	573.468	
25	24	🏙 Duisburg		491.231	232,8	2.110	Sören Link (Bürgermeister)	488.005	
26	25	🏙 Bochum		364.742	145,66	2.504	Thomas Eiskirch (Bürgermeister)	373.976	
27	26	🏙 Wuppertal		350.046	168,39	2.079	Andreas Mucke (Bürgermeister)	349.470	
28	27	🏙 Bielefeld		333.090	258,82	1.287	Pit Clausen (Bürgermeister)	323.395	

Da kein PowerQuery vorhanden ist, können auch keine eigenen Datentypen erstellt werden.

Karten, als Sonderform der Diagramme, werden unterstützt:

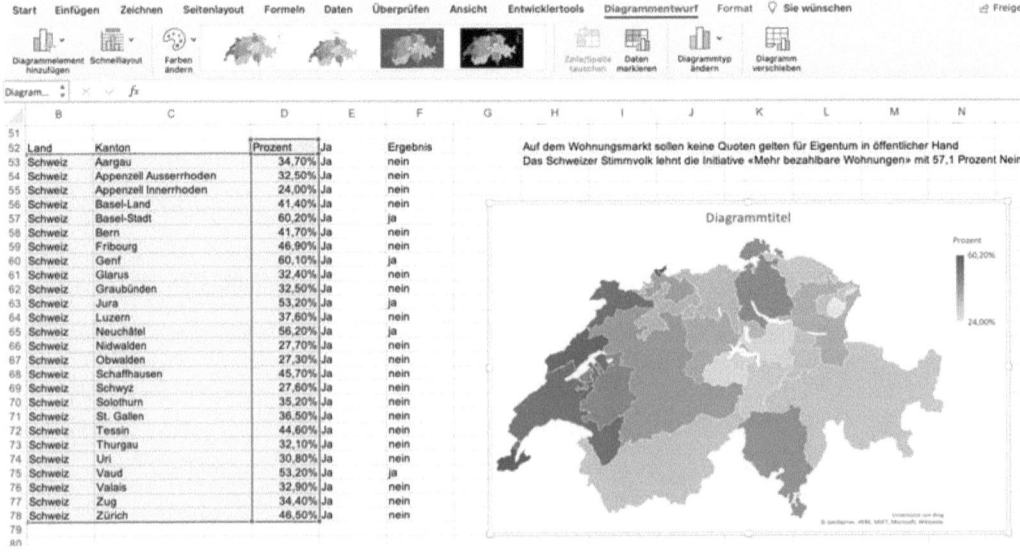

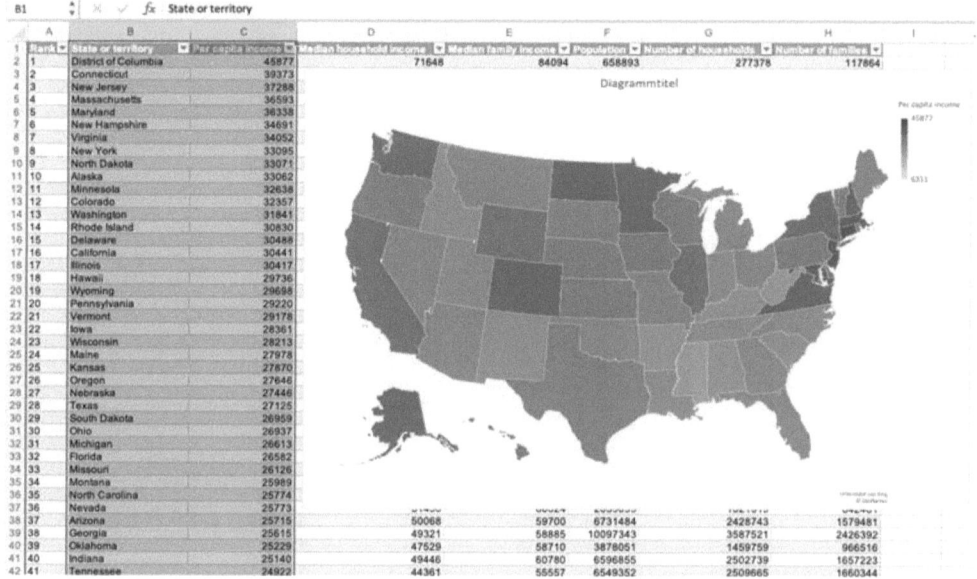

	A	B	C	D	E	F	G	H
	Rank	State or territory	Per capita income	Median household income	Median family income	Population	Number of households	Number of families
1		District of Columbia	45877	71648	84094	658893	277378	117864
2	1	Connecticut	39373					
3	2	New Jersey	37288			Diagrammtitel		
4	3	Massachusetts	36593					
5	4	Maryland	36338					
6	5	New Hampshire	34691					
7	6	Virginia	34052					
8	7	New York	33095					
9	8	North Dakota	33071					
10	9	Alaska	33062					
11	10	Minnesota	32638					
12	11	Colorado	32357					
13	12	Washington	31841					
14	13	Rhode Island	30830					
15	14	Delaware	30488					
16	15	California	30441					
17	16	Illinois	30417					
18	17	Hawaii	29736					
19	18	Wyoming	29698					
20	19	Pennsylvania	29220					
21	20	Vermont	29178					
22	21	Iowa	28361					
23	22	Wisconsin	28213					
24	23	Maine	27978					
25	24	Kansas	27870					
26	25	Oregon	27646					
27	26	Nebraska	27446					
28	27	Texas	27125					
29	28	South Dakota	26959					
30	29	Ohio	26937					
31	30	Michigan	26613					
32	31	Florida	26582					
33	32	Missouri	26126					
34	33	Montana	25989					
35	34	North Carolina	25774					
36	35	Nevada	25773					
37	36	Arizona	25715	50068	59700	6731484	2428743	1579481
38	37	Georgia	25615	49321	58885	10097343	3587521	2426392
39	38	Oklahoma	25229	47529	58710	3878051	1459759	966516
40	39	Indiana	25140	49446	60780	6596855	2502739	1657223
41	40	Tennessee	24922	44361	55557	6549352	2509665	1660344

2.16 VBA

Die Oberfläche der Entwicklungsumgebung ist – gegenüber dem PC – eingeschränkt:

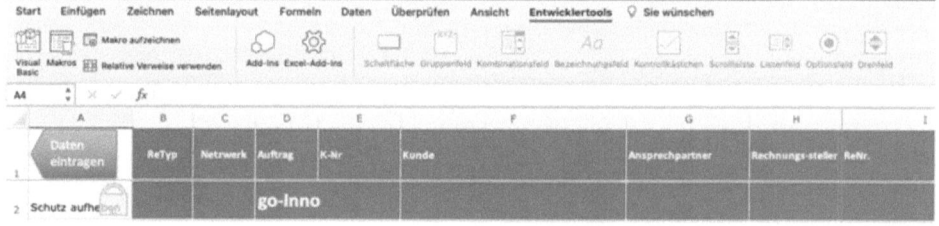

Im Vergleich: Windows:

Achtung: Active-X-Steuerelemente können nicht verwendet werden:

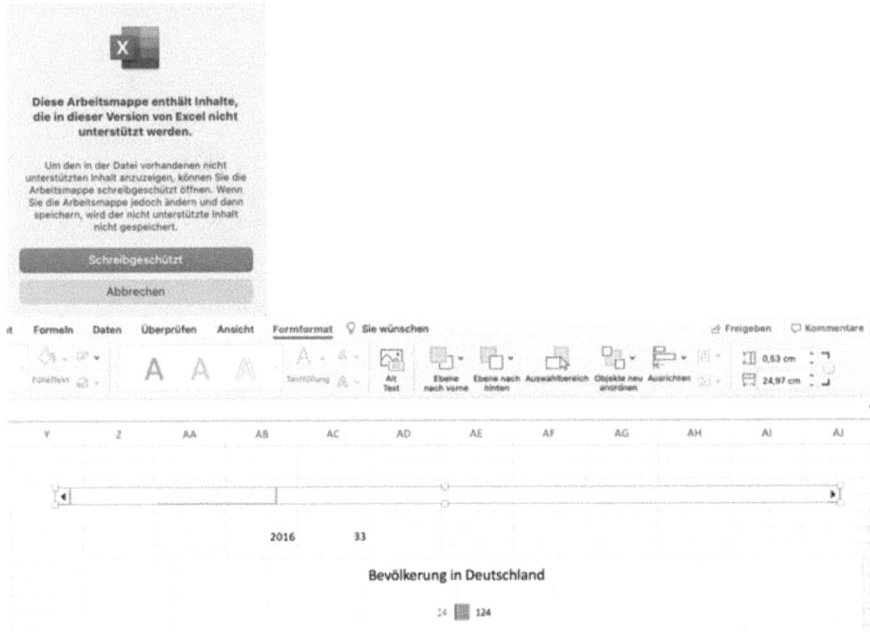

Werden alle Registerkarten ausgeblendet (hier – PC):

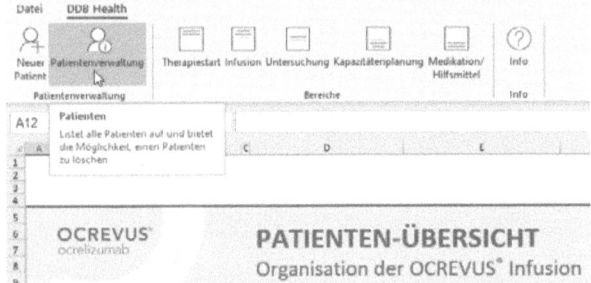

Wird auf dem Mac nichts angezeigt:

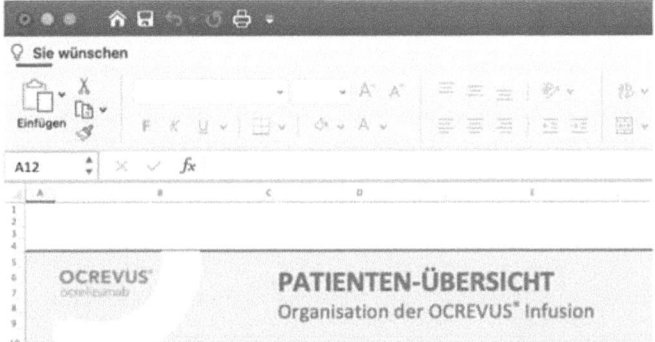

Auch Symbole in einer benutzerdefinierten Registerkarte (hier: PC):

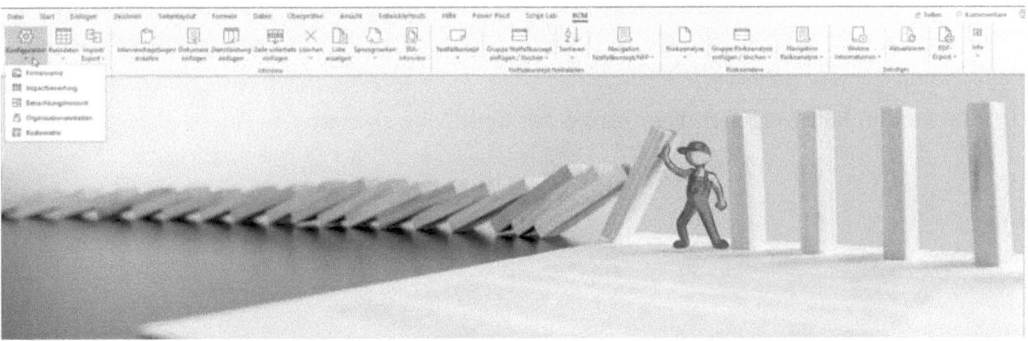

Werden nicht alle auf dem Mac angezeigt:

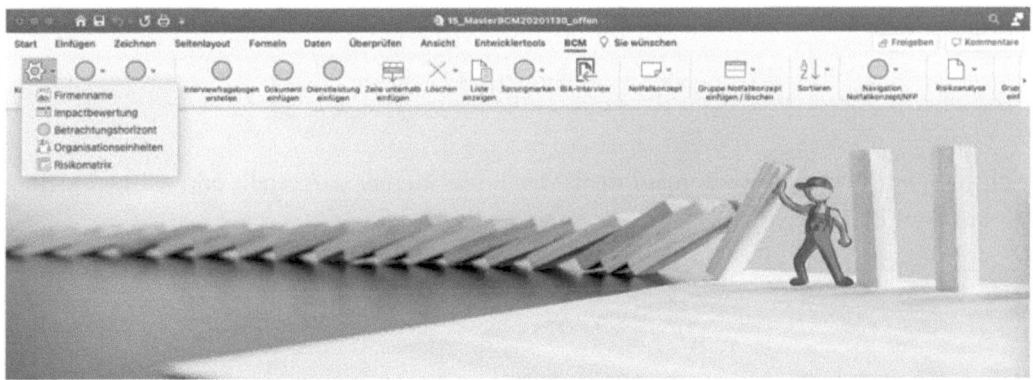

Es lassen sich benutzerdefinierte Funktionen erstellen, die auf Mac und PC verwendet werden können:

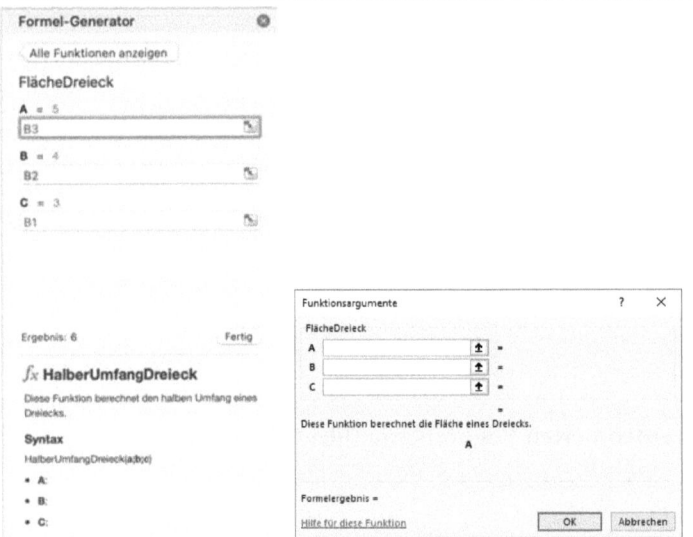

Leider werden keine eigenen Kategorien auf dem Mac erzeugt:

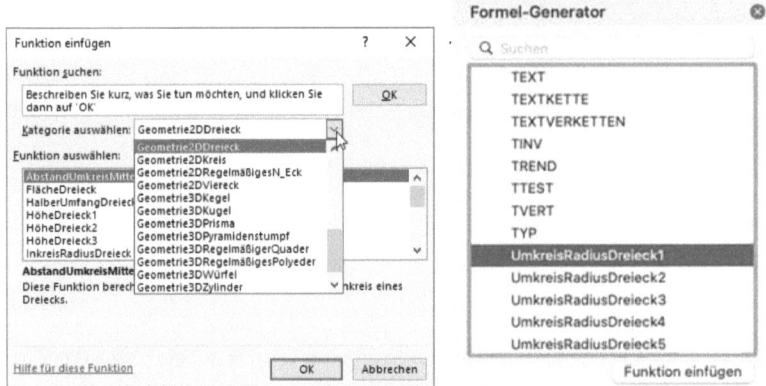

Schriften auf Dialogen werden auf dem Mac etwas kleiner dargestellt oder wirken kleiner als auf dem PC:

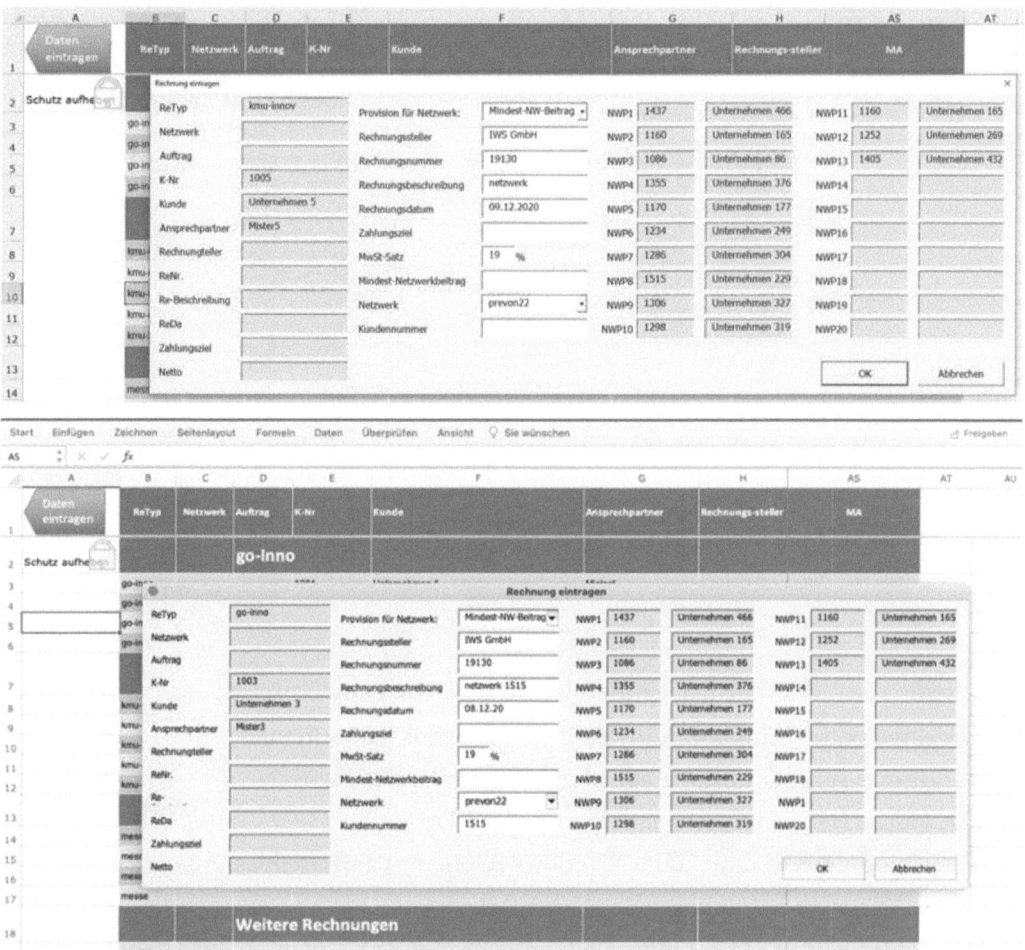

Achtung

Umlaute stellen ein Problem dar und sollten vermieden werden. Zwar funktioniert Code auf dem Mac, wenn auf dem PC Umlaute verwendet wurden, jedoch nicht umgekehrt:

```
    ElseIf strTeilZwei Like "Jedes/alle *" Then ' -- jŠhrlich
        frmTerminserie.optJŠhrlich.Value = True
        strJahr = VBA.Replace(strTeilZwei, "Jedes/alle ", "")
                    strJahr, " Jahr(e) am: ") = 0 Then
                 Nicht = True

              inserie.txtJŠhrlichJahr.Value = Split(strJal
                   = Split(strJahr, " Jahr(e) am: ")(1)
           If InStr(1, strJahr, ". ") > 0 Then
                frmTerminserie.optJŠhrlichMonat.Value = True
                frmTerminserie.txtJedenTag.Value = Split(strJal
                frmTerminserie.cboJŠhrlichMonat1.Value = Split
           ElseIf InStr(1, strJahr, " im ") > 0 Then
                frmTerminserie.optMonatSerie.Value = True
                frmTerminserie.cboJŠhrlichMonat2.Value = Split
```

Kommentare:

```
(Allgemein)

'Heinrich Heine: Das FrŠulein stand am Meere
'Das FrŠulein stand am Meere
'Und seufzte lang und bang,
'Es rỹhrte sie so sehre
'Der Sonnenuntergang.
'
'Mein FrŠulein! seyn Sie munter,
'Das ist ein altes Stỹck;
'Hier vorne geht sie unter
'Und kehrt von hinten zurỹck.
```

Eine Reihe von VBA-Befehlen sind problematisch, wie beispielsweise

■ Die Environ – Funktion führt auf Mac zu einem Laufzeitfehler

■ SendKeys führt fast immer auf Mac zu einem Laufzeitfehler

■ Das FileSystem Object existiert nicht im Mac

■ MacID – Funktion führt unter Windows zu einem Laufzeitfehler

■ Die MacScript – Funktion gleichermaßen

■ Das Schlüsselwort CDecl führt auch unter Windows zu einem Laufzeitfehler

■ LoadPicture existiert nicht auf dem Mac

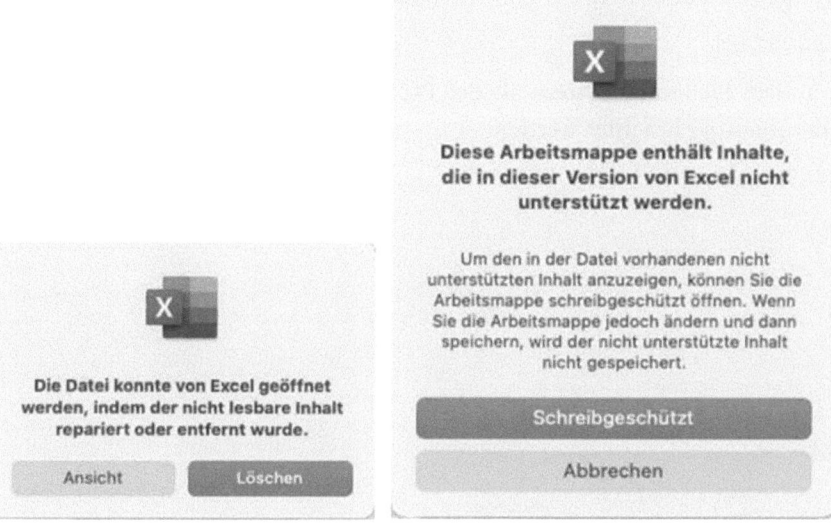

■ Da der PC den „\", mac dagegen „/" als Trennzeichen zwischen den Verzeichnissen verwendet, muss, bei einer plattformunabhängigen Programmierung überprüft werden, auf welchen System der VBA-Code läuft. Die Funktion

```
=INFO("SYSTEM")
```

Liefert den Text „mac" oder „pcdos". Leider steht diese Funktion nicht in der Liste der

```
Application.WorksheetFunction
```

zur Verfügung

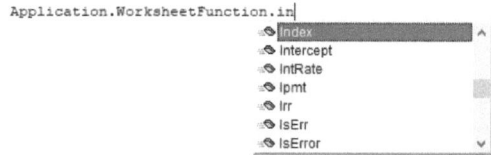

Man müsste diese Funktion in eine Zelle schreiben und dann den Wert ermitteln:

```
Dim xlBlatt As Worksheet
Dim strSystem As String


Set xlBlatt = ActiveSheet
xlBlatt.Range("A1").Formula2 = "=INFO(""SYSTEM"")"
```

75

```
strSystem = xlBlatt.Range("A1").Value

MsgBox strSystem
```

Mac unterstützt andere Sicherheitssystem als der PC – dies muss bei der plattformübergreifenden Programmierung beachtet werden:

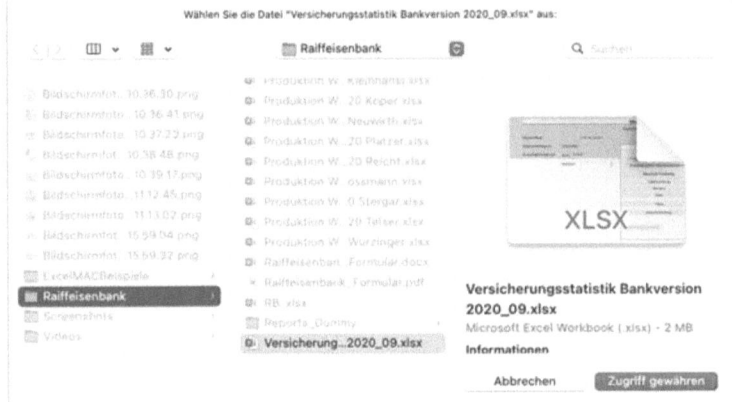

■ Erstaunlicherweise kann man in Excel 2011 auf dem mac Userformen (Dialoge, Masken) erstellen, nicht jedoch in Excel 2016 oder Excel in Microsoft 365 auf dem Mac.

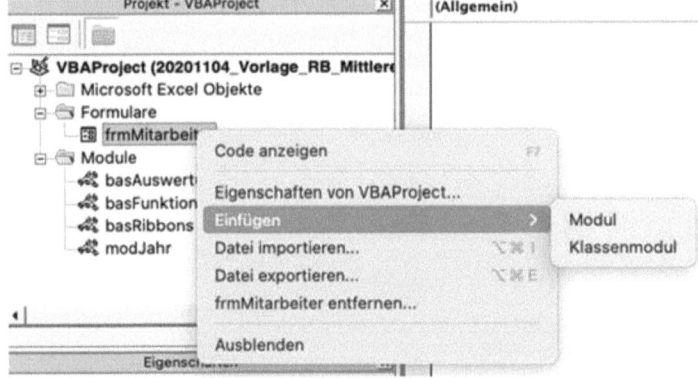

Die These, dass man mit der Pfeiltaste die Option „Makros aktivieren" auswählen kann und dann doch nicht aktiviert, konnte ich nicht bestätigen.

2.17 Fazit

Zusammenfassend:

- Fast alle Aufgaben lassen sich problemlos auf Excel in Microsoft 365 auf dem PC wie auf dem Mac erledigen. Die Oberfläche ist nahezu identisch, die Unterschiede sind minimal, die Funktionen, Werkzeuge und Assistenten sind bei beiden Systemen vorhanden. Der Datenaustausch funktioniert problemlos. Achtung bei Umlaufen im Dateinamen!

IRGENDWIE WIE „BEATLES ODER STONES"...

- Wer mit VBA Code erstellt, der in beiden System laufen soll, hat mit einer vielen Schwierigkeiten zu kämpfen. Eine Reihe an Befehlen funktioniert nur auf einem System, beim Zugriff auf Dateien und Ordner muss man das Trennzeichen für die Verzeichnisse für jedes System getrennt definieren, vor dem Einbinden von Verweisen wird gewarnt; ActiveX-Steuerelemente werden auf dem Mac nicht unterstützt. Dialoge können auf dem Mac nicht erstellt und nicht bearbeitet werden.

- Die „Power"-Werkzeuge fehlen. Das ist wichtiges Ausschlagkriterium für alle, die damit arbeiten möchten oder müssen, beispielsweise Controller. Hier liegt die Präferenz eindeutig beim PC, bei VBA eher PC als Mac. Bei allen anderen Dingen, die man in Excel erledigt spielt das System keine Rolle.

3

3 Verbundene Zellen

Excelstammtisch vom 08.06.2020

3.1   Das Mantra

Jetzt halten wir uns alle ganz fest an den Händen, schließen die Augen und sprechen:

»Ich werde niemals mehr in meinem Leben in Excel Zellen verbinden. So wahr mit der Gott der Excelzellen dabei hilft.«

Langsam und deutlich! Nie wieder verbinden!

3.2   Verbundene Zellen als Format kopieren

In einer Tabelle befinden sich einige Werte, die summiert sind (hier: in D9). Daneben mehrere Zellen, die zu einer Zelle verbunden sind. Überträgt man das Format (!) der verbundenen Zellen auf den anderen Bereich:

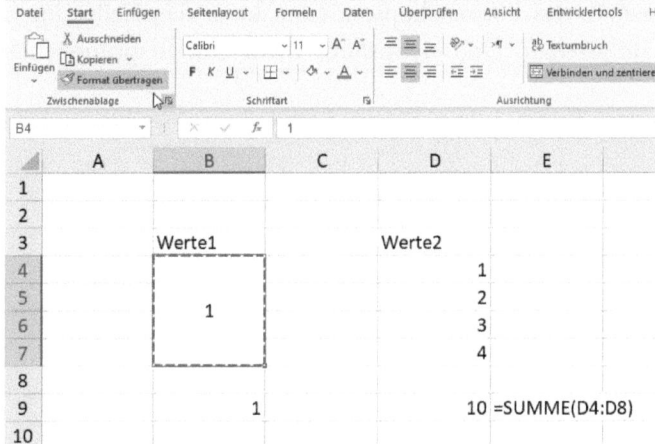

so erstaunt das Ergebnis:

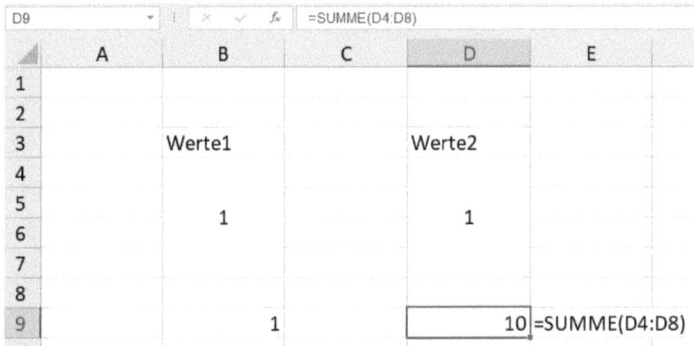

Während beim Verbinden vorhandene Inhalte gelöscht werden:

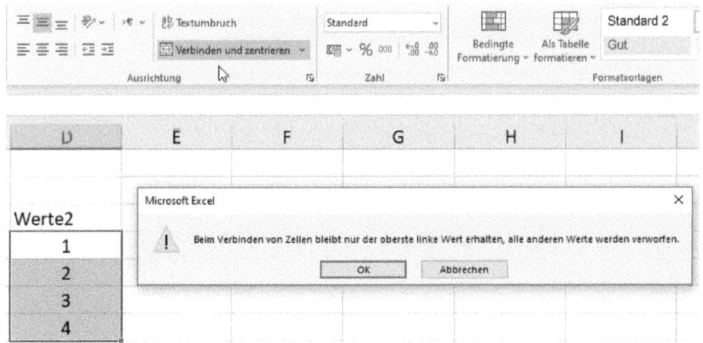

bleiben die Inhalte stehen, wenn man das Format kopiert. Man kann den Zellverbund wieder aufheben oder die Formate löschen. Und sieht dann wieder die ursprünglichen Werte.

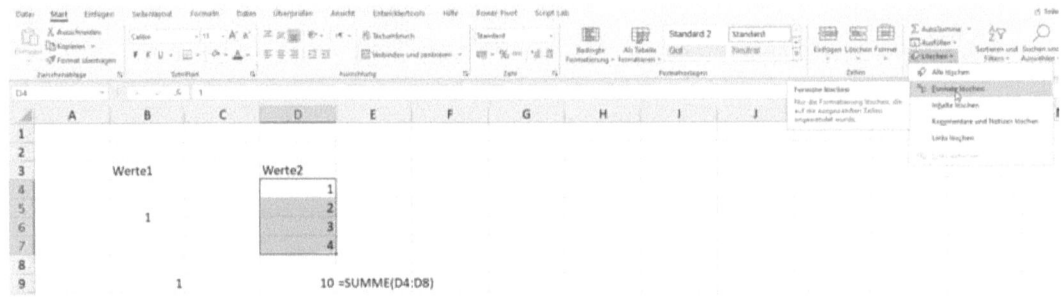

Achtung

Selbstverständlich muss die Berechnungsoption „Automatisch" eingeschaltet sein.

3.3 Intelligente Tabellen

Es hat einen guten Grund, warum es nicht möglich ist in intelligenten Tabellen Zellen zu verbinden:

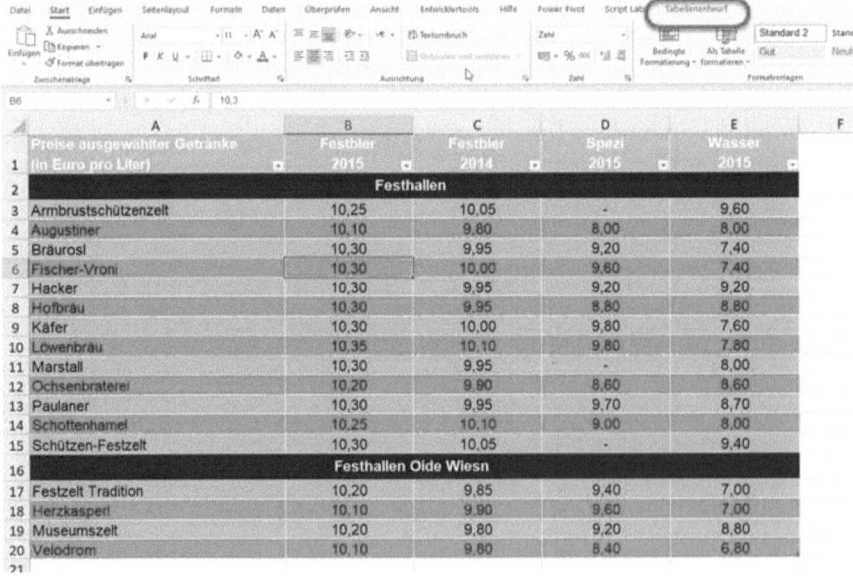

Dadurch wird die Zeilen- und Spaltenzuordnung aufgehoben.

Was tun? Wie kann man dennoch die Überschrift(en) zentrieren? Man kann über das Zellformat „Ausrichtung" über die Auswahl zentrieren:

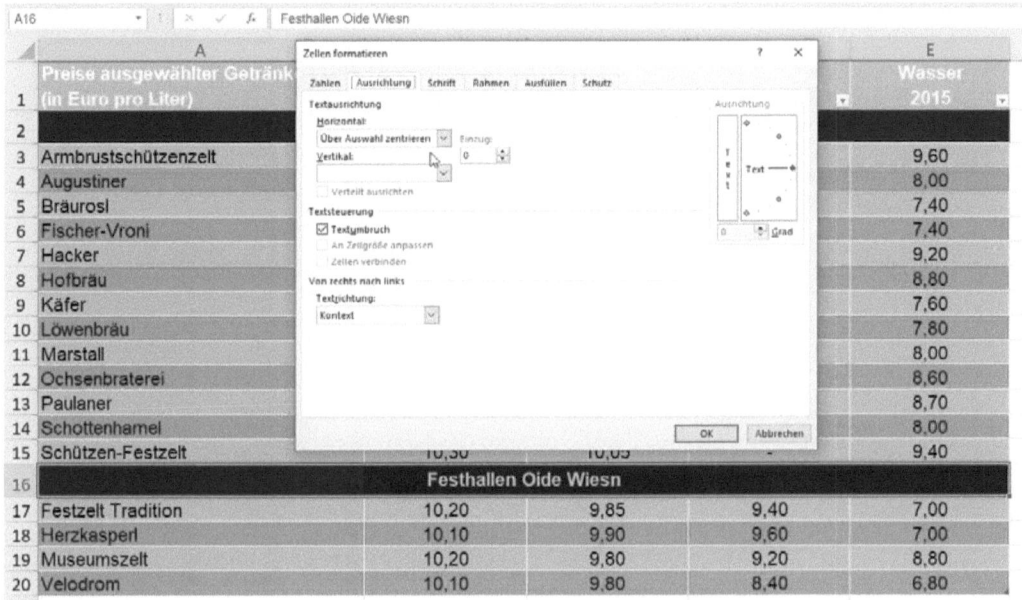

Achtung

Mit dieser Zellformatierung ist es manchmal schwierig zu ermitteln in welcher Zelle sich der Text befindet:

Quizfrage: in welcher Zelle steht der Excelstammtisch?

3.4   Und was tut man, wenn verbunden wurde?

Sortieren ist nicht möglich, wenn sich in dem Bereich verbundene Zellen befinden:

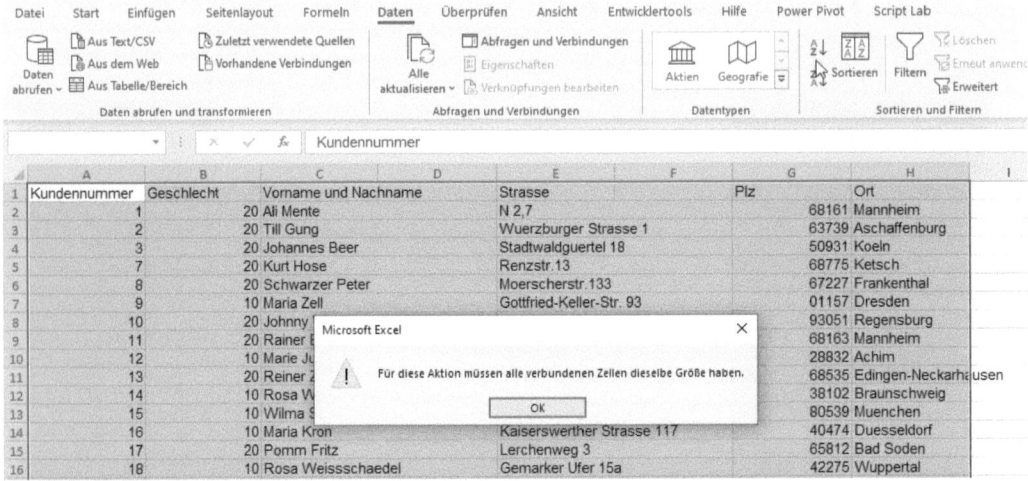

Bei großen Datenbereichen kann man die verbunden Zellen über die Suche ermitteln:

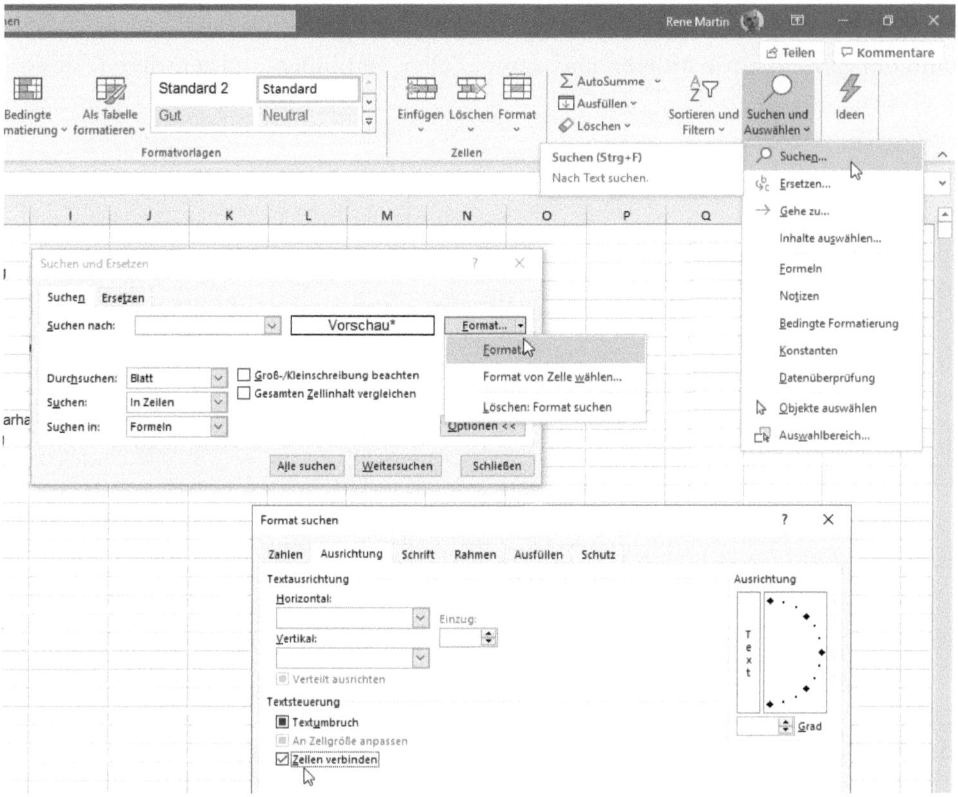

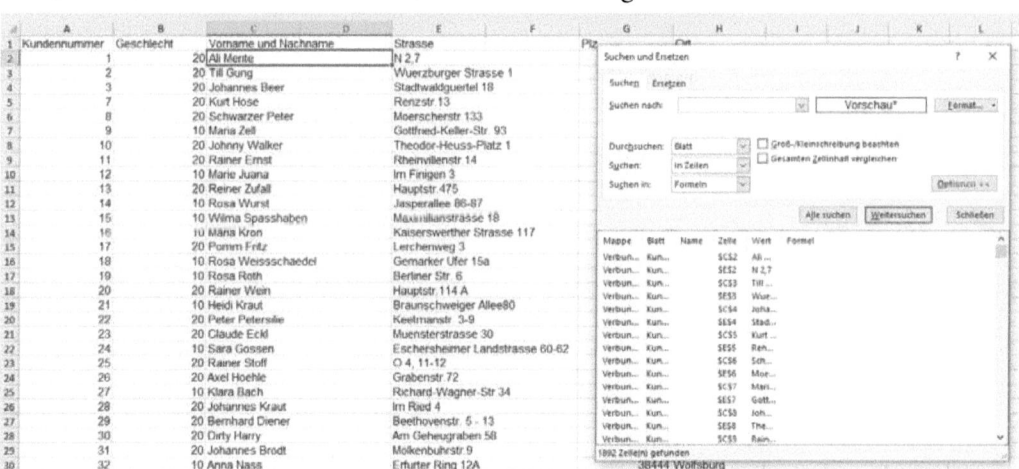

Die Suche dauert eine Weile! Aber die Zellen werden gefunden:

Und was tut man, wenn verbunden wurde?

Und wie entfernt man sie?

Man kann das ganze Blatt markieren und dann „Zellen verbinden und zentrieren" deaktivieren.

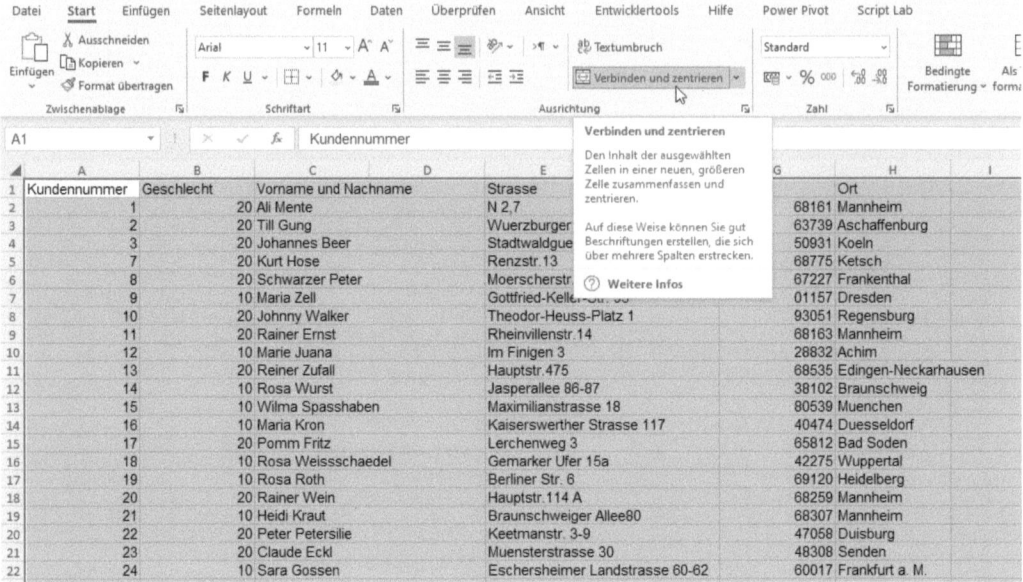

Auch das kann eine Weile – mehrere Sekunden bis mehrere Minuten dauern!

3.5 Und VBA?

Auf einem Tabellenblatt sind die Zellen B2:D3 verbunden.

3.5.1 Text einfügen

```
Dim xlBlatt As Worksheet


Sub VerbundeneZellen_Inhalt()
    Set xlBlatt = ActiveSheet
    xlBlatt.Range("B2").Value = _
        "Also lautet ein Beschluß: ..."
    xlBlatt.Range("C2").Value = "Nicht allein das Abc  ..."
    xlBlatt.Range("D2").Value = "Nicht allein im  ..."
    xlBlatt.Range("B3").Value = "Nicht allein in  ..."
    xlBlatt.Range("C3").Value = "Sondern auch der  ..."
    xlBlatt.Range("D3").Value = "Daß dies mit Verstand  ..."


End Sub
```

Was passiert? Nur der Text der Zelle B2 wird eingetragen. Auch ein Aufheben des Zellverbundes zeigt, dass keine weiteren Inhalte in den Zellen stehen:

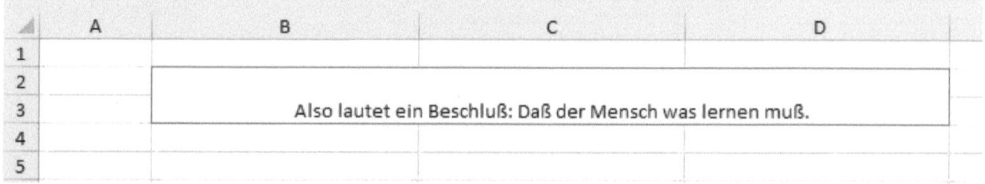

3.5.2 Farben und andere Formate

Werden die einzelnen Zellen mit Farben versehen, also so:

```
xlBlatt.Range("B2").Interior.ColorIndex = 3 ' -- rot
xlBlatt.Range("C2").Interior.ColorIndex = 4 ' -- grün
xlBlatt.Range("D2").Interior.ColorIndex = 5 ' -- blau
```

```
xlBlatt.Range("B3").Interior.ColorIndex = 6 ' -- gelb
xlBlatt.Range("C3").Interior.ColorIndex = 7 ' -- pink
xlBlatt.Range("D3").Interior.ColorIndex = 8 ' -- cyan
```

sieht man danach auch nur die erste Farbe (hier: rot):

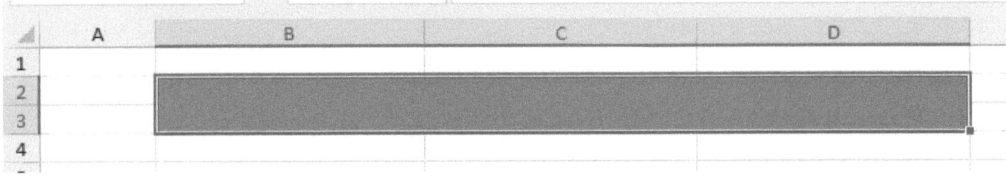

Hebt man jedoch den Zellverbund auf, sieht man, dass die übrigen Zellen formatiert sind:

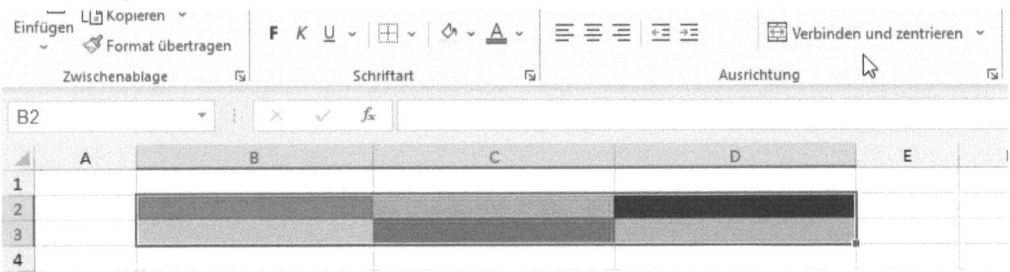

3.5.3 Zellschutz

Erstaunlicherweise darf der Zellschutz nicht für eine einzelne Zelle ein- oder ausgeschaltet werden:

```
Sub VerbundeneZellen_Schutz()

    Set xlBlatt = ActiveSheet

    xlBlatt.Range("B2").Locked = True
    xlBlatt.Range("C2").Locked = False
    xlBlatt.Range("D2").Locked = True
    xlBlatt.Range("B3").Locked = False
    xlBlatt.Range("C3").Locked = True
    xlBlatt.Range("D3").Locked = False

End Sub
```

Microsoft Visual Basic

Laufzeitfehler '1004':

Die Locked-Eigenschaft des Range-Objektes kann nicht festgelegt werden.

Fortfahren   Beenden   Debuggen   Hilfe

3.5.4 Datenüberprüfung(en)

Schaltet man einzelne unterschiedliche Datenüberprüfungen ein:

```
xlBlatt.Range("B2").Validation.Delete

xlBlatt.Range("B2").Validation.Add _
```

```
Type:=xlValidateWholeNumber, Operator:=xlGreaterEqual, _
    Formula1:="0"
xlBlatt.Range("C2").Validation.Delete
xlBlatt.Range("C2").Validation.Add _
    Type:=xlValidateList, _
    Formula1:="intern,extern"
xlBlatt.Range("D2").Validation.Delete
xlBlatt.Range("D2").Validation.Add _
    Type:=xlValidateCustom, Formula1:="=$D$2>=Today()"
```

erhält jede Zelle eine unterschiedliche Datenüberprüfung – nur die Datenüberprüfung der ersten Zelle ist aktiv. Hebt man den Zellverbund auf, kann man dies leicht überprüfen.

3.5.5 Bedingte Formatierung

Fügt man den einzelnen Zellen unterschiedliche bedingte Formatierungen zu:

```
xlBlatt.Range("B2").FormatConditions.Add _
    Type:=xlCellValue, Operator:=xlGreater, _
    Formula1:="=0"
With xlBlatt.Range("B2").FormatConditions(1).Interior
    .PatternColorIndex = xlAutomatic
    .Color = 255
    .TintAndShade = 0
End With
xlBlatt.Range("C2").FormatConditions.Add _
    Type:=xlCellValue, Operator:=xlEqual, _
    Formula1:="=0"
```

```
With xlBlatt.Range("C2").FormatConditions(1).Interior
    .PatternColorIndex = xlAutomatic
    .Color = 65535
    .TintAndShade = 0
End With


xlBlatt.Range("D2").FormatConditions.Add _
    Type:=xlCellValue, Operator:=xlLess, _
    Formula1:="=0"
With xlBlatt.Range("D2").FormatConditions(1).Interior
    .PatternColorIndex = xlAutomatic
    .Color = 5287936
    .TintAndShade = 0
End With
```

ist auch hier nur die bedingte Formatierung der Zelle B2 aktiv, wenn Werte eingetragen werden:

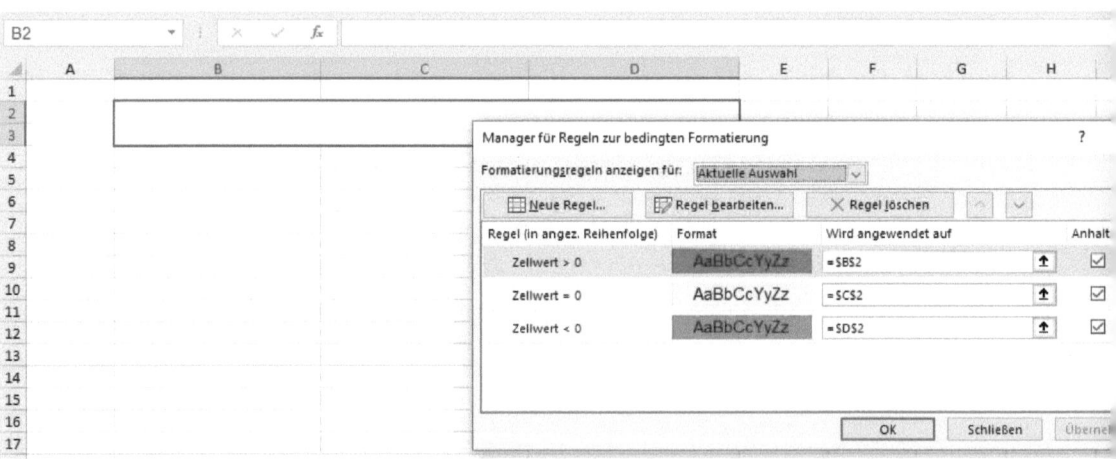

3.5.6 Offset

Bei verbundenen Zellen verhält sich auch der Befehl Offset perfide. Offset entspricht der Excel-Funktion BEREICH.VERSCHIEBEN:

88

```
Dim xlZelle As Range

Set xlBlatt = ActiveSheet
Set xlZelle = xlBlatt.Range("B2")

MsgBox xlZelle.Offset(4, 0).Address
MsgBox xlZelle.Offset(0, 4).Address
MsgBox xlZelle.Offset(-1, 0).Address
MsgBox xlZelle.Offset(0, -1).Address
```

Ausgehend von B2 werden vier Zellen nach unten und nach rechts die Zellen B7 und H2 adressiert, eine nach oben und eine links liefert jedoch: B1 und A2.

Vom gesamten Bereich vier Zellen nach rechts und vier Zellen nach unten erhält man H7!

```
Set xlZelle = xlBlatt.Range("B2:D3")
MsgBox xlZelle.Offset(4, 4).Address
```

Und noch ein Fehler aus der Welt des Offset:

Wenn A1 und A2 verbunden sind, dann liefert:

```
MsgBox Range("A1").Offset(0, 2).Address
```

die Zelladresse C1, dagegen:

```
MsgBox Range("A1").Offset(2, 0).Address
```

ergibt: A4!

| A1 | | ⌄ | : | ✕ | ✓ | *fx* | | Personalnummer | | | | | |

	A	B	C	D	E	F	G	H	I	J	K	L
1		Mitarbeiterinformationen					Zuordnung im Unternehmen					
2	Personalnummer	Nachname ▾	Vorname ▾	Beschäftigungs-grad ▾	Eintrittsdatum in den Konzern ▾	Jahre im Unternehmen ▾	Geschäfts-feld ▾	Kost ▾	Org-E ▾	Org-E ▾	Stand ▾	Geschäftsführung/ Geschäftsleitung ▾ LOP
3	694035	Test 1	Test 1	100	03.05.2004	15,2	AP-CM	2E+07	AP-CM-N	OPS Nor	West De	Test 6 Tes
4	731625	Test 2	Test 2	100	01.10.2017	1,8	AP-CD	2E+07	AP-CM-N	OPS Nor	West De	Test 7 Tes
5	694097	Test 3	Test 3	100	01.07.2007	12,0	AP-CM	2E+07	AP-CM-N	OPS Nor	West De	Test 8 Tes
6	732846	Test 4	Test 4	100	01.09.2017	1,9	AP-ZB	2E+07	AP-CM-N	OPS Nor	West De	Test 9 Tes

3.6 Doppelklick

Auf einem Eingabeformular wird dem Anwender die Möglichkeit gegeben per Doppelklick zwischen zwei unterschiedlichen Datenüberprüfungslisten zu wechseln:

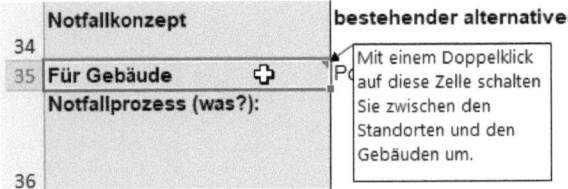

34	Notfallkonzept	bestehender alternativer Dienstleister
35	Für Gebäude ✚	Mit einem Doppelklick auf diese Zelle schalten Sie zwischen den Standorten und den Gebäuden um.
	Notfallprozess (was?):	
36		

Der Code:

```
Private Sub Worksheet_BeforeDoubleClick( _
    ByVal Target As Range, Cancel As Boolean)


    Dim intZeilen As Integer
    Dim strAdresse As String


    If Target.Value = "Für Standorte" Or _
        Target.Value = "Für Gebäude" Then
            ActiveSheet.Unprotect
[...]
```

90

Klappt wunderbar. Jedoch: ein Doppelklick auf eine andere Zelle (beispielsweise um einen Text zu editieren) liefert einen Fehler:

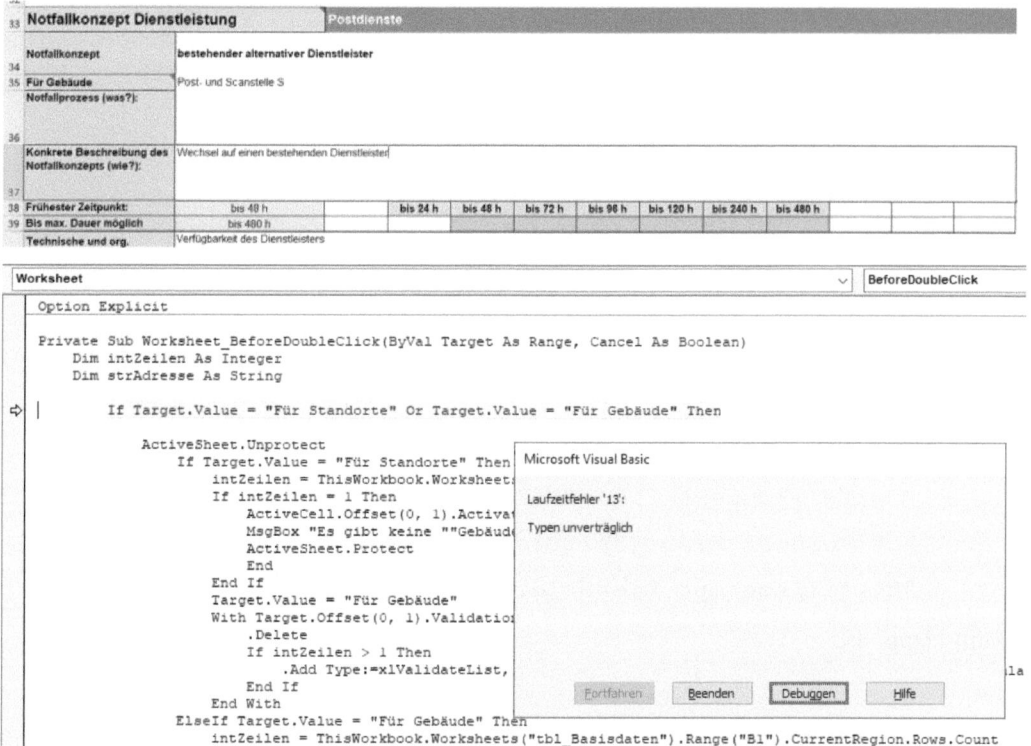

Wo tritt der Fehler auf? Bei einer verbunden Zelle! Warum? Weil `Target` keinen `Value` hat – Target ist hier B37:M37! Also muss das abgefangen werden!

```
If Target.Cells.Count = 1 Then
    If Target.Value = "Für Standorte" _
    Or Target.Value = "Für Gebäude" Then
```

Und schließlich sollte dieser Doppelklick auch noch auf einer verbunden Zelle (!?) ermöglicht werden:

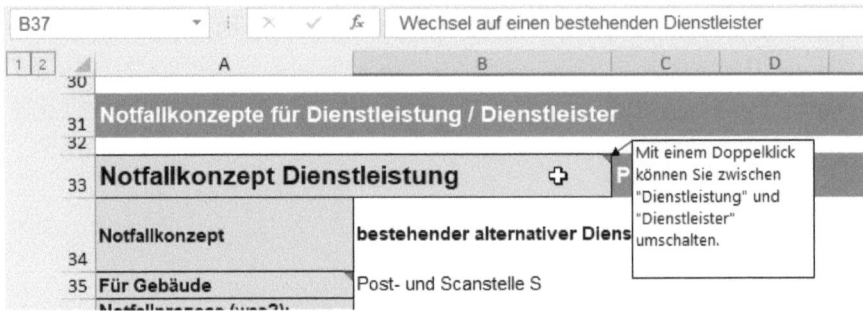

Zum einen muss überprüft werden, ob Target aus zwei Zellen besteht:

```
ElseIf Target.Cells.Count = 2 Then
```

Zum anderen wird überprüft, was in der ersten Zellen des Target steht. Beispielsweise so:

```
strAdresse = Target.Address
If ActiveSheet.Range(Split(strAdresse, ":")(0)).Value = _
    "Notfallkonzept Dienstleistung" Or _
    ActiveSheet.Range(Split(strAdresse, ":")(0)).Value = _
    "Notfallkonzept Dienstleister" Then
```

Dann klappt es!

3.7 Was steht drin

Und schließlich – so lautet die Aufgabe – soll in der Spalte C dann eine Datenüberprüfung erzeugt werden, wenn in der entsprechenden Zelle der Spalte G nichts steht:

	A	B	C	D	E	F	G
19	Sofortmaßnahmen sind unmittelbar nach Eintritt eines Notfalls zu treffende Maßnahmen, um die Sicherheit der Mitarbeiter und Informationsschäden zu						
20	schützen, Gefahren abzuwenden und Schäden zu mindern.						
21	Prio	Was		Typ	Wer	Womit	an wen /mit wem	Status
22								
23	Priorität	Beschreibung, was zu tun ist		Beauftragen Entscheiden Durchführen	Verantwortliche Rolle	Benötigte Hilfsmittel	Beteiligte Rollen	offen in Arbeit erfolgreich abgebrochen
24		Kommunikation unternehmensintern (Mitarbeiter, Gremien etc.):						
25		BL Verwaltung und AL Post-und AL Dokumentenmanagement über den Lokationsausfall informieren		D	GL Post- und Dokumentenservice	Telefon, E-Mail	BL Verwaltung AL Dokumentenmanagement	
26		BCM über das Vorliegen eines Notfalls informieren (Unterbrechung kritischer Geschäftsprozess)		D	GL Post- und Dokumentenservice	Telefon, E-Mail	BCM LBS SW	
27		Mitarbeiter an den Ausweichstandorten über die Verlagerung des Posteingangs informieren		D	GL Post- und Dokumentenservice	Telefon, E-Mail	MA an den Ausweichstandorten	
28		Kommunikation unternehmensextern (Kunden, Dienstleister, Anrainer, Behörden, Aufsicht, Datenschutz etc.):						
29		Post- und Kurierdienste über die Verlagerung des Posteingangs informieren		D	GL Post- und Dokumentenservice	Telefon, E-Mail Kontaktdaten in Notfalldokumentation	Post- und Kurierdienste	
30								
31								
32		Sofortmaßnahmen (Maßnahmen, die unmittelbar zur Schadensminderung durchgeführt werden müssen):						
		- Lage klären und beurteilen (Ausmaß, Dauer, Folgewirkungen) Maßnahmen prüfen und entscheiden						

Nicht aufgepasst – und schon passiert es:

In G21 steht „Status". In G22 steht nichts, also wird die Datenüberprüfung in C22 eingeschaltet ... ein Fehler ist die Folge!

3.8 Fazit

Jetzt halten wir uns alle ganz fest an den Händen, schließen die Augen und sprechen:

»Ich werde niemals mehr in meinem Leben in Excel Zellen verbinden. So wahr mit der Gott der Excelzellen dabei hilft.«

Langsam und deutlich! Nie wieder verbinden!

4 Notizen und Kommentare

Excelstammtisch vom 03.08.2020

In Excel 2019 und Excel in Microsoft 365 können Kommentare und Notizen eingefügt werden. Während es in Excel 2016 nur Kommentare gab, wurde die Bezeichnung „Kommentare" in „Notizen" in den Versionen danach umbenannt:

Hinweis

Jedoch leider nicht konsequent – an einigen Stellen heißen die „Notizen" noch immer „Kommentare":

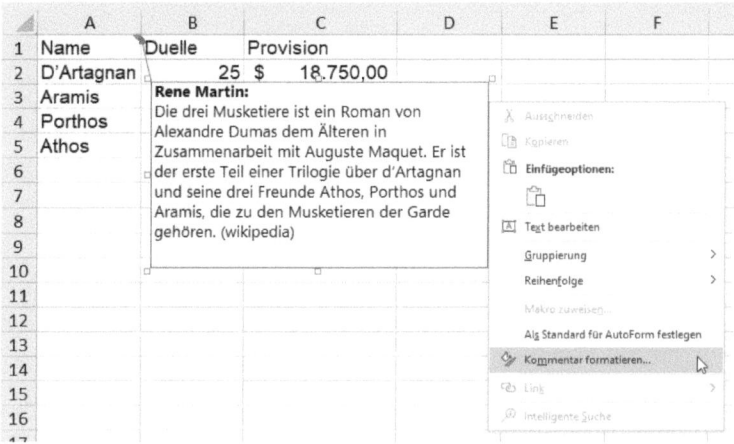

4.1 Verwendung: Notiz oder Kommentar?

Ich empfehle Notizen dann, wenn ich für mich selbst etwas kennzeichnen möchte. Das heißt: als Erinnerungsfunktion für Tabellen, die ich bearbeite. Oder im Workflow: ich gebe eine Tabelle weiter und möchte, dass der andere, der sie bearbeitet, zusätzliche Informationen oder Arbeitsanweisungen erhält.

Arbeiten jedoch mehrere Personen mit einer Tabelle, so empfiehlt sich die Arbeit mit Kommentaren, weil man dort Kommentare zu Kommentaren vergeben kann.

Hinweis

Leider kann man in einer Zelle entweder nur Kommentar oder Notiz einfügen – beides ist nicht möglich.

Hinweis

Ich empfehle in einer Tabelle die ausschließliche Verwendung entweder nur von Kommentare oder nur von Notizen

4.2 Notiz oder Kommentar oder etwas anderes?

Jedoch: nicht alles, was nach einer Notiz aussieht, muss eine sein. Es könnte auch das Ergebnis der Eingabemeldung der Datenüberprüfung sein:

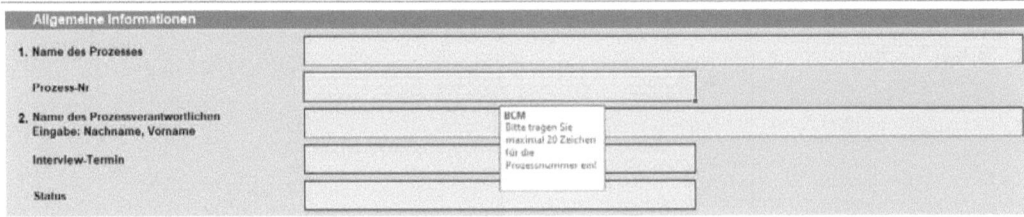

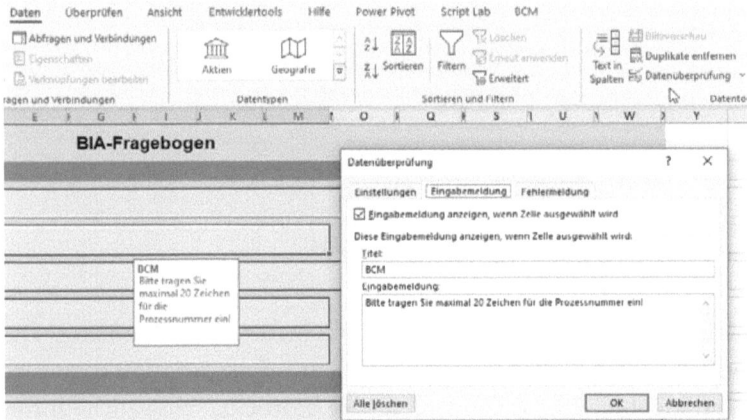

4.3 Notizen und Fixieren

Wurde die Notiz in eine Zelle eingefügt und wird diese Zeile fixiert, so sieht man leider die Notiz nicht mehr!

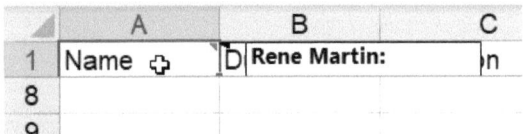

Hinweis

Manchmal werden die Notizen leider sehr „unschön" angezeigt:

	A	B	C	D	E	F	G	H	I
1			Legend: D = Dienstreise, U = Urla						
2		2015			F = Feiertag				
3									
4		Monat		Januar					
5				1		3	4	5	6	7
6		Name:			Sa	So			
7		Donald Duck							
8		Daisy Duck							
9		Tick							
10		Trick							
11		Track							

4.4 Bilder in Notizen

Kann man Bilder in Notizen einfügen? Beispielsweise, um ein Quiz, eine Illustration oder eine Klassenarbeit zu erstellen?

Donald Trump
Wladimir Putin
Boris Johnson
Recep Tayyip Erdoğan
Viktor Orbán

Ja – indem man die Notiz formatiert:

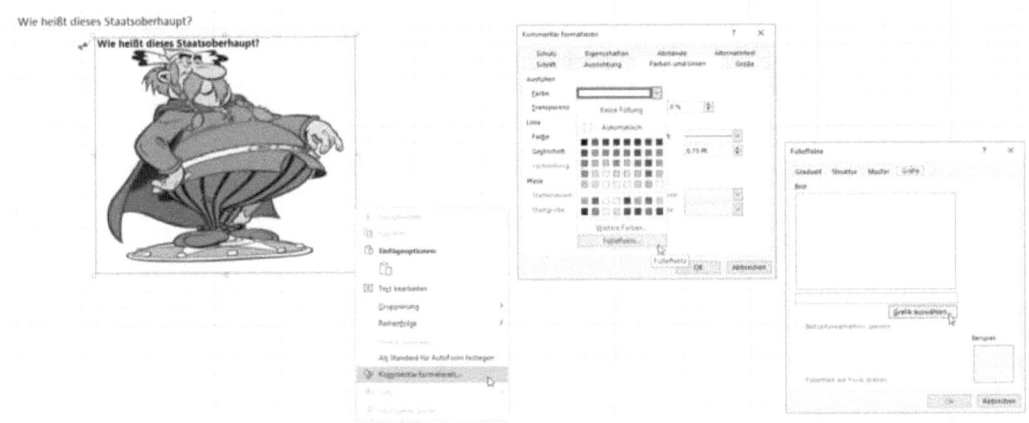

4.5 Notizen exportieren

Kann man Notizen exportieren?

Das Drucken der Notizen stell kein Problem dar – aber das Exportieren.

Mit einem kleinen Trick funktioniert es: Man kann sich die Notizen und Kommentare „am Ende des Blattes" (gemeint: am Ende des Tabellenblattes) anzeigen lassen und anschließend die Tabelle als PDF drucken oder speichern. Nun kann man dieses PDF in Word öffnen und hat die Notizen zur Verfügung.

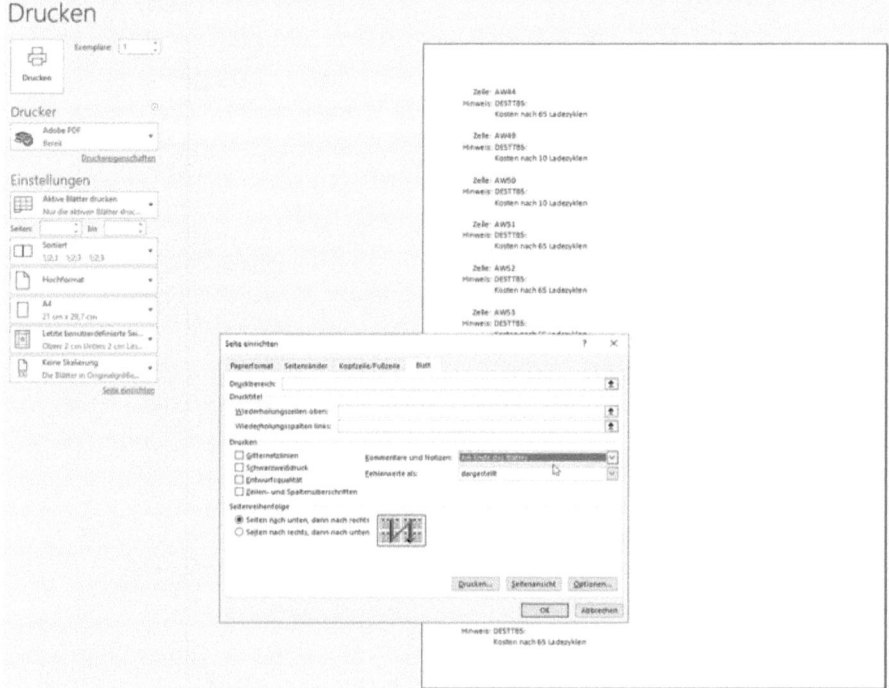

4.6 Notizen finden

Und wie findet man Notizen und Kommentare?

■ Über Start / Bearbeiten / Suchen und Auswählen / Notizen

Notizen finden

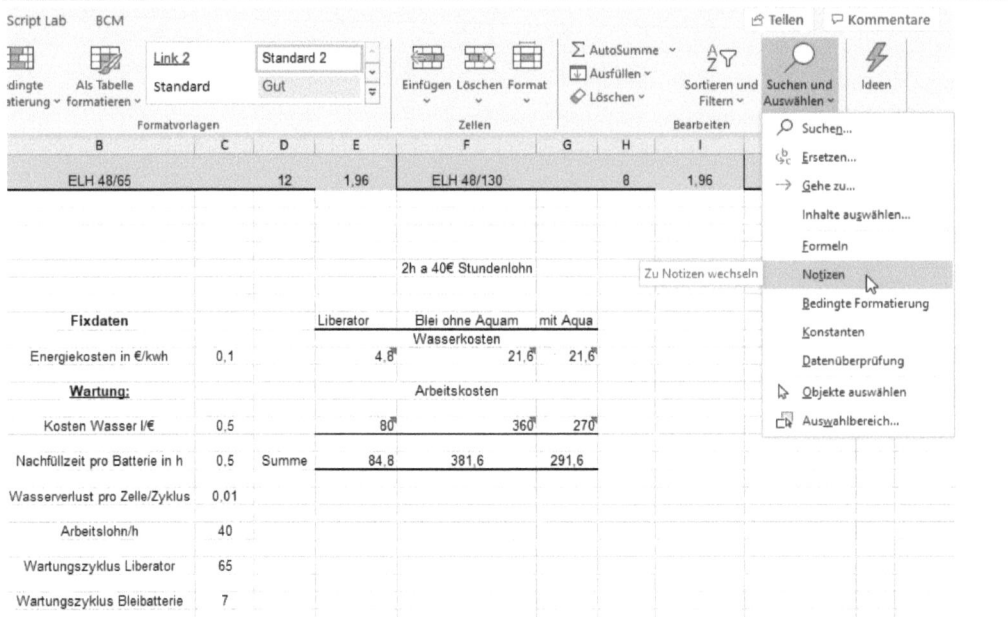

Hinweis

Erstaunlicherweise nur die Notizen – nicht die Kommentare!

Mit Überprüfen kann man zur nächsten Notiz oder zum nächsten Kommentar wechseln:

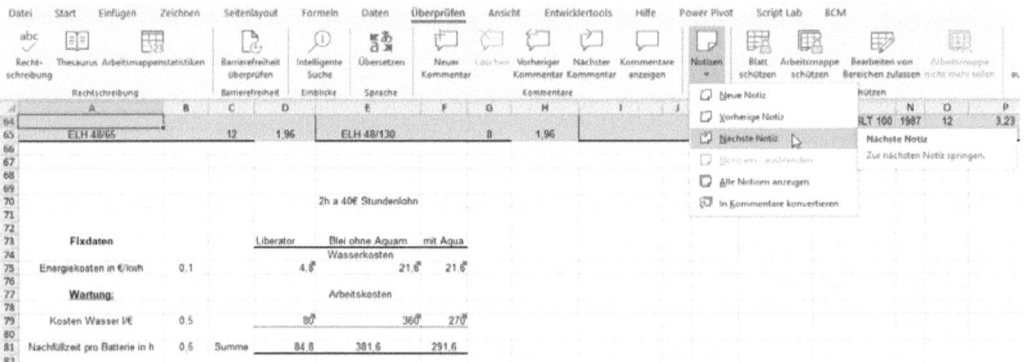

Man kann alle Kommentare in einem Aufgabenbereich anzeigen lassen:

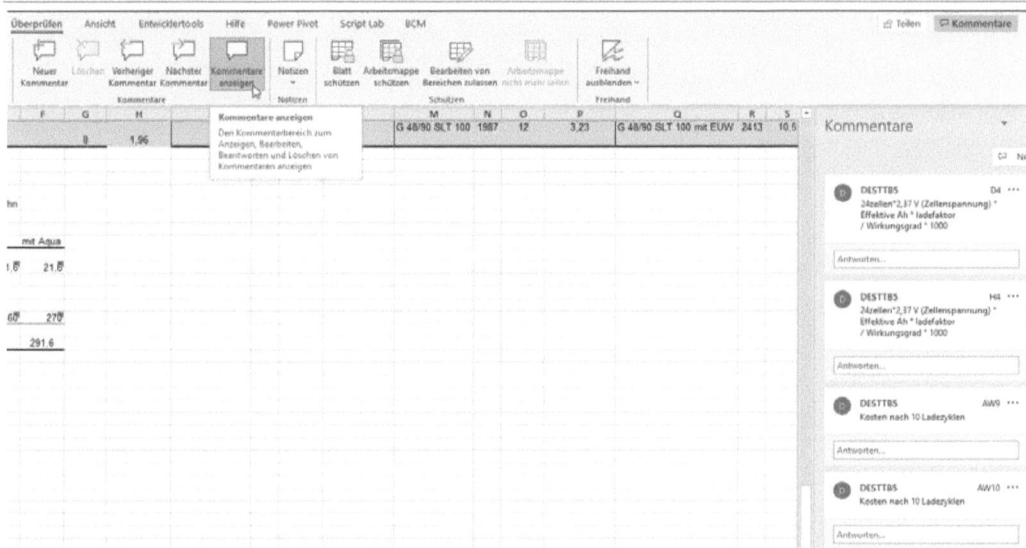

Über Start / Bearbeiten / Suchen und Auswählen kann man den Aufgabenbereich öffnen, der sämtliche Notizen auflistet:

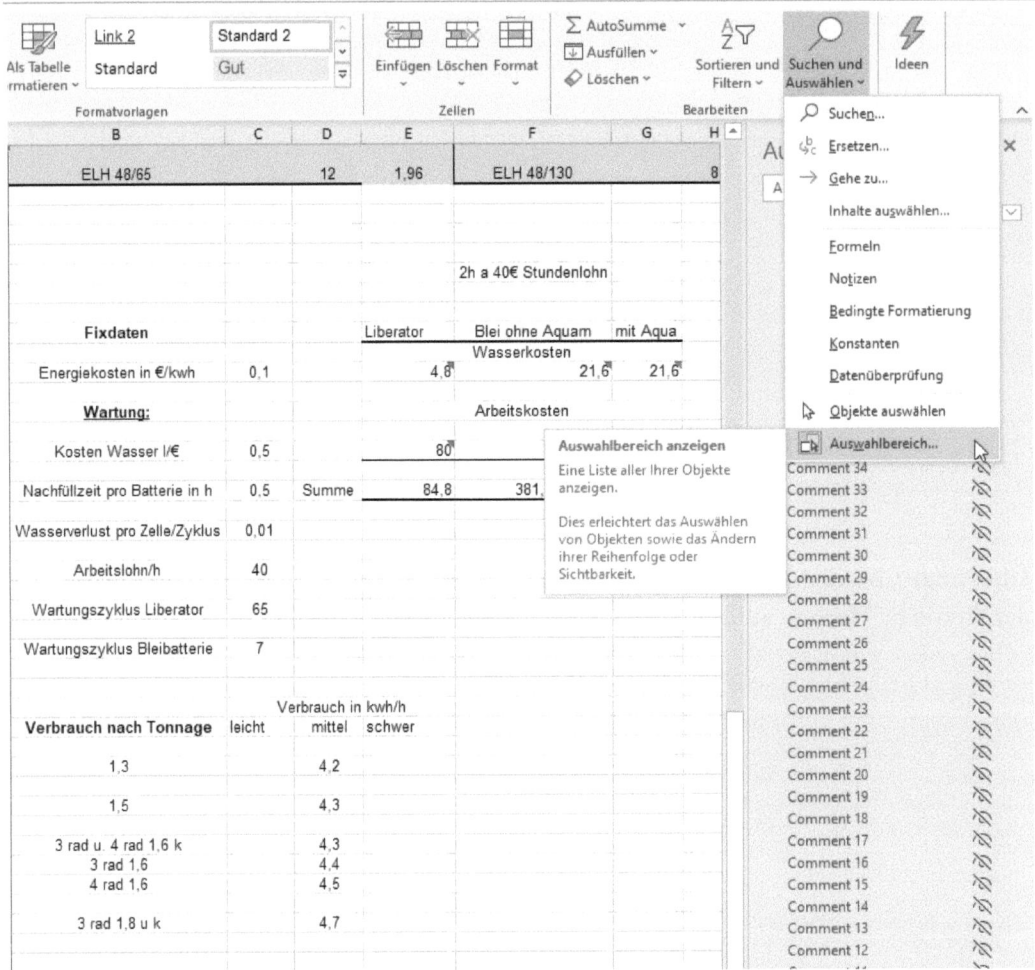

4.7 N

Die Funktion N wandelt einen Text in den Wert 0 um. Somit kann man sie verwenden, um einen Kommentar in eine Zelle einzufügen, die bei der Berechnung eine Zahl liefert:

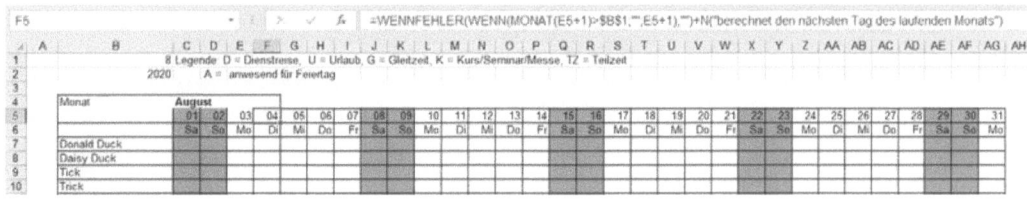

Hinweis

Zugegeben: die Lesbarkeit wird dadurch sicherlich nicht erhöht!

4.8 Suche in Notizen

Die Suchfunktion erlaubt eine Suche von Texten in Notizen und Kommentaren:

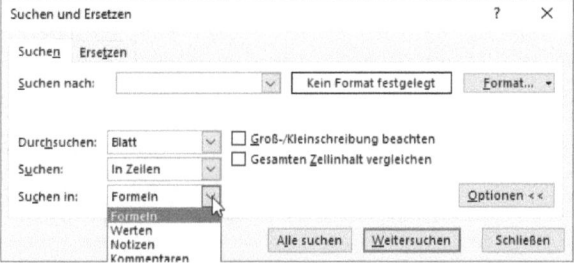

4.9 Excel online

Excel online stellt (bis jetzt) nur Kommentare zur Verfügung – Notizen können jedoch in Kommentare konvertiert werden:

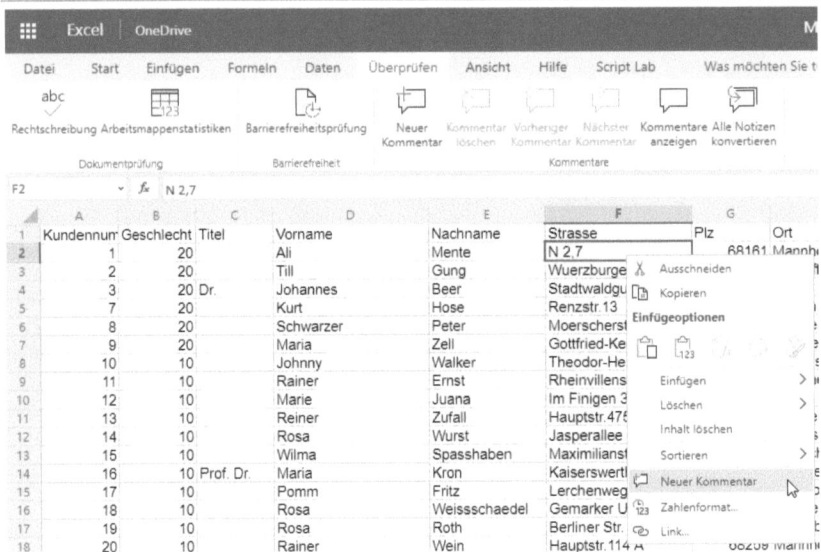

4.10 Was fehlt?

Einige Dinge fehlen mir leider:

- Man kann leider nicht die Hintergrundfarbe, Schriftart und -größe in Notizen festlegen.

- Bedingte Kommentare und Notizen sind nicht möglich – also die Farbe in Abhängigkeiten von Zellinhalten erstellen

- In Word gibt es Formularfelder. Da steht in hellgrauer Schrift, was man in dieses Feld eintragen muss. Sobald man in das Feld klickt, verschwindet der Vorgabetext. Gibt es das auch in Excel? – Nein! So etwas kann man durch Kommentare (Notizen) oder über die Eingabemeldung der Datenüberprüfung steuern.

- Man kann an Diagrammelemente keine Kommentare binden.

- Ich hätte gerne in Kommentaren eine Auswahlliste für sich wiederholende Texte. Wie kann ich das einrichten? – Gar nicht. Man kann jedoch die Texte in der AutoKorrektur hinterlegen.

- Man kann Kommentartexte nicht mit Zellen verknüpfen.

5 Sachen verstecken

Excelstammtisch vom 15.09.2020

5.1 Warum „verstecken?

Es gibt die Notwendigkeit Dinge in Excel „zu verstecken". Das hat nichts mit Geheimniskrämerei zu tun, sondern hat entweder ästhetische Gründe („ich möchte nicht, dass Zwischenberechnungen sichtbar sind") oder Schutzgründe („der Anwender oder die Anwenderin soll nicht aus Versehen Konstanten, Formeln, Texte, … ändern oder löschen).

Auch Excel hat solche Mechanismen eingebaut – beispielsweise die Gliederungsfunktion oder der Assistent „Teilergebnis", mit dessen Hilfe Teile einer Tabelle schnell ein- oder ausgeblendet werden können. Die automatisch beim Assistenten Teilergebnisse eingeschaltet wird. Oder in der bedingten Formatierung, die bei Symbolsätzen die Option „nur Symbol anzeigen" anbietet. Und damit die Formel ausblendet.

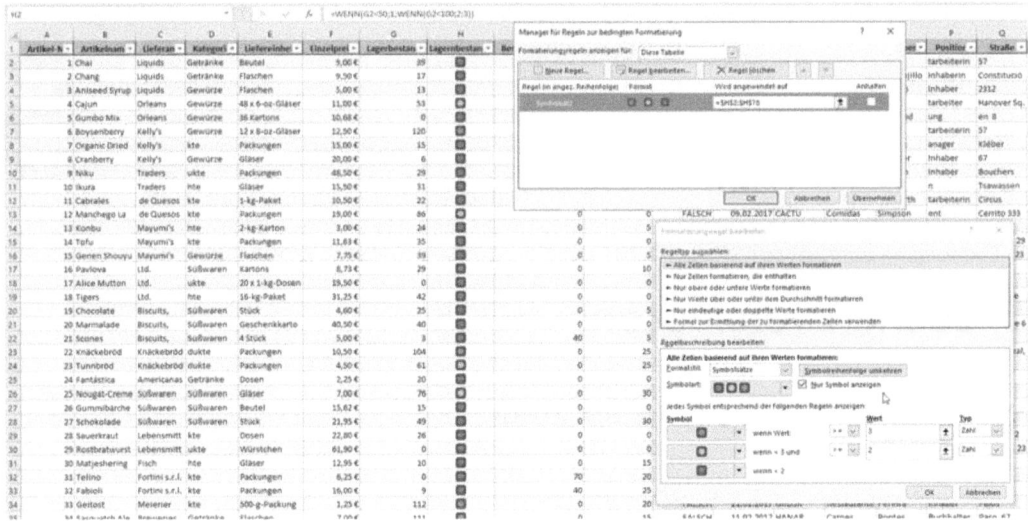

5.2 Weiße Farbe

Das beliebteste und sicherlich auch gefährlichste Mittel zum Verbergen ist das Verwenden von weißer Schriftfarbe. So ist der Text oder die Zahl zwar nicht sichtbar und wird auch nicht gedruckt, kann aber leicht überschrieben werden. Außerdem würden bei Berechnungen diese Werte mit in das Ergebnis einbezogen werden.

Ein beliebtes Beispiel für das Ausblenden von Zahlen findet sich in der Buchhaltung: zwar sollen Werte mitberechnet werden, jedoch nicht angezeigt werden, da sie an anderer Stelle zu sehen sind.

I19	▾	× ✓ ƒx	=I18+H19

	A	B	C	D	E	F	G	H	I	J	K	L
2	Kassenkontrolle			Etat 2020 Gruppe H. Potter					Noch zur Verfügung		1.354,97	
4						Einnahmen		Ausgaben			Kassenstand	
6	Datum	Beleg	Firma	Artikel	Verwendung/Zweck	Betrag	Saldo	Betrag	Saldo		Saldo	
8	08.01.		Frau Hehmann	Übertrag von 2017	137,73 verwendbar bis 03/2021						0,00	
9	13.01.		Lara Croft	2 Batterie-Lok etc.	Spielmaterial			72,76	72,76		-72,76	
10	16.01.		Avon	kleine Seifen	Geschenke/Geburtstag			4,50	77,26		-77,26	
11	26.01.		Max&Milian	Bilderbuch / Anteil	"Der kleine Dino"			16,00	93,26		-93,26	
12	30.01.		Die Nadel	Reißverschluss	RV f. Kleid, Puppenecke			5,50	98,76		-98,76	
13	02.02.		Edeka	Knetmasse	Spielmaterial			39,92	138,68		-138,68	
14	03.02.		Obi	Tapetenkleister	Kleber f. Kinder			6,66	145,34		-145,34	
15	07.02.		Tschibo	Reißverschluss	RV f. Kleid, Puppenecke			6,00	151,34		-151,34	
16	09.02.		Edison	Batterien, aufladbar	Brio-Eisenbahn			10,01	161,35		-161,35	
17	13.02.		Schmidt	goldf. Fotokarton	Geburtstagskronen			25,20	186,55		-186,55	
18	15.02.		Edeka	Knetmasse	Spielmaterial			19,96	206,51		-206,51	
19	15.02.		Frau Hehmann	Erstattung aller, bis hierher angefallenen, Beträge		206,51	206,51				0,00	
20	16.02.		Carl Hanser-Verl	Bücher	"Mit Gott unterwegs"			29,95	236,46		-29,95	
21	16.02.		Frau Hehmann	Erstattung	für o.a. Rechnung	29,95	236,46				0,00	
22	16.02.				Schüttelkuchen / Anteil			9,90	246,36		-9,90	
23	16.02.		Frau Hehmann	Eratattung	für o.a. Rechnung	9,90	246,36				0,00	
24	21.02.		Kiga-heute	Ideen-Blitz	Hefte / Wind, Farben							
25					Purzelbaum, Tage / Anteil			21,45	267,81		-21,45	
26	21.02.		Frau Hehmann	Erstattung	für o.a. Rechnung	21,45	267,81				0,00	
27	08.03.			Tierstempel	Osterkörbchen / Geburtstag			14,95	282,76		-14,95	
28	08.03.		Frau Hehmann	Erstattung	für o.a. Rechnung	14,95	282,76				0,00	

5.3 ;;;

Bei dem benutzerdefinierten Zahlenformat ;;;; stehen die vier Elemente für:

- Positive Zahl
- Negative Zahl
- Leer
- Text

Damit ist es beispielsweise möglich in Pivottabellen oder berechneten Tabellen „Rundungsfehler" auszublenden, also werden Zahlen als #.##0,0000;- #.##0,0000; dargestellt. So kann man Rundungsfehler ausblenden und ist unabhängig von einer Hintergrundfarbe.

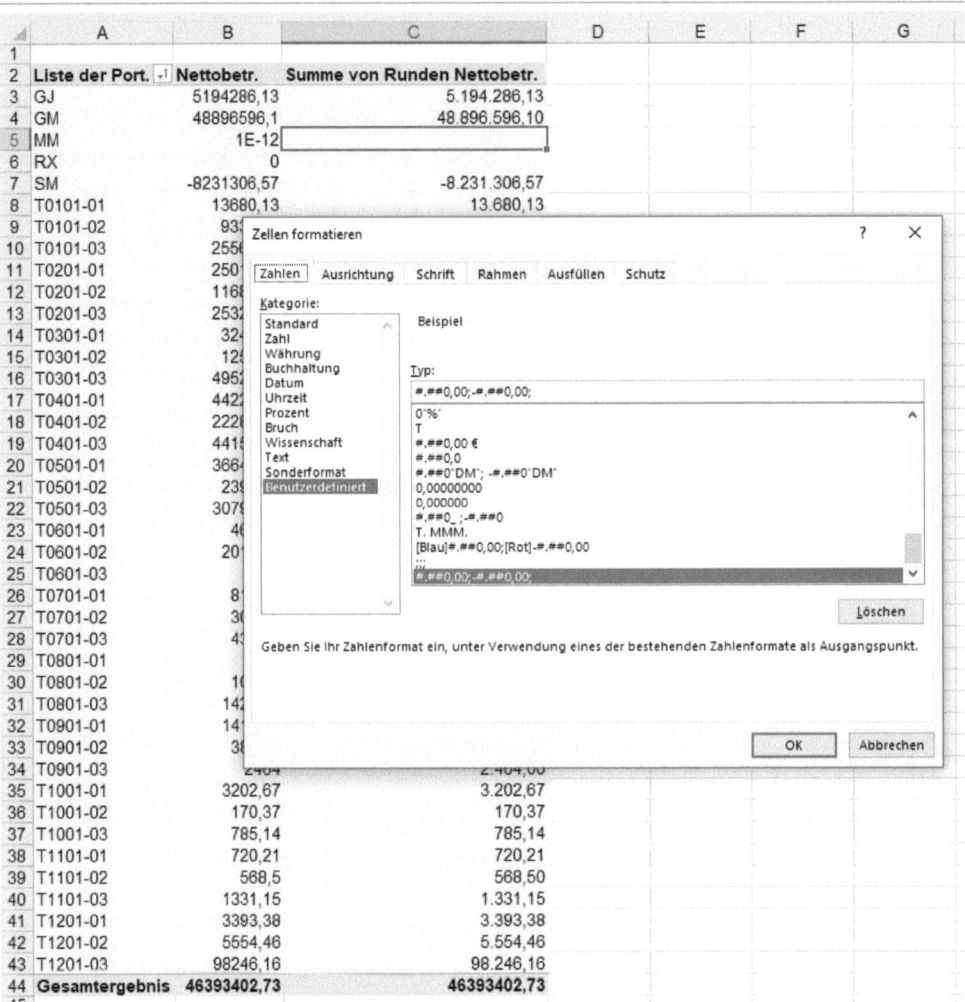

5.4 Bedingte Formatierung

Stellen Sie sich folgendes Szenario vor:

In einem Formular soll ein Kombinationsfeld (Datenüberprüfung) die beiden Varianten „Keine Auswahl;x" zur Verfügung stellen. Jedoch soll der ausgewählte Text „keine Auswahl" nicht auf dem Tabellenblatt angezeigt werden. Also kann man ihn dynamisch mit Hilfe einer bedingten Formatierung ausblenden: Benutzerdefiniertes Zahlenformat: ;;;

| I107 | | ▼ | ⋮ | ✕ | ✓ | *fx* | keine Angabe |

	C	D	E	F	G	H	I	J	K	L	M	N	O	P	Q	R
105			bis 24 h		bis 48 h		bis 72 h		bis 96 h		bis 120 h		bis 240 h		bis 480 h	
106	x				x		x		x		x		x		x	
107	x										x		x		x	
108	x								x		x		x		x	
109	x															
110	x				x											

(Dropdown bei I107: keine Angabe / x)

5.5 Zeilen ausblenden

Ähnlich absurd wie das Einfärben mit weißer Schriftfarbe ist das Ausblenden von Zeilen (oder Spalten). Es gibt in Excel keine Suchoption, um festzustellen, ob Zeilen oder Spalten ausgeblendet wurden. Die einzige Möglichkeit, um ausgeblendete Zeilen und Spalten zu finden lautet: alles markieren und alles einblenden.

Manchmal gibt es allerdings die Notwendigkeit Zeilen und Spalten auszublenden, um Informationen vor dem Anwender zu verbergen. Beispielsweise komplexe Berechnungen, die im „Kopfteil" verwendet und im „Fußteil" durchgeführt werden.

		A	B	C	D	E	F	G	H	I
	1									
	2									
	3	**Nur gültig für 2020**								
	4									
	5	**Berechnung der Unterstützungsleistung nach B6, B7, C2, C3 d. Richtlinien**								
	6	**für das Jahr 2020**								
	7									
	8	Name					(nur bei Bedarf und evt. Ausdruck)			
	9									
	10	Pers.Nr.			(nur bei Bedarf und evt. Ausdruck)					
	11									
	12									
	13		Zur Ermittlung des Unterstützungsbetrages die mit					hinterlegten Felder ausfüllen		
	14									
	15							bei 0,5 Personen "x" eintragen		
	16	Zu unterstützende Personen / Familienmitglieder								
	17									
	18	Zu berücksichtigendes Nettoeinkommen					1.000,00			
	19									
	20	Betriebszugehörigkeit						Jahre		
	21									
	22	Eigenanteil								
	23									
	24									
	25									
	26	Errechneter Unterstützungsbetrag						0	siehe unten !	
	27						! unter Mindestbetrag von 20,00 EURO !			
	28									
	29									
	30									
	31									
	66									
	96									
	97									

5.6 Rechteck

Sehr übel ist die Möglichkeit über eine Zelle ein weißes Rechteck zu legen. So kann man Zellinhalte verschleiern.

Zugegeben: ich habe so etwas in der Praxis noch nie gesehen. Und: Inquire findet grafische Objekte als Möglichkeit des Verschleierns nicht. Immerhin kann man in Excel nach Objekten suchen ...

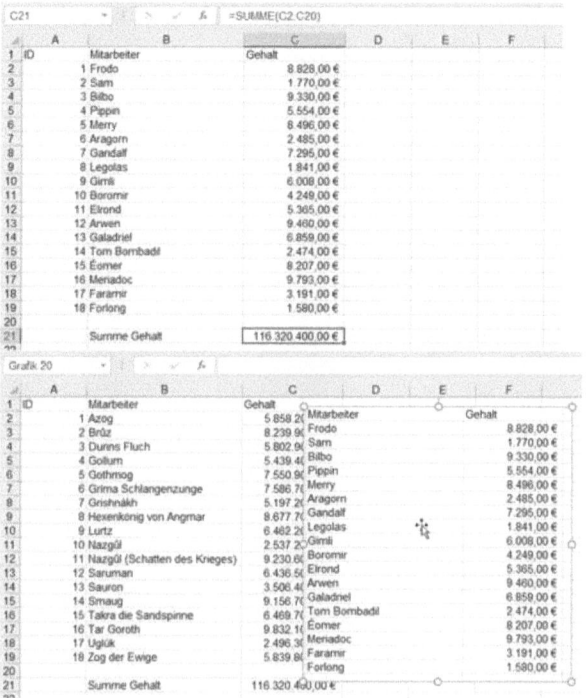

5.7 Alt + Enter

Achtung bei längeren Texten mit einer festen Zeilenhöhe – [Alt] + [Enter] erzeugt einen Zeilenumbruch, von dem nur die erste Zeile angezeigt wird.

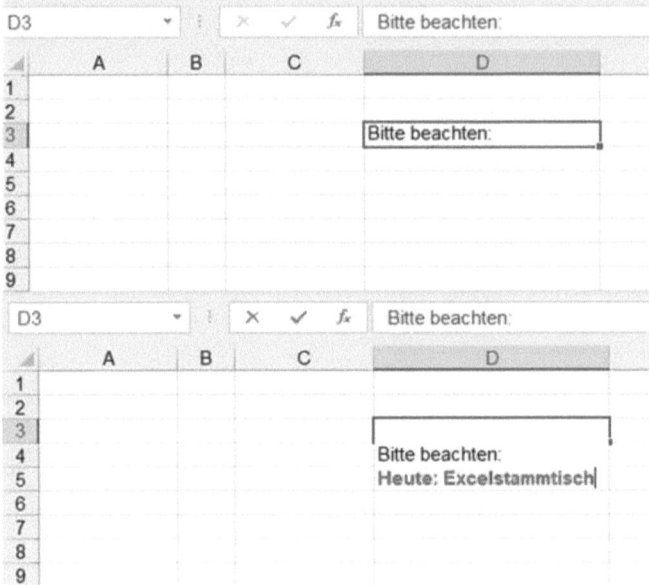

5.8 Eigenschaften

Word, Excel, PowerPoint & co stellen Eigenschaften (Dokumenteigenschaften und erweiterte Eigenschaften) zur Verfügung. Diese können vom Anwender gefüllt werden und so Metadaten über das Dokument liefern. Man kann diese Eigenschaften und auch die benutzerdefinierten Eigenschaften verwenden, um per Programmierung Werte „zu verstecken", das heißt dort ablegen und von dort wieder auszulesen.

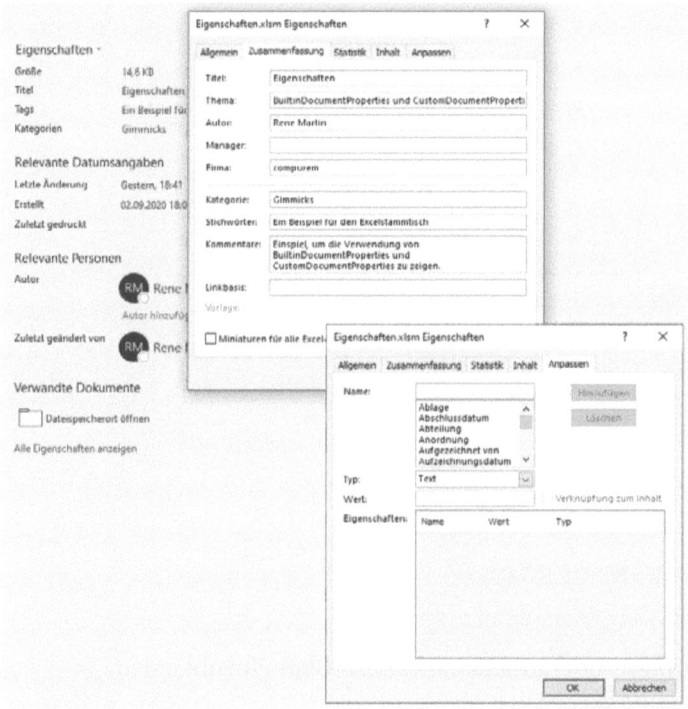

5.9 xlSheetVeryHidden

Im VBA-Editor kann man im Eigenschaftenfenster die Eigenschaft von Tabellenblättern auf xlSheetVeryHidden setzen. Dann sind sie in Excel nicht mehr einblendbar und damit nicht sichtbar.

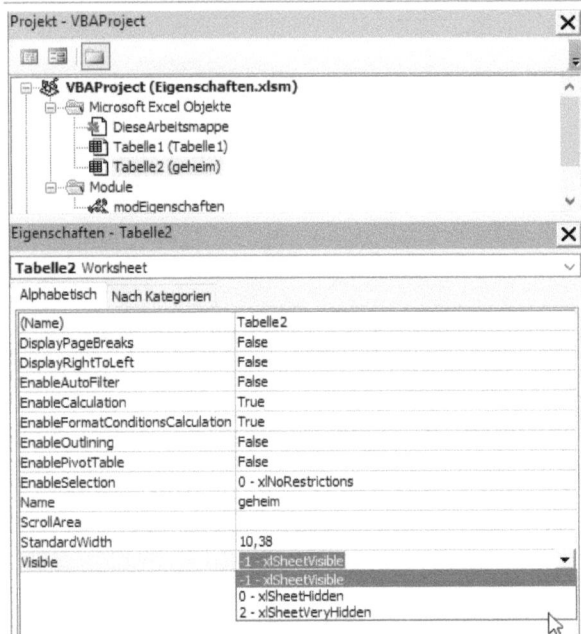

Per VBA kann man Texte eintragen und auslesen, ohne das Blatt einzublenden.

Allerdings: Befehle wie `Copy` oder `Delete` kann man nicht auf unsichtbare Blätter anwenden – dann muss man sie vorher wieder einblenden.

Ich verwende diese Eigenschaft sehr gerne, wenn ich mehrere Informationen vor dem Anwender/vor der Anwenderin „verbergen" möchte, so dass sie aus Versehen überschrieben oder verändert werden.

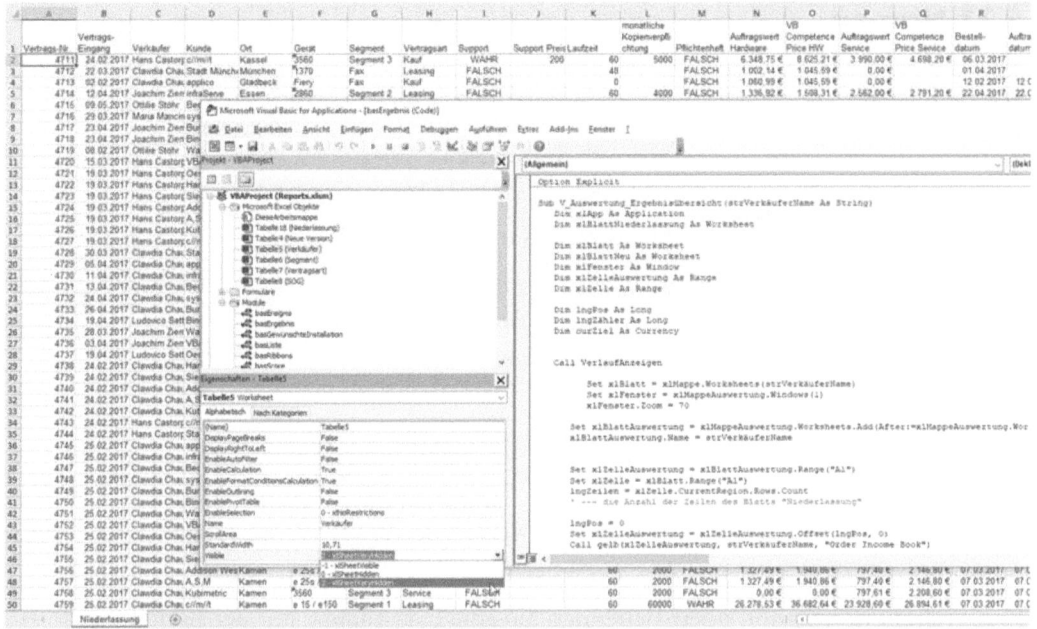

5.10 Module verstecken (VBA)

Mourad Louha macht darauf aufmerksam, dass man auch Module verstecken kann:

Man kann VBA-Projekte so schützen, dass lediglich die Meldung erscheint: „Das Projekt kann nicht angezeigt werden."

Unviewable+ ist das Stichwort. Sie finden es hier:

```
https://www.spreadsheet1.com/unviewable-vba-project-app-for-
excel.html
```

Es kostet allerdings etwas. Mittlerweile kann zwar Unviewable+ auch geknackt werden, der Schutz ist aber immer noch so hoch, dass in geschätzt 99 % der Fälle keiner weiß, wie. Es funktioniert auch nur über Zusatztools und nicht den DPB-Trick. Der Vorteil von Unviewable+ ist, dass man keine externen Tools für die geschützte Datei mehr braucht, also zum Beispiel das Erstellen von Exe-Dateien usw. nicht nötig ist.

Danke für den Hinweis, Mourad Louha!

5.11 Namen

Mit dem Befehl

```
ThisWorkbook.Names.Add Name:="copyright", _
RefersTo:="(c) by compurem", Visible:=False
```

kann man einer Datei einen unsichtbaren Namen hinzufügen.

Und wer macht so etwas? Nun zum einen, wenn Namen vom Anwender/von der Anwenderin nicht einfach geändert werden sollen. Aber auch, um ein Copyright an eine Datei zu binden, die nur mit guten Excelkenntnissen wieder entfernt werden könnte.

5.12 XML

Es ist verblüffend, aber man kann auch im XML-Code der Datei Informationen unsichtbar transportieren.

Die Technik ist bekannt, oder? Benennen Sie eine Excelmappe mit der Endung .ZIP um. Entzippen Sie das Archiv. Darin finden Sie nun mehrere XML-Dateien, die sämtliche Informationen der Datei enthalten: Texte, Zahlen, Grafiken, Formeln, Einstellungen der Seitenränder, Schriftgröße, Spaltenbreite, Kennwörter ... Und dort hinein könnte man Dinge verstecken. Die Dateien und Ordner werden markiert und wieder gezippt – die fertige .ZIP-Datei anschließend umbenannt - et voilà!

```
sheet1.xml ⊲ ×
    <?xml version="1.0" encoding="UTF-8" standalone="yes"?>
    <worksheet xmlns="http://schemas.openxmlformats.org/spreadsheetml/2006/main" xmlns:r="http://schemas.openxmlformats.org/officeDocument/2006/relationships" xmlns:mc="h
    xmlns:x14ac="http://schemas.microsoft.com/office/spreadsheetml/2009/9/ac" xmlns:xr="http://schemas.microsoft.com/office/spreadsheetml/2014/revision" xmlns:xr2="http:
    schemas.microsoft.com/office/spreadsheetml/2016/revision3" xr:uid="{434389F7-C22D-4930-A4FA-2C3266D64680}">
    <sheetPr codeName="Tabelle1"/>
    <dimension ref="A1"/>
    <sheetViews>
        <sheetView tabSelected="1" workbookViewId="0"/>
    </sheetViews>

    <Freimaurer geheim="Wenn Tugend und Gerechtigkeit::Den grossen Pfad mit Ruhe bestreut;::Dann ist die Erd' ein Himmelreich,::Und Sterbliche den Göttern gleich."/>

    <sheetFormatPr baseColWidth="10" defaultRowHeight="14.25" x14ac:dyDescent="0.2"/>
    <sheetData/>
    <pageMargins left="0.7" right="0.7" top="0.78740157499999996" bottom="0.78740157499999996" header="0.3" footer="0.3"/>
    </worksheet>
```

5.13 Weitere „Verstecke"

Natürlich kann man Informationen auch außerhalb von Excel speichern.

5.13.1 Ini-Dateien

Ein Relikt aus Urzeiten von Windows stellen die ini-Dateien dar. Es sind Textdateien, die in Abschnitte und Schlüssel gegliedert sind. Word-VBA stellt einen Befehl zur Verfügung, um Daten in diese Dateien zu schreiben und aus ihnen zu lesen; in Excel ist kein VBA-Befehl dafür vorgesehen – man müsste Word aufrufen, um von Word aus mit dem Befehl PrivateProfileString arbeiten zu können.

Allerdings beinhaltet er einige kleine Nachteile:

- ini-Dateien können nicht sortiert werden.
- Abschnitte und Schlüssel in ini-Dateien können nicht gelöscht werden.
- ini-Dateien können nicht durchlaufen werden.
- ini-Dateien können nicht nach Informationen durchsucht werden.

5.13.2 Textdateien

Eine einfache Methode, um Text in eine Textdatei zu schreiben, steht über das Objekt FileSystemObject zur Verfügung.

```
Set fsObj = CreateObject("Scripting.FileSystemObject")
Set txtObj = fs.CreateTextFile("c:\Dummy.txt", True)
txtObj.WriteLine("Hallo Excelstammtisch.")
txtObj.Close
```

Eine existierende Datei kann mit der Methode OpenTextFile geöffnet werden. Die Syntax lautet:

```
Objekt.OpenTextFile(Dateiname[, E/A-Modus[, erstellen
[, Format]]])
```

5.13.3 Sequentielle Dateien

Wie der Name schon sagt, werden die Daten hintereinander in einer Datei gespeichert. Bevor man mit einer sequentiellen Datei arbeiten kann, muss diese mit Open geöffnet werden. Die vollständige Syntax lautet:

```
Open Name$ For Modus As [#]Dateinummer
```

5.13.4 XML-Dateien

Excel besitzt seit der Version 97 das Objekt DOM, mit dem XML-Dateien erzeugt werden können. Seit Excel 2007 ist auch SAX integriert.

5.13.5 Die Registry

In Excel kann ein beliebiger Wert in die Registry geschrieben werden. Die Befehle: `Get-Setting`, `SaveSetting`, `GetAllSettings` und `DeleteSetting`. `SaveSetting` erzeugen unterhalb des Schlüssels `HKEY_CURRENT_USER\Software\VB and VBA Program Settings` einen neuen Bereich, in dem einem Schlüssel ein Wert zugewiesen wird.

```
SaveSetting " Excelstammtisch", "Frank", "Organisator", _
"Nächster Termin: November 2020"
```

Dieser kann ausgelesen werden (siehe Abbildung 4):

```
MsgBox GetSetting("Excelstammtisch", "Frank", "Organisator")
```

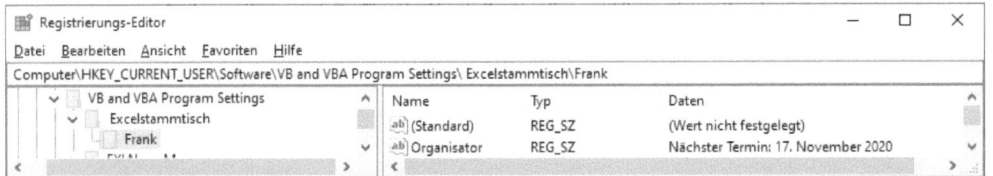

Der Vorteil der Registry ist sicherlich, dass sie für den Benutzer gesperrt werden kann, der Nachteil ist, dass damit nur schwerlich Daten verteilt werden können. Außerdem ist es mühsam, bestimmte Registry-Einträge von einem Rechner auf einen anderen zu portieren. Dies ist mit einer ini-Datei, einer XML-Datei oder einer Textdatei leichter möglich, die man außerdem einfach editieren und ändern kann.

5.14 Inquire

Ein Wermutstropfen zum Schluss:

Lässt Microsoft wirklich Inquire verschwinden? Es ist nicht mehr in Microsoft 365 vorhanden. Das wäre schade, wenn das mächtige Werkzeug verschwinden würde.

```
https://bettersolutions.com/excel/add-ins/inquire.htm
```

6 Texte gruppieren

Excelstammtisch vom 29.04.2020

Es ist erstaunlich: es gibt mehrere Möglichkeiten Zahlen zusammenzufassen: addieren, den Mittelwert berechnen, die Standardabweichung, man kann die Anzahl ermitteln … Dafür stehen nicht nur die Funktionen SUMME, MITTELWERT, ANZAHL, … zur Verfügung, sondern auch TEILERGEBNIS und AGGREGAT. Assistenten wie „Teilergebnis", Pivottabellen, die Statuszeile und andere ermöglichen ein schnelles Aggregieren von Zahlen. Und Texte? Natürlich kann man Texte mit dem Operator „&" oder der Funktion VERKETTEN verketten. Es geht auch mit TEXTKETTE und TEXTVERKETTEN. Jedoch: wie verkettet man dynamisch Texte, die einer bestimmten Bedingung genügen?

Gegeben sei eine sortierte Liste (hier: nach Lieferantennummer).

	A	B	C	D	E
1	Artikel-Nr ▼	Artikelname ▼	Lieferanten-Nr ▼	Kategorie-Nr ▼	Liefereinheit ▼
2	1	Chai	1	1	10 Kartons x 20 Beutel
3	2	Chang	1	1	24 x 12-oz-Flaschen
4	3	Aniseed Syrup	1	2	12 x 550-ml-Flaschen
5	4	Chef Anton's Cajun Seasoning	2	2	48 x 6-oz-Gläser
6	5	Chef Anton's Gumbo Mix	2	2	36 Kartons
7	6	Louisiana Fiery Hot Pepper Sauce	2	2	32 x 8-oz-Flaschen
8	7	Louisiana Hot Spiced Okra	2	2	24 x 8-oz-Gläser
9	8	Grandma's Boysenberry Spread	3	2	12 x 8-oz-Gläser
10	9	Uncle Bob's Organic Dried Pears	3	7	12 x 1-lb-Packungen
11	10	Northwoods Cranberry Sauce	3	2	12 x 12-oz-Gläser
12	11	Mishi Kobe Niku	4	6	18 x 500-g-Packungen
13	12	Ikura	4	8	12 x 200-ml-Gläser
14	13	Longlife Tofu	4	7	5-kg-Paket
15	14	Queso Cabrales	5	4	1-kg-Paket
16	15	Queso Manchego La Pastora	5	4	10 x 500-g-Packungen
17	16	Konbu	6	8	2-kg-Karton
18	17	Tofu	6	7	40 x 100-g-Packungen
19	18	Genen Shouyu	6	2	24 x 250-ml-Flaschen
20	19	Pavlova	7	3	32 x 500-g-Kartons
21	20	Alice Mutton	7	6	20 x 1-kg-Dosen
22	21	Carnarvon Tigers	7	8	16-kg-Paket
23	22	Vegie-spread	7	2	15 x 625-g-Gläser
24	23	Outback Lager	7	1	24 x 355-ml-Flaschen
25	24	Teatime Chocolate Biscuits	8	3	10 Kartons x 12 Stück
26	25	Sir Rodney's Marmalade	8	3	30 Geschenkkartons
27	26	Sir Rodney's Scones	8	3	24 Packungen x 4 Stück
28	27	Scottish Longbreads	8	3	10 Kartons x 8 Stück
29	28	Gustaf's Knäckebröd	9	5	24 x 500-g-Packungen
30	29	Tunnbröd	9	5	12 x 250-g-Packungen
31	30	Guaraná Fantástica	10	1	12 x 355-ml-Dosen
32	31	NuNuCa Nuß-Nougat-Creme	11	3	20 x 450-g-Gläser
33	32	Gumbär Gummibärchen	11	3	100 x 250-g-Beutel
34	33	Schoggi Schokolade	11	3	100 x 100-g-Stück
35	34	Rössle Sauerkraut	12	7	25 x 825-g-Dosen
36	35	Thüringer Rostbratwurst	12	6	50 Beutel x 30 Würstchen
37	36	Wimmers gute Semmelknödel	12	5	20 Beutel x 4 Stück
38	37	Rhönbräu Klosterbier	12	1	24 x 0,5-l-Flaschen
39	38	Original Frankfurter grüne Soße	12	2	12 Kartons
40	39	Nord-Ost Matjeshering	13	8	10 x 200-g-Gläser

Eine Pivottabelle gruppiert die Zahlen:

Die Funktion

```
=TEXTVERKETTEN(";";FALSCH;BEREICH.VERSCHIEBEN($B$1;
VERGLEICH(L35;tbl_Artikel[Lieferanten-Nr];0);0;
VERGLEICH(L35;tbl_Artikel[Lieferanten-Nr];1)-
VERGLEICH(L35;tbl_Artikel[Lieferanten-Nr];0)+1))
```

fasst die Texte zusammen. Wenn Sie die neuen Matrixfunktionen haben, können Sie die Zahlen ebenso mit EINDEUTIG zusammenfassen. Und mit XVERWEIS verketten:

```
=TEXTVERKETTEN(";";FALSCH;XVERWEIS(L1;tbl_Artikel
[Lieferanten-Nr];tbl_Artikel[Artikelname];;;1):
XVERWEIS(L1;tbl_Artikel[Lieferanten-Nr];tbl_Artikel
[Artikelname];;;-1))
```

Stehen dagegen die Texte nicht sortiert untereinander, kann man sie mit der Funktion FILTER filtern:

Die Formel lautet:

```
=TEXTVERKETTEN(",";WAHR;FILTER(tbl_KF_Kosten[Bel-
Klub];tbl_KF_Kosten[Turnierpaar]=M2;""))
```

Oder man gruppiert die Texte mit PowerQuery. Mein Gedanke war die Liste zwei Mal zu importieren und miteinander zu verknüpfen. Die Anzahl (der Nummern) wird ermittelt; ein Index wird eingefügt:

Die Funktion

```
=List.Range(#"Added Index"[Artikelname],[Index], [Anzahl])
```

Fügt eine Liste ein, die extrahiert werden kann:

```
= Table.TransformColumns(#"Added Custom",
{"Benutzerdefiniert", each Text.Combine(List.Transform(_,
Text.From), ";"), type text})
```

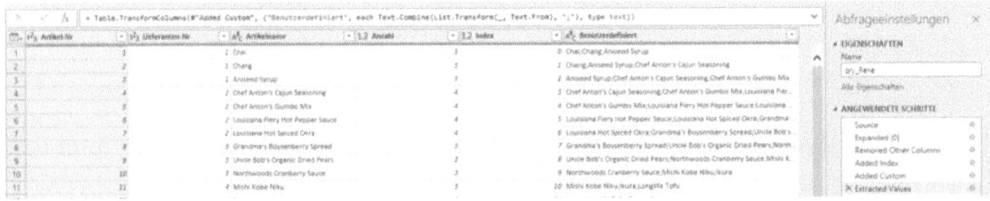

Die überflüssigen Spalten können gelöscht werden.

Einige Kollegen hatten bessere Vorschläge. Gruppiert man die Daten mit

```
= Table.Group(#"Removed Other Columns", {"Lieferanten-Nr"},
{{"Anzahl", each [Artikelname], type table [Artikel-
name=text]}})
```

So kann man sie ebenso gruppieren:

```
= Table.AddColumn(#"Grouped Rows", "Benutzerdefiniert", each
Text.Combine([Anzahl], ";"))
```

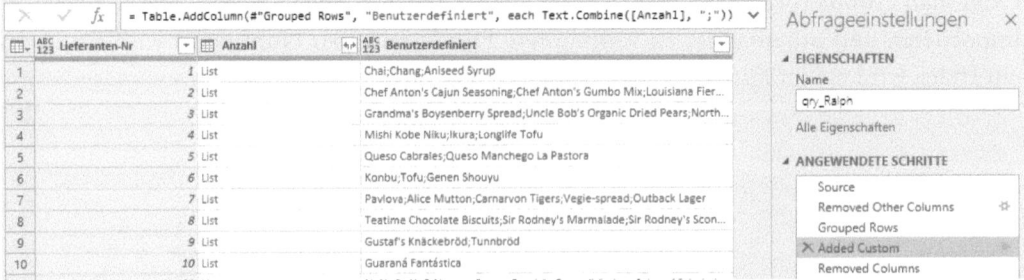

122

Noch eleganter erweist sich das Gruppieren

```
= Table.Group(#"Removed Other Columns", {"Lieferanten-Nr"},
{{"Anzahl", each  [Artikelname]}})
```

Und das Extrahieren:

```
= Table.TransformColumns(#"Grouped Rows", {"Anzahl", each
Text.Combine(List.Transform(_, Text.From), ";"), type text})
```

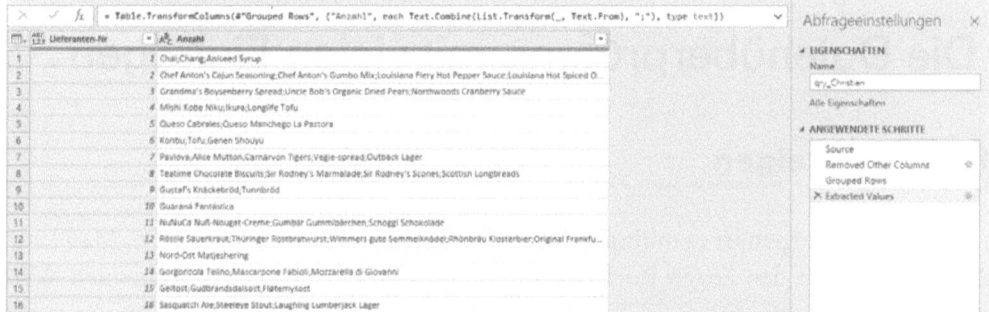

7 Die Datenüberprüfung mit vielen Einträgen

7.1 Liste anzeigen

Bei sehr vielen Einträgen ist es mühsam durch die Dropdownliste zu navigieren. Man kann weder suchen, noch den ersten Buchstaben eintragen, um zu dem entsprechenden Wert zu gelangen noch sortieren.

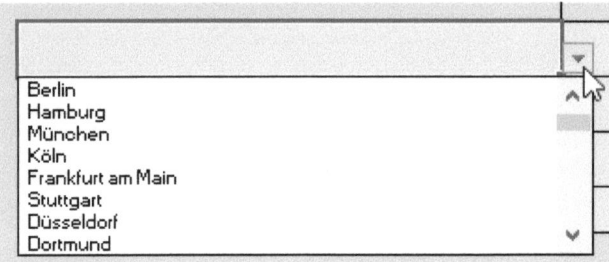

Deshalb kamen wir auf die Idee einer Liste:

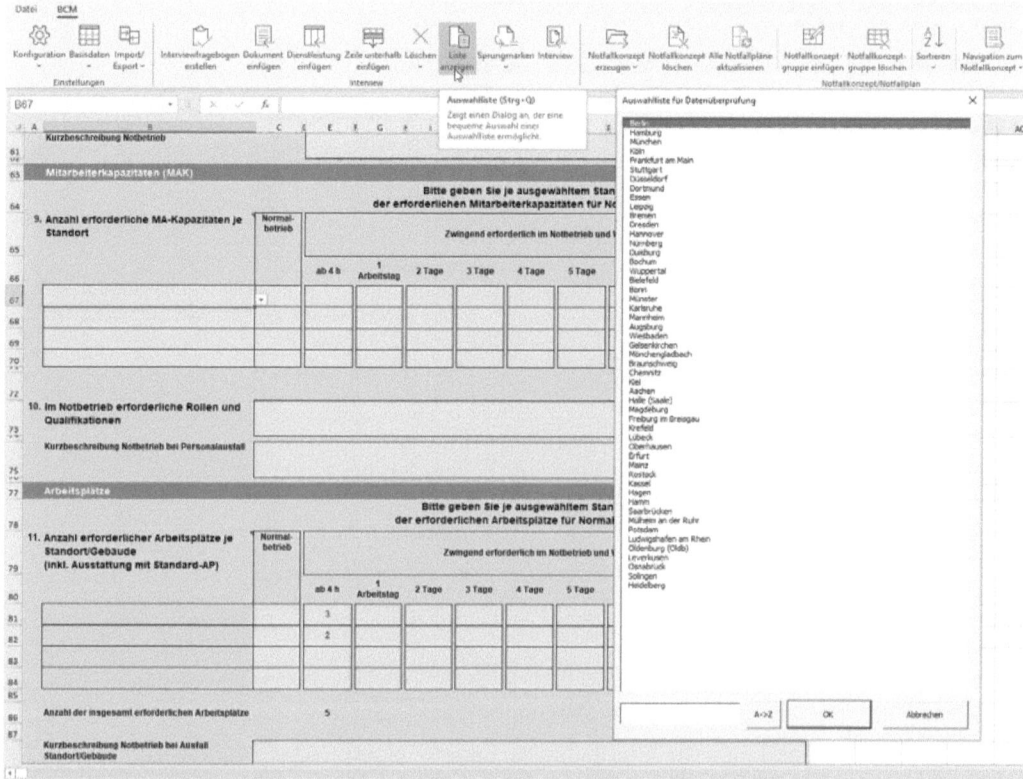

Sie kann per Tastenkombination oder über das Symbol aufgerufen werden.

An einer Stelle wollte ich eine Liste sortieren:

Liste anzeigen

7.2 Versionsunabhängig programmieren

Ich habe auf Klasse `ArrayList` zugegriffen:

```
Private Sub cmdSort_Click()
    Dim i As Integer
    Dim listMatrix As Object, varDaten As Variant

    Set listMatrix = CreateObject _
        ("System.Collections.ArrayList")

    For i = 0 To Me.lstAuswahl.ListCount - 1
        listMatrix.Add Me.lstAuswahl.List(i)
    Next i

    listMatrix.Sort
    Me.lstAuswahl.Clear ' -- Auswahlliste leeren

    For Each varDaten In listMatrix
        Me.lstAuswahl.AddItem varDaten
    Next varDaten

    If Me.lstAuswahl.ListCount > 0 Then
        Me.lstAuswahl.ListIndex = 0
    End If

    Set listMatrix = Nothing
End Sub
```

Allerdings ist `ArrayList` ein Objekt von .NET-Framework 3.5. Ist dieses nicht auf einem Rechner installiert, funktionieren die Befehle der Klasse auch nicht.

127

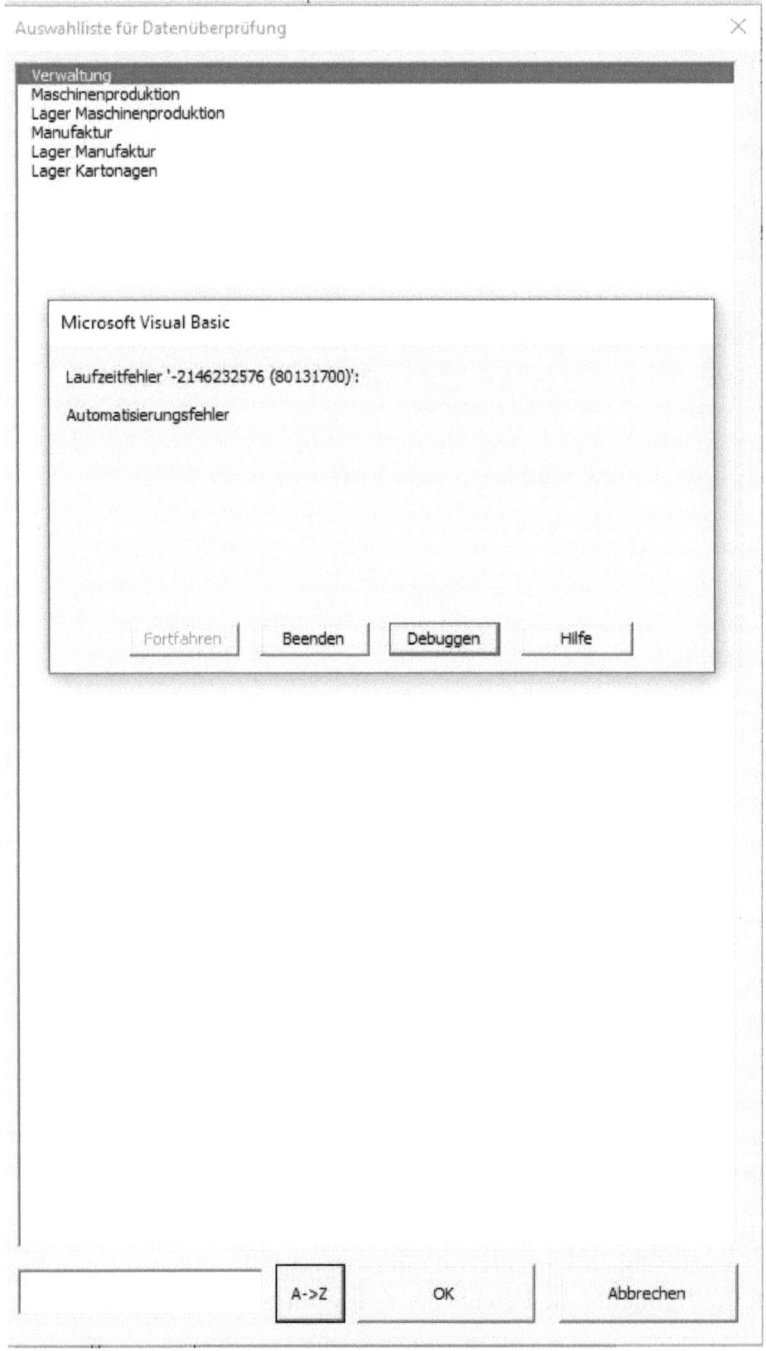

Also – raus damit – und die klassische Variante:

```
Private Sub cmdSort_Click()
    Dim intLast As Integer, intNext As Integer
    Dim strTemp As String
    With Me.lstAuswahl
        For intLast = 0 To .ListCount - 1
            For intNext = intLast + 1 To .ListCount - 1
                If .List(intLast) > .List(intNext) Then
                    strTemp = .List(intLast)
                    .List(intLast) = .List(intNext)
                    .List(intNext) = strTemp
                End If
            Next intNext
        Next intLast
    End With
End Sub
```

Da dieses Tool von verschiedenen Kunden in verschiedenen Excelplattformen verwendet wird, versuche ich versionsunabhängig zu programmieren.

Mir ist aufgefallen, dass VBA manchmal (!) bei niedrigeren Versionen Fehler produziert: Funktionen der Bibliothek VBA werden nicht erkannt. Deshalb habe ich mir angewöhnt statt `Left`, `Right`, `Len`, `InStr`, … zu schreiben: `VBA.Left`, `VBA.Right`, `VBA.Len`, `VBA.InStr`, …

Überhaupt vermeide ich early binding. Ich vermeide jede Art des Einbindens (auch kein late binding). Der Kundenwusch war ein Steuerelement einzubinden für eine bequeme Datumsauswahl, wie wir sie sie aus anderen Programmen kennen. Meine Antwort lautete: „nein!" Ich habe so etwas nachgebaut (abgeschaut bei Outlook):

129

8 Diagramme

Excelstammtisch vom 05.05.2020

8.1 Ziel

Ziel des Ganzen war es für einen Report nicht nur die Daten aus verschiedenen Blättern zusammenzufassen, sondern auch zu visualisieren. Folgender Entwurf stand zur Verfügung:

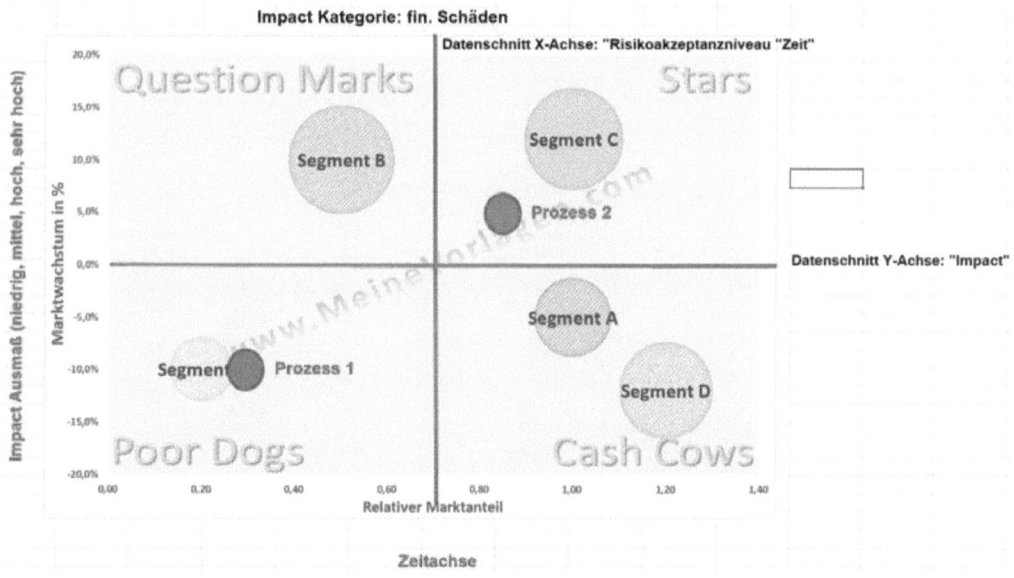

8.2 Meine Vorschläge

Ich machte mich mit vorhandenen Daten an Vorschläge zur Visualisierung:

Vorschlag I

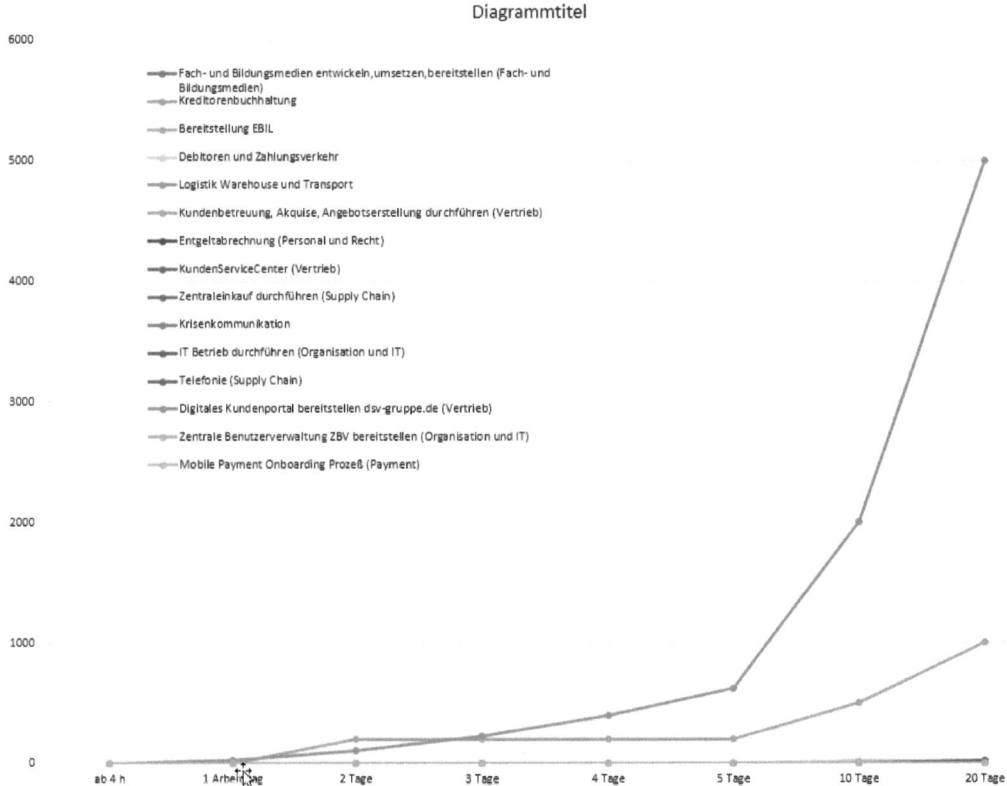

Vorschlag II

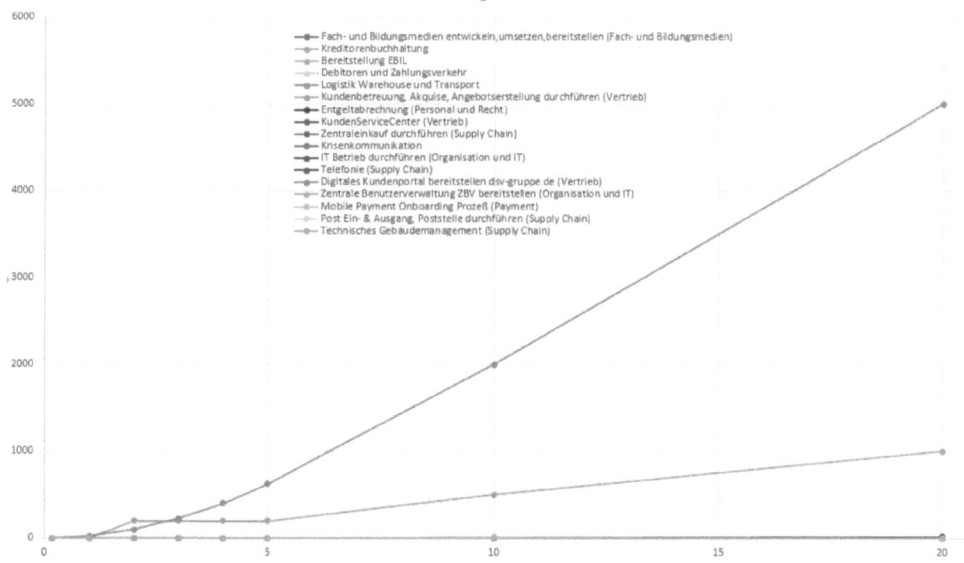

Vorschlag III

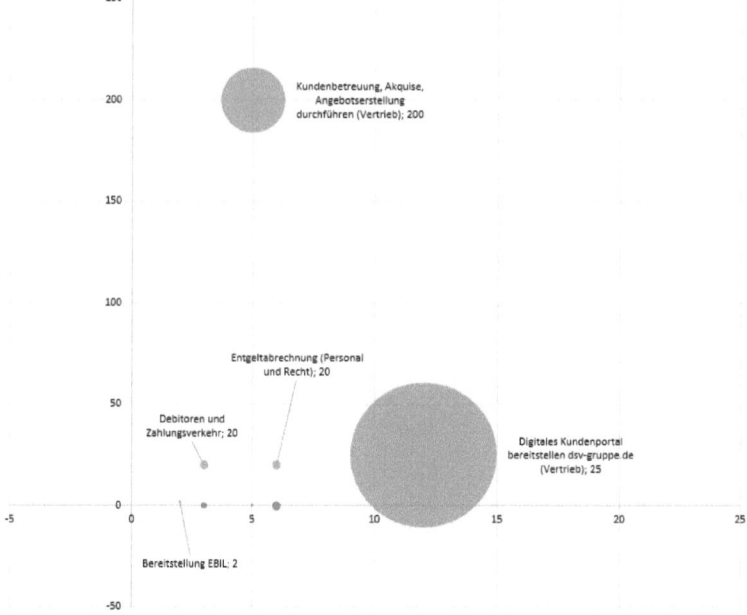

Die Vorschläge gefielen nicht. Die Antwort:

Hallo Herr Martin,

vielen Dank für den ersten Wurf der Auswertung.

Ich habe bewusst auf ein Liniendiagramm verzichtet, um die Ergebnisse möglichst kompakt darzustellen. Diagramm 3 kommt diesem tatsächlich am Nächsten.

Ich habe für ein gerade laufendes Projekt die Ergebnisdarstellung in PowerPoint gemalt (Sie werden lachen).

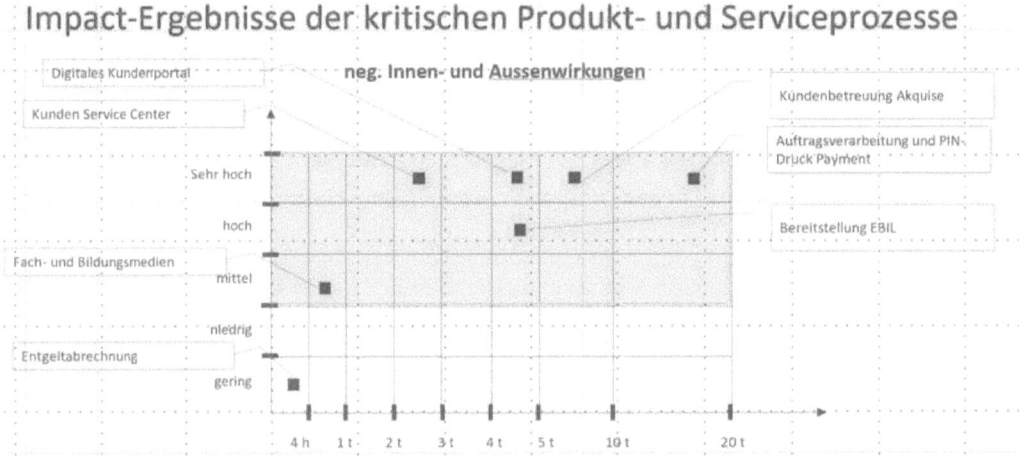

Mein Vorschlag IV

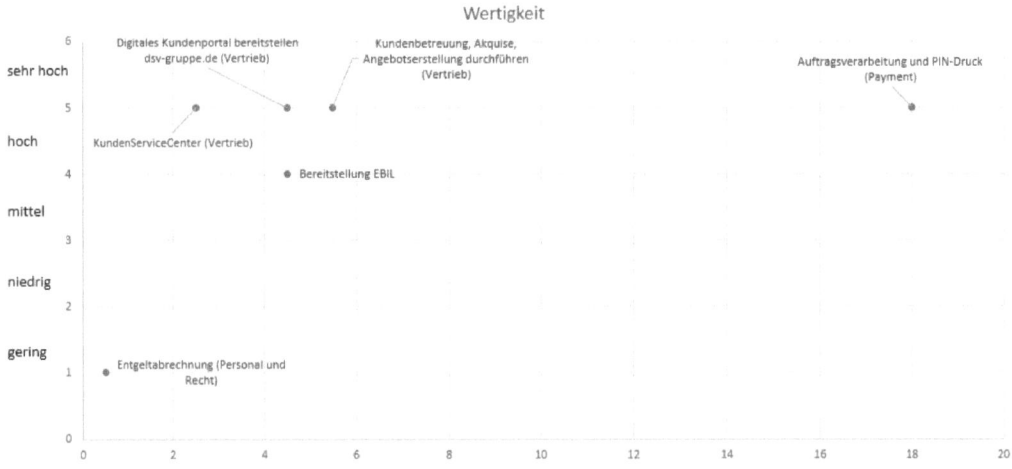

Die Antwort:

Hallo Herr Martin,

wir sind schon nahe dran!

Ich habe in meiner ursprünglichen Excel-Variante alle Werte für x und y in Zahlenwerte umgesetzt, damit es rechenbar wird.

Niedrig = 1, mittel=2 etc. (= Übersetzungstabelle)

Das Ganze muss variabel sein, denn der Nutzer kann dies ja selbst konfigurieren. Aber es lässt sich einfach vom ersten Wert in der Konfiguration BIA hochzählen. In der Grafik muss dann der Zahlenwert wieder auf Text zurückgesetzt werden. Dies kann über die „Übersetzungstabelle" gemacht werden.

Die Werte liegen dann eigentlich auf Linien. Es wird dann in der Darstellung schwierig, wenn mehrere Prozesse auf den gleichen Koordinaten zum Liegen kommen.

Daher die Darstellung in (Portfolio-) Flächen. Ein Prozess liegt auf der x-Achse zum Beispiel zischen 1 Tag und 2 Tagen. Irgendwo dazwischen, denn genau wissen wir es nicht. Das gleiche gilt für die y-Achse.

Ich hatte mir erhofft, dass dies über die Darstellung von Portfolien in Excel darstellbar ist. Daher auch das Beispiel der BCG-Matrix, die ich Ihnen zugesandt habe. Nur haben wir keine 4-Felder-Matrix, sondern n Felder.

Ich hoffe, Ihnen weitergeholfen zu haben. Sonst gehen wir gerne in die nächste Iteration. Bis wir im Ziel sind.

Hallo Herr H.,

ich habe etwas probiert, ob man mit einer bedingten Formatierung Texte auf der y-Achse anstelle von Zahlen darstellen kann. Oder mit einer Formel. Kann man nicht. Aber ich kann diese Werte als Beschriftung von Punkten verwenden. Dann haben wir „Dynamik". Was halten Sie von folgender Lösung?

Im oberen Teil werden die Daten eingetragen – im unteren die Beschriftung der y-Achse.

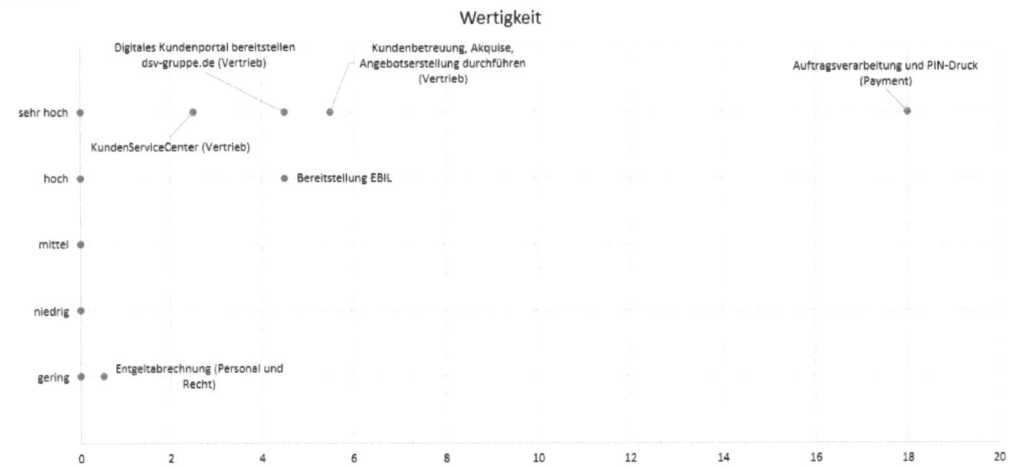

Hallo Herr Martin,

das sieht gut aus.

Die Werte für die y-Achse müsste man doch aus der BIA-Konfiguration übernehmen kön-nen., wenn dort jedem eingetragenen Wert für niedrig, mittel, etc. aufsteigend die Zahl zugeordnet wird?

Diese dann in den Export übernehmen und wir haben sie für die grafische Darstellung schon übernommen und muss nicht eingegeben werden, oder?

Wenn es jetzt noch eine Eingabe gibt, um den kritischen Bereich grafisch einzufärben nä-hern wir uns der Perfektion ☺

Ich machte vier weitere Vorschläge:

fin. Impact

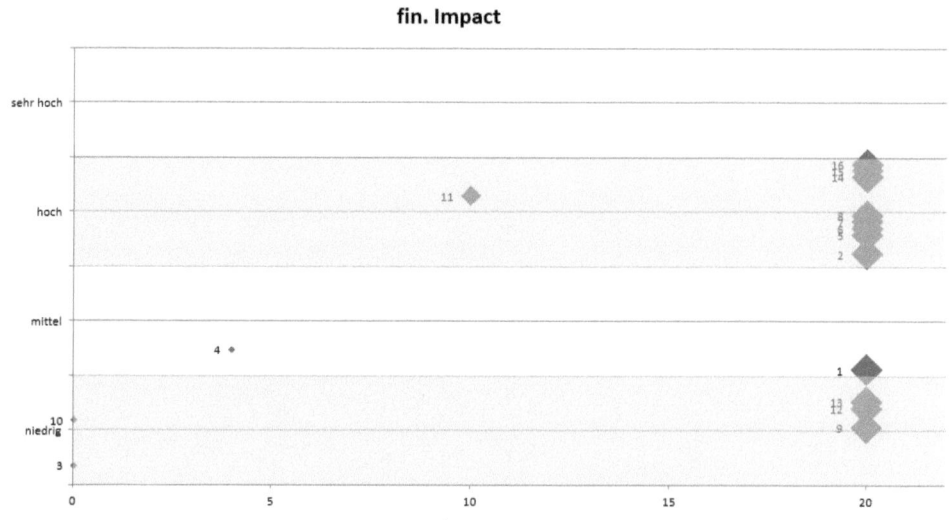

Beeintr. Aufgaben

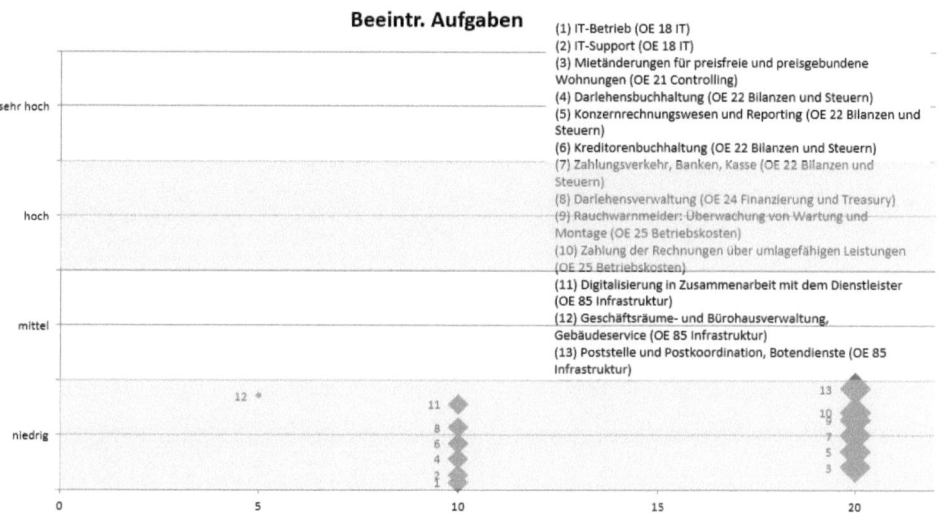

(1) IT-Betrieb (OE 18 IT)
(2) IT-Support (OE 18 IT)
(3) Mietänderungen für preisfreie und preisgebundene Wohnungen (OE 21 Controlling)
(4) Darlehensbuchhaltung (OE 22 Bilanzen und Steuern)
(5) Konzernrechnungswesen und Reporting (OE 22 Bilanzen und Steuern)
(6) Kreditorenbuchhaltung (OE 22 Bilanzen und Steuern)
(7) Zahlungsverkehr, Banken, Kasse (OE 22 Bilanzen und Steuern)
(8) Darlehensverwaltung (OE 24 Finanzierung und Treasury)
(9) Rauchwarnmelder: Überwachung von Wartung und Montage (OE 25 Betriebskosten)
(10) Zahlung der Rechnungen über umlagefähigen Leistungen (OE 25 Betriebskosten)
(11) Digitalisierung in Zusammenarbeit mit dem Dienstleister (OE 85 Infrastruktur)
(12) Geschäftsräume- und Bürohausverwaltung, Gebäudeservice (OE 85 Infrastruktur)
(13) Poststelle und Postkoordination, Botendienste (OE 85 Infrastruktur)

137

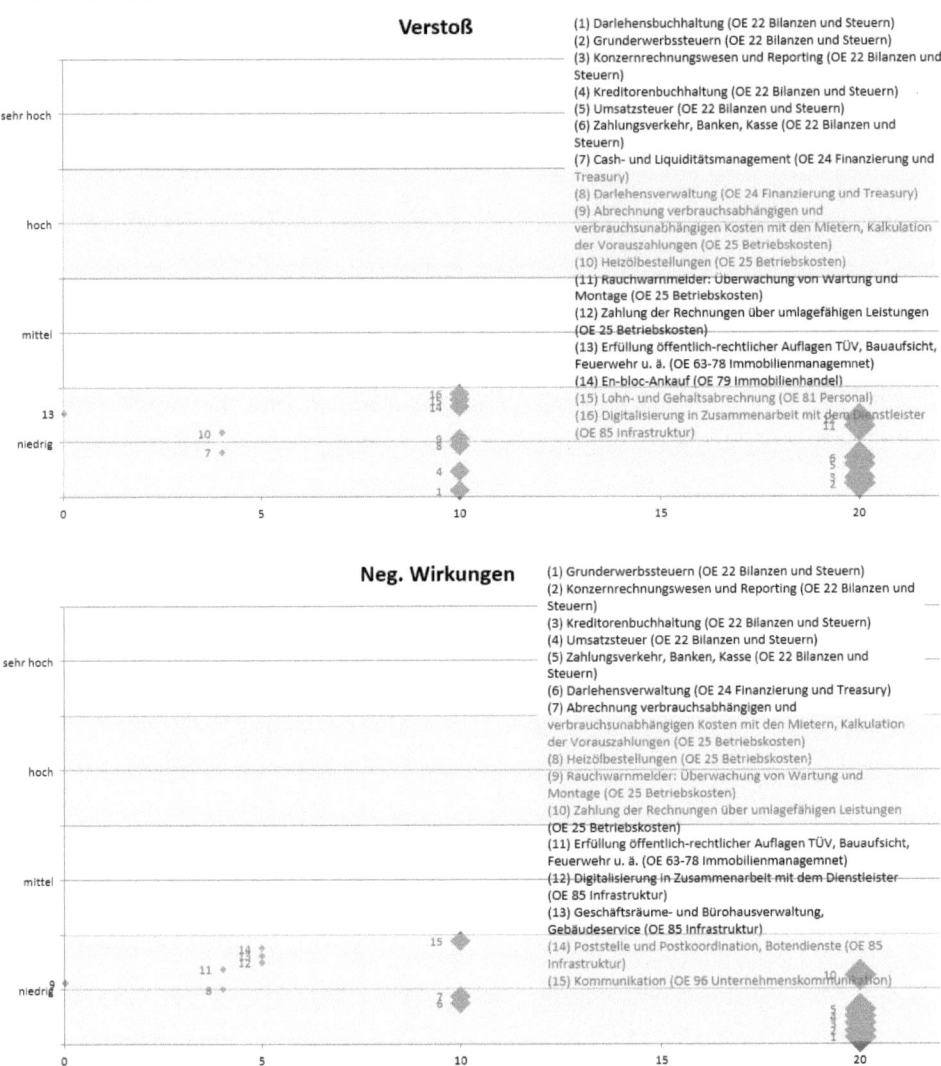

Alternativ:

fin. Impact

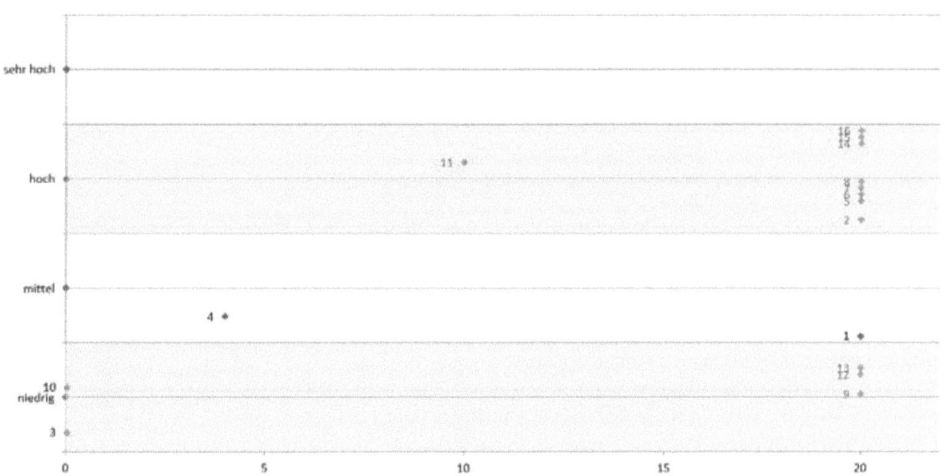

fin. Impact

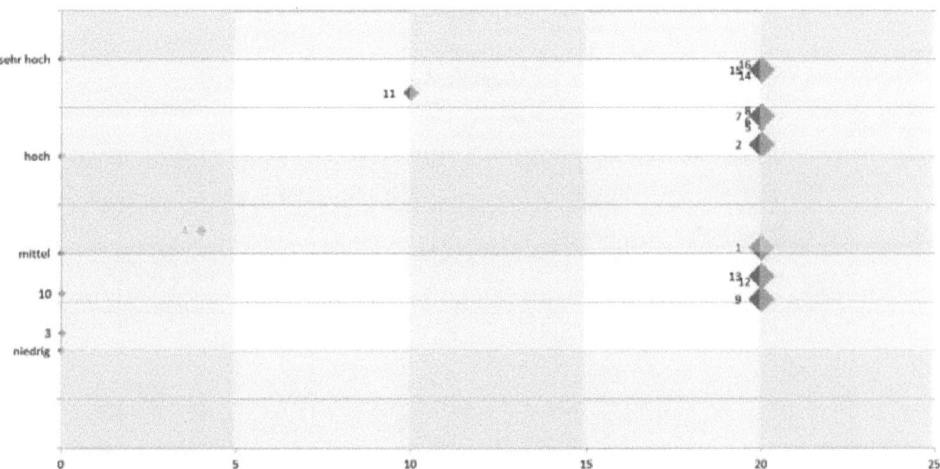

Beeintr. Aufgaben

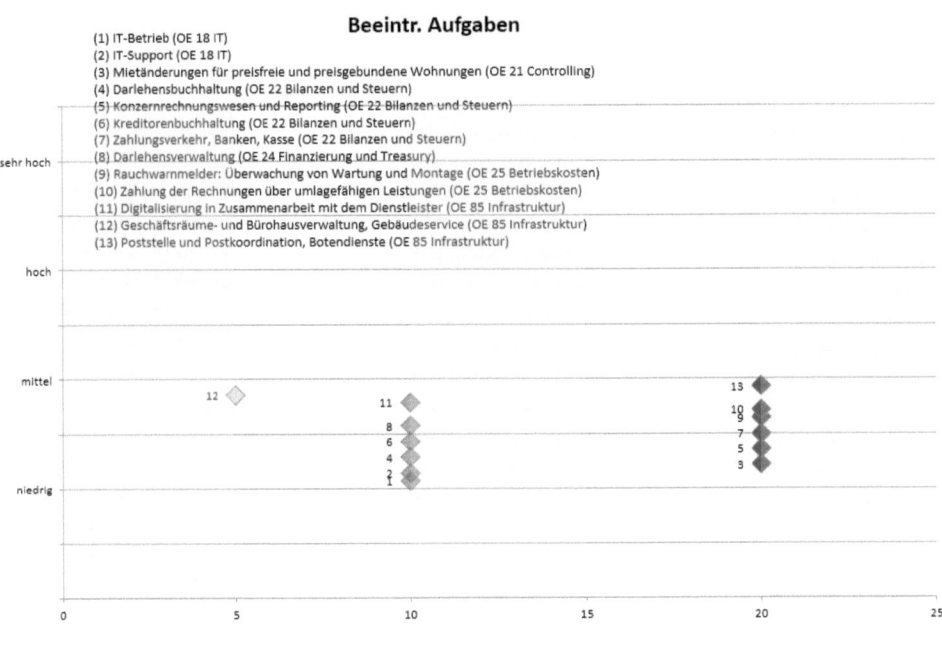

(1) IT-Betrieb (OE 18 IT)
(2) IT-Support (OE 18 IT)
(3) Mietänderungen für preisfreie und preisgebundene Wohnungen (OE 21 Controlling)
(4) Darlehensbuchhaltung (OE 22 Bilanzen und Steuern)
(5) Konzernrechnungswesen und Reporting (OE 22 Bilanzen und Steuern)
(6) Kreditorenbuchhaltung (OE 22 Bilanzen und Steuern)
(7) Zahlungsverkehr, Banken, Kasse (OE 22 Bilanzen und Steuern)
(8) Darlehensverwaltung (OE 24 Finanzierung und Treasury)
(9) Rauchwarnmelder: Überwachung von Wartung und Montage (OE 25 Betriebskosten)
(10) Zahlung der Rechnungen über umlagefähigen Leistungen (OE 25 Betriebskosten)
(11) Digitalisierung in Zusammenarbeit mit dem Dienstleister (OE 85 Infrastruktur)
(12) Geschäftsräume- und Bürohausverwaltung, Gebäudeservice (OE 85 Infrastruktur)
(13) Poststelle und Postkoordination, Botendienste (OE 85 Infrastruktur)

Beeintr. Aufgaben

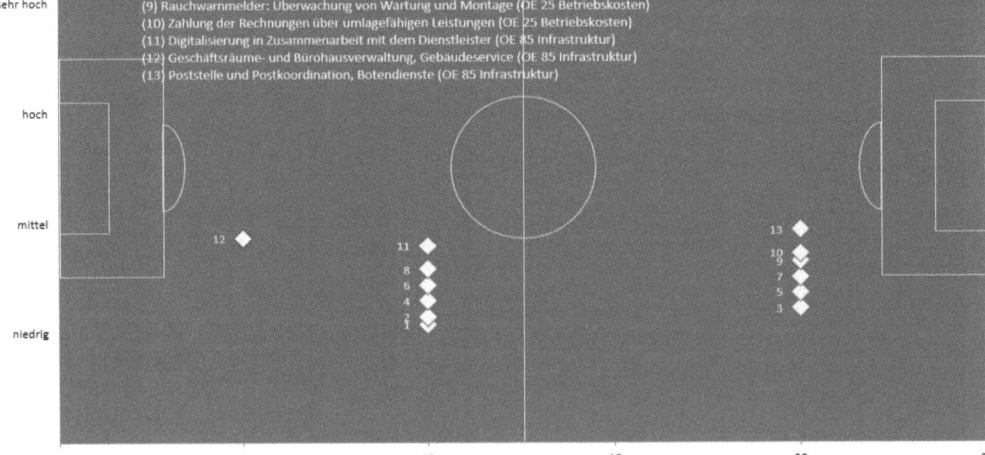

(1) IT-Betrieb (OE 18 IT)
(2) IT-Support (OE 18 IT)
(3) Mietänderungen für preisfreie und preisgebundene Wohnungen (OE 21 Controlling)
(4) Darlehensbuchhaltung (OE 22 Bilanzen und Steuern)
(5) Konzernrechnungswesen und Reporting (OE 22 Bilanzen und Steuern)
(6) Kreditorenbuchhaltung (OE 22 Bilanzen und Steuern)
(7) Zahlungsverkehr, Banken, Kasse (OE 22 Bilanzen und Steuern)
(8) Darlehensverwaltung (OE 24 Finanzierung und Treasury)
(9) Rauchwarnmelder: Überwachung von Wartung und Montage (OE 25 Betriebskosten)
(10) Zahlung der Rechnungen über umlagefähigen Leistungen (OE 25 Betriebskosten)
(11) Digitalisierung in Zusammenarbeit mit dem Dienstleister (OE 85 Infrastruktur)
(12) Geschäftsräume- und Bürohausverwaltung, Gebäudeservice (OE 85 Infrastruktur)
(13) Poststelle und Postkoordination, Botendienste (OE 85 Infrastruktur)

Verstoß

(1) Darlehensbuchhaltung (OE 22 Bilanzen und Steuern)
(2) Grunderwerbssteuern (OE 22 Bilanzen und Steuern)
(3) Konzernrechnungswesen und Reporting (OE 22 Bilanzen und Steuern)
(4) Kreditorenbuchhaltung (OE 22 Bilanzen und Steuern)
(5) Umsatzsteuer (OE 22 Bilanzen und Steuern)
(6) Zahlungsverkehr, Banken, Kasse (OE 22 Bilanzen und Steuern)
(7) Cash- und Liquiditätsmanagement (OE 24 Finanzierung und Treasury)
(8) Darlehensverwaltung (OE 24 Finanzierung und Treasury)
(9) Abrechnung verbrauchsabhängigen und verbrauchsunabhängigen Kosten mit den Mietern, Kalkulation der Vorauszahlungen (OE 25 Betriebskosten)
(10) Heizölbestellungen (OE 25 Betriebskosten)
(11) Rauchwarnmelder: Überwachung von Wartung und Montage (OE 25 Betriebskosten)
(12) Zahlung der Rechnungen über umlagefähigen Leistungen (OE 25 Betriebskosten)
(13) Erfüllung öffentlich-rechtlicher Auflagen TÜV, Bauaufsicht, Feuerwehr u. ä. (OE 63-78 Immobilienmanagemnet)
(14) En-bloc-Ankauf (OE 79 Immobilienhandel)
(15) Lohn- und Gehaltsabrechnung (OE 81 Personal)
(16) Digitalisierung in Zusammenarbeit mit dem Dienstleister (OE 85 Infrastruktur)

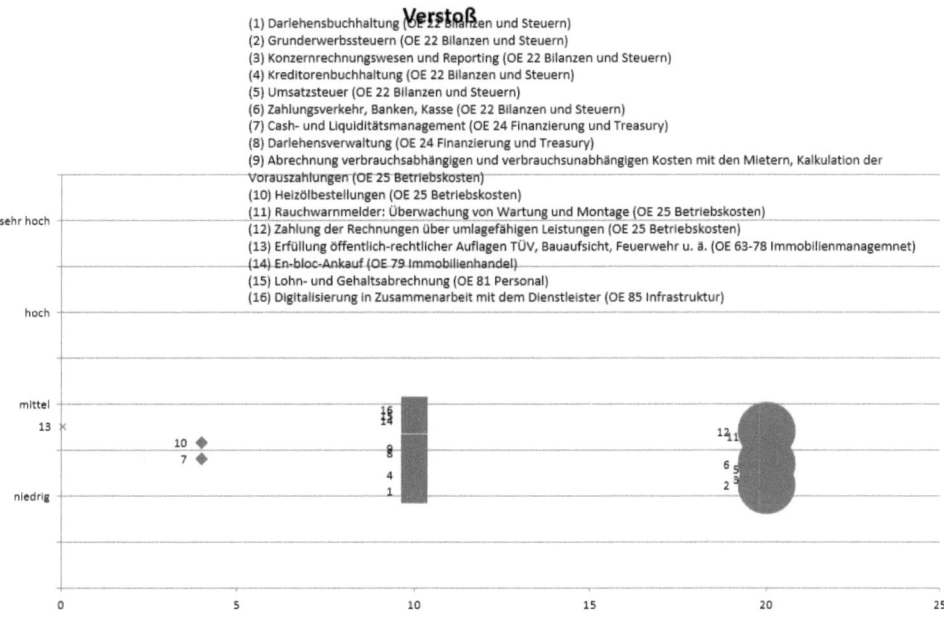

Neg. Wirkungen

(1) Grunderwerbssteuern (OE 22 Bilanzen und Steuern)
(2) Konzernrechnungswesen und Reporting (OE 22 Bilanzen und Steuern)
(3) Kreditorenbuchhaltung (OE 22 Bilanzen und Steuern)
(4) Umsatzsteuer (OE 22 Bilanzen und Steuern)
(5) Zahlungsverkehr, Banken, Kasse (OE 22 Bilanzen und Steuern)
(6) Darlehensverwaltung (OE 24 Finanzierung und Treasury)
(7) Abrechnung verbrauchsabhängigen und verbrauchsunabhängigen Kosten mit den Mietern, Kalkulation der Vorauszahlungen (OE 25 Betriebskosten)
(8) Heizölbestellungen (OE 25 Betriebskosten)
(9) Rauchwarnmelder: Überwachung von Wartung und Montage (OE 25 Betriebskosten)
(10) Zahlung der Rechnungen über umlagefähigen Leistungen (OE 25 Betriebskosten)
(11) Erfüllung öffentlich-rechtlicher Auflagen TÜV, Bauaufsicht, Feuerwehr u. ä. (OE 63-78 Immobilienmanagemnet)
(12) Digitalisierung in Zusammenarbeit mit dem Dienstleister (OE 85 Infrastruktur)
(13) Geschäftsräume- und Bürohausverwaltung, Gebäudeservice (OE 85 Infrastruktur)
(14) Poststelle und Postkoordination, Botendienste (OE 85 Infrastruktur)
(15) Kommunikation (OE 96 Unternehmenskommunikation)

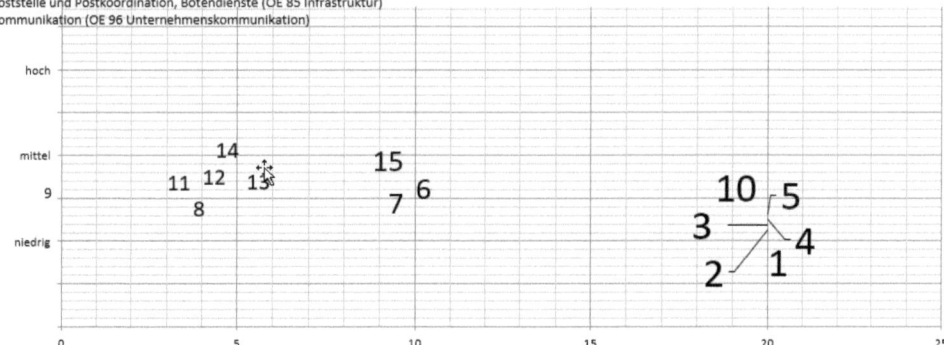

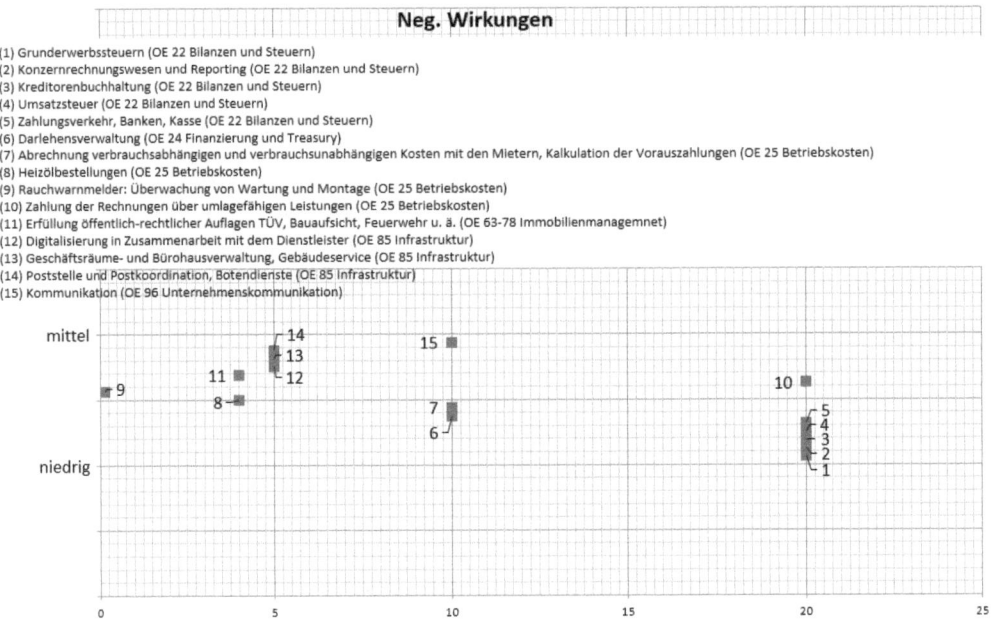

Neg. Wirkungen

(1) Grunderwerbssteuern (OE 22 Bilanzen und Steuern)
(2) Konzernrechnungswesen und Reporting (OE 22 Bilanzen und Steuern)
(3) Kreditorenbuchhaltung (OE 22 Bilanzen und Steuern)
(4) Umsatzsteuer (OE 22 Bilanzen und Steuern)
(5) Zahlungsverkehr, Banken, Kasse (OE 22 Bilanzen und Steuern)
(6) Darlehensverwaltung (OE 24 Finanzierung und Treasury)
(7) Abrechnung verbrauchsabhängigen und verbrauchsunabhängigen Kosten mit den Mietern, Kalkulation der Vorauszahlungen (OE 25 Betriebskosten)
(8) Heizölbestellungen (OE 25 Betriebskosten)
(9) Rauchwarnmelder: Überwachung von Wartung und Montage (OE 25 Betriebskosten)
(10) Zahlung der Rechnungen über umlagefähigen Leistungen (OE 25 Betriebskosten)
(11) Erfüllung öffentlich-rechtlicher Auflagen TÜV, Bauaufsicht, Feuerwehr u. ä. (OE 63-78 Immobilienmanagemnet)
(12) Digitalisierung in Zusammenarbeit mit dem Dienstleister (OE 85 Infrastruktur)
(13) Geschäftsräume- und Bürohausverwaltung, Gebäudeservice (OE 85 Infrastruktur)
(14) Poststelle und Postkoordination, Botendienste (OE 85 Infrastruktur)
(15) Kommunikation (OE 96 Unternehmenskommunikation)

8.3 Das Ergebnis

Wir haben uns schließlich auf folgende Variante geeinigt:

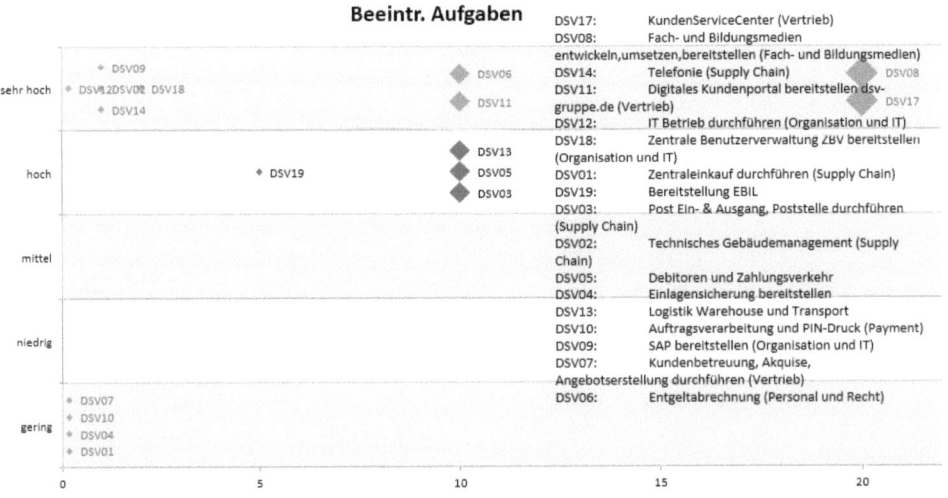

Beeintr. Aufgaben

DSV17: KundenServiceCenter (Vertrieb)
DSV08: Fach- und Bildungsmedien entwickeln,umsetzen,bereitstellen (Fach- und Bildungsmedien)
DSV14: Telefonie (Supply Chain)
DSV11: Digitales Kundenportal bereitstellen dsv-gruppe.de (Vertrieb)
DSV12: IT Betrieb durchführen (Organisation und IT)
DSV18: Zentrale Benutzerverwaltung ZBV bereitstellen (Organisation und IT)
DSV01: Zentraleinkauf durchführen (Supply Chain)
DSV19: Bereitstellung EBIL
DSV03: Post Ein- & Ausgang, Poststelle durchführen (Supply Chain)
DSV02: Technisches Gebäudemanagement (Supply Chain)
DSV05: Debitoren und Zahlungsverkehr
DSV04: Einlagensicherung bereitstellen
DSV13: Logistik Warehouse und Transport
DSV10: Auftragsverarbeitung und PIN-Druck (Payment)
DSV09: SAP bereitstellen (Organisation und IT)
DSV07: Kundenbetreuung, Akquise, Angebotserstellung durchführen (Vertrieb)
DSV06: Entgeltabrechnung (Personal und Recht)

Das erste Problem: aus den Fragebögen werden Texte geliefert:

Die Datumsangaben umzuwandeln stellt kein großes Hindernis dar – jedoch die Kategorie „gering", „niedrig", „hoch", „sehr hoch", …

Also werden sie durch Werte ersetzt; die Werte aber wiederum durch eine bedingte Formatierung durch Texte darstellen lassen:

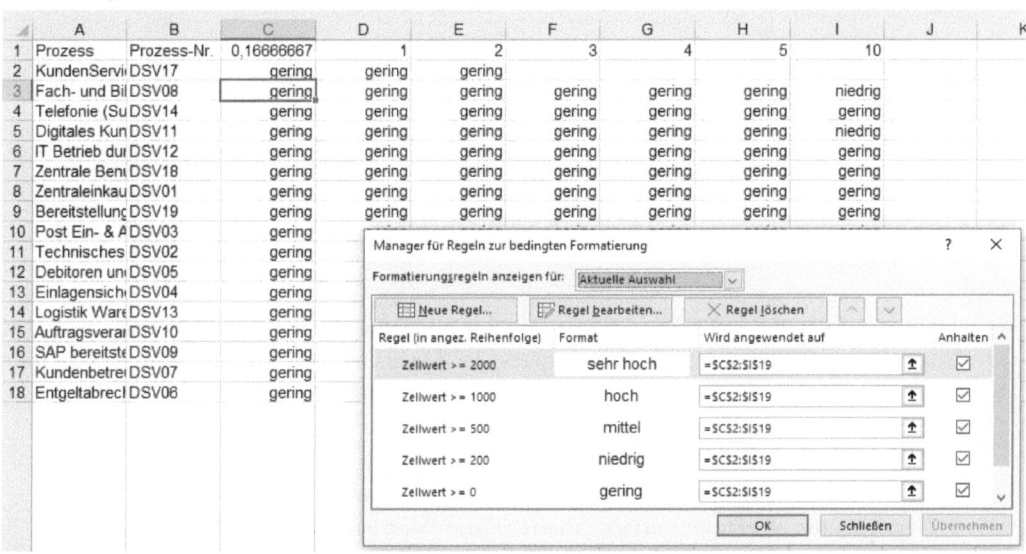

Hinweis

Das benutzerdefinierte Zahlenformat in der Form

```
[>=100]"hoch";[>=10]"niedrig";"gering"
```

funktioniert leider nicht, weil so nur drei (Text-)Varianten zur Verfügung stehen.

Da natürlich mehrere Werte auf den gleichen Punkt fallen würden, wurde eine leichte Abweichung berechnet:

	Prozess	Nr	Datum	fin. Impact
19				
20	Prozess	Nr	Datum	fin. Impact
21	KundenServi	DSV17	0	0,08333333
22	Fach- und Bil	DSV08	10	1,25
23	Telefonie (Su	DSV14	0	0,16666667
24	Digitales Kun	DSV11	10	1,5
25	IT Betrieb dur	DSV12	0	0,25
26	Zentrale Ben	DSV18	0	0,33333333
27	Zentraleinkau	DSV01	0	0,41666667
28	Bereitstellung	DSV19	0,16666667	0,5
29	Post Ein- & A	DSV03	0	0,5
30	Technisches	DSV02	0	0,58333333
31	Debitoren un	DSV05	10	0,33333333
32	Einlagensich	DSV04	0	0,66666667
33	Logistik Ware	DSV13	0	0,75
34	Auftragsvera	DSV10	10	1,75
35	SAP bereitste	DSV09	0	0,83333333
36	Kundenbetre	DSV07	10	0,66666667
37	Entgeltabrecl	DSV06	0	0,91666667
38	gering	gering	0	0,5
39	niedrig	niedrig	0	1,5
40	mittel	mittel	0	2,5
41	hoch	hoch	0	3,5
42	sehr hoch	sehr hoch	0	4,5

Dabei wurden die daten zusammengefasst; die Datumsangabe in die erste Spalte, die Werte (+/- Abweichung) in die zweite Spalte eingetragen. Darunter werden erneut die Kategorien und Werte aufgelistet.

Hinweis

Da der untere Teil für die Achsenbeschriftung zur Verfügung stehen soll, betragen die Werte der ersten Spalte 0, die Werte der zweiten Spalte nicht 1, 2, 3, … sondern die Zwischenwerte: 1,5; 2,5; 3,5; …

So steht die Beschriftung zwischen den Datenwerten und kann besser gelesen werden:

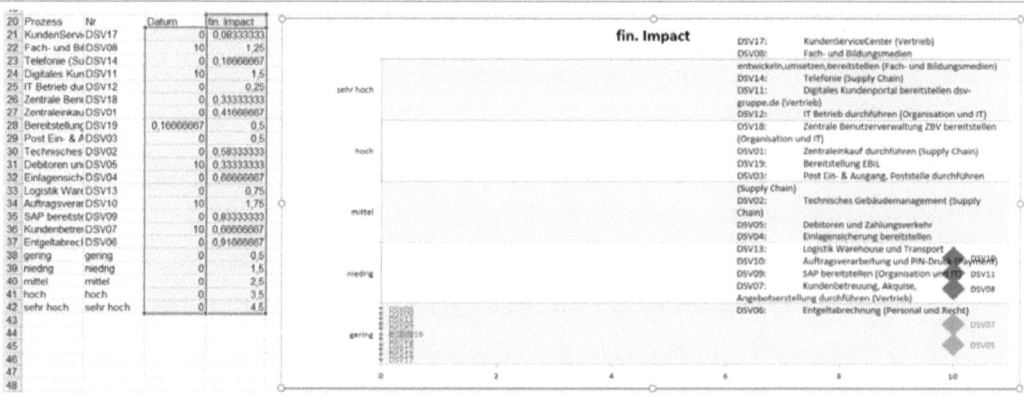

Oder so:

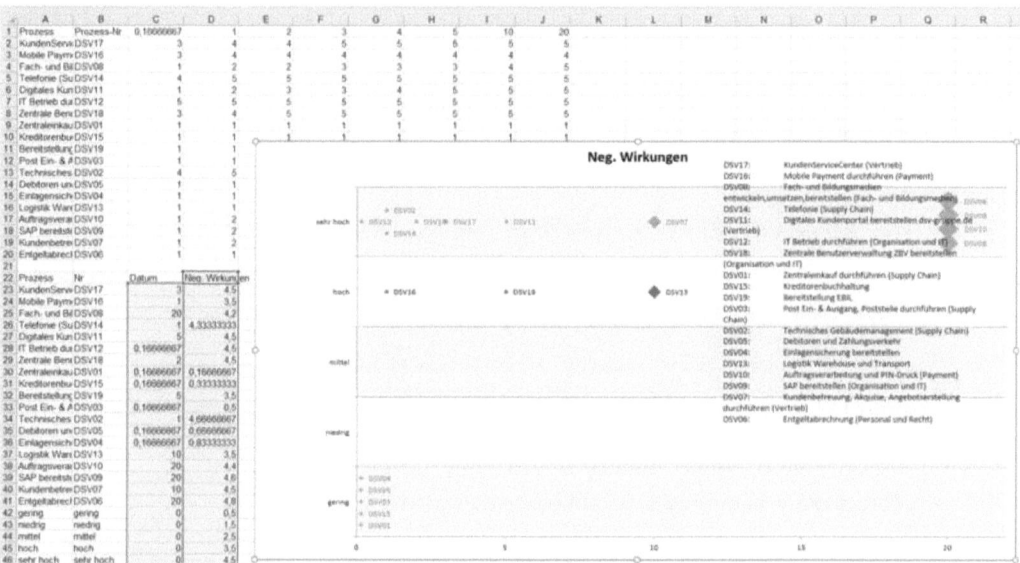

Einige Probleme:

`PlotArea` – der Zeichnungsbereich eines Diagramms. Die Aufgabe: aus generierten Daten soll ein XY-Diagramm erzeugt werden. Nichts leichter als das:

```
' -- das Diagramm
    Set xlChart = xlBlattDiagramm.ChartObjects.Add _
    (500, 100, 800, 400)
    Set xlDiagramm = xlChart.Chart
```

```
' -- XY-Diagramm
xlDiagramm.ChartType = xlXYScatter
With xlDiagramm
    .SetSourceData Source:=xlBlattDiagramm.Range _
    (xlBlattDiagramm.Range("B" & (intZeilenDiagramm + 2)), _
        xlBlattDiagramm.Range("C" & intBereichsZeilen))
'   Range("'fin. Impact'!$B$8:$C$17") - Datenquelle
    .SetElement msoElementDataLabelLeft
' -- Datenbeschriftung
    .SetElement msoElementLegendNone ' -- keine Legende


    .FullSeriesCollection(1).DataLabels.Format. _
        TextFrame2.TextRange. _
        InsertChartField msoChartFieldRange, "=" & _
        strKategorie & "'!$A$" & (intZeilenDiagramm + 2) _
        & ":$A$" & intBereichsZeilen & "", 0
    ' -- Beschriftung der Datenpunkte
    .FullSeriesCollection(1).DataLabels.ShowValue = False
    .FullSeriesCollection(1).DataLabels.ShowRange = True
' -- Werte anzeigen
    .Axes(xlValue).TickLabelPosition = xlNone
    ' -- y-Achse ausblenden
```

Das Ergebnis:

Nun möchte ich noch die Zeichnungsfläche verschieben, damit man die Beschriftung der Y-Achse besser sehen kann. Obwohl sie einen Abstand von Links = 7 hat, darf ich diesen Wert nicht auf 100 setzen?!?

Nach vielem Probieren finde ich die Lösung:

```
.PlotArea.Width = .PlotArea.Width * 0.9
.PlotArea.Left = .PlotArea.Left + 100
```

9 Gruppen in Ribbons?

Excelstammtisch vom 24.05.2020

9.1 Das Menüband

Die meisten Befehle werden vom Anwender über Symbole auf dem Menüband aufgerufen. Hierfür verwende ich einen Master, den ich als Grundlage verwende.

Alternative: das Tool RibbonCreator, von dem es eine kostenlose Version gibt.

Für die Symbole verwende ich die internen Symbole, die man auf der Seite

Weitere Informationen finden Sie unter:

```
http://msdn2.microsoft.com/en-us/office/aa905530.aspx
```

Die Liste der idMso finden Sie unter:

https://www.microsoft.com/en-us/download/details.aspx?displaylang=en&id=6627

Die Beschreibung aller Elemente auf:

```
https://docs.microsoft.com/en-us/openspecs/office_stan-
dards/ms-customui/141f881c-a5a4-473f-9449-55d3d36579ed
```

Die Liste aller Namen der Elemente tab:

```
https://docs.microsoft.com/de-de/office/dev/add-ins/refe-
rence/manifest/officetab
```

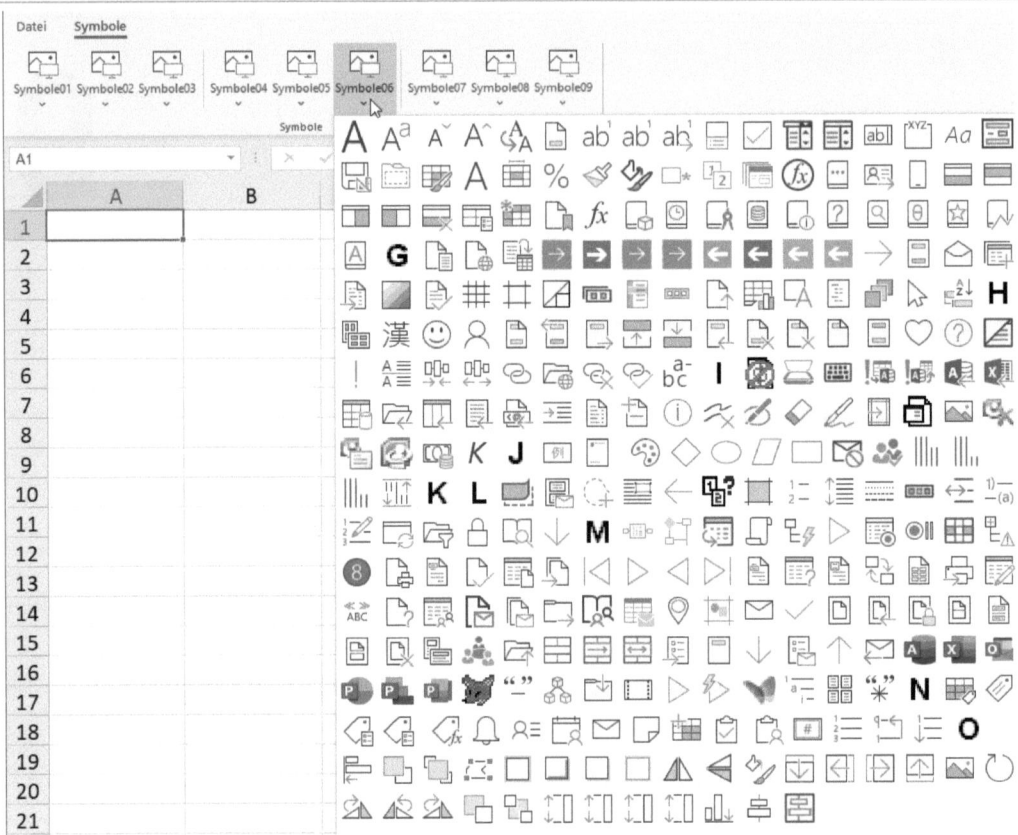

Viele Anbieter stellen kostenlose und kostenpflichtige Icons zur Verfügung, beispielsweise der folgende Anbieter, der einige kostenlose Icons zur Verfügung stellt:

```
http://www.iconshock.com/icon-sets/super-vista-general-
icons.html
```

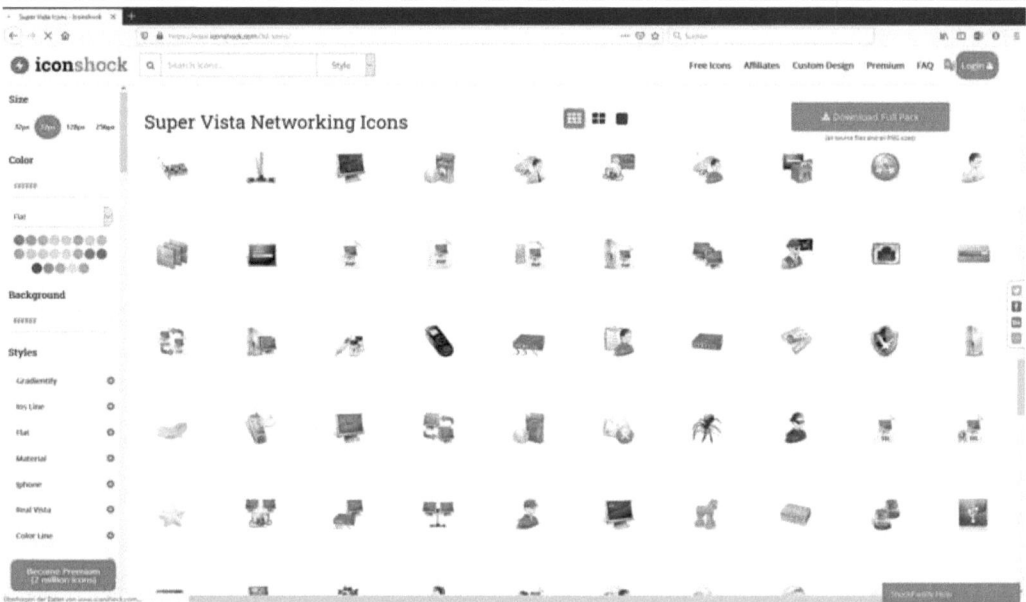

Zur Erstellung des Ribbons verwende ich Visual Studio, da das Schema implementiert ist und so das Erstellen erleichtert.

Hinweis

Ich habe mich immer gefragt, warum man einer Gruppe ein Bild geben kann. Auch das XML-Element group enthält ein Attribut imageMso:

9.2 Warum Bilder in Gruppen?

Die Antwort: Wenn das Menüband nicht genügend Platz auf dem Bildschirm hat werden die Gruppen zu Symbolen zusammengefasst.

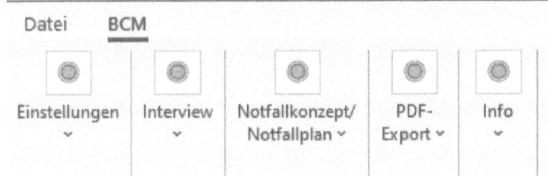

Nur wenn den Gruppen Bilder zugeordnet sind, erscheinen diese Bilder:

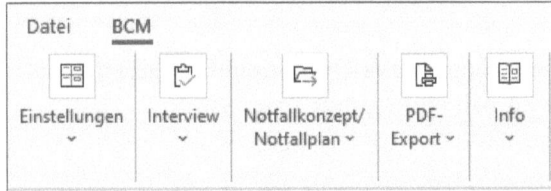

10 Einige VBA Gimmicks

Geplanter Excelstammtisch vom 03.03.2020

10.1 Wurden die Makros aktiviert?

Manchmal beschweren sich Anwender, dass bestimmte Befehle deaktiviert sind. Es wäre praktisch ein Makro zu haben, das meldet, dass die Makros nicht aktiviert wurden. Dies geht natürlich nicht. Um sicherzustellen, dass die Makros aktiviert wurden, kann in ein Projekt ein Bild eingefügt werden:

Werden die Makros nun aktiviert, wird das Bild gelöscht.

Man kann Shapes einen Namen geben oder mit einer Schleife alle Shapes / Bilder durchlaufen und entweder löschen oder Unsichtbar machen (`Visible = False`)

Das Bild wird beim Schließen der Arbeitsmappe wieder eingeblendet:

```
Private Sub Workbook_BeforeClose(Cancel As Boolean)
```

```
On Error Resume Next
ThisWorkbook.Worksheets("BCM").Shapes("Rechteck 2"). _
    Visible = msoTrue
```

10.2 Version

Alle VBA-Projekte erhalten immer eine (fortlaufende) Versionsnummer, die es ermöglicht, das Projekt zu identifizieren. Es befindet sich hinter einem Info-Button, der den Verantwortlichen (also Auftraggeber) und meinen Namen anzeigt.

 Hinweis

Das Datum bitte immer als Text. Folgende Codezeilen funktionieren bei einer englischen Oberfläche nicht:

```
Public Const VERSION As String = "2.29"
Public Const DATUM As Date = "27.03.2020"
```

Das Datum bitte als String deklarieren!

10.3 Dateneingabe

Es gibt vier verschiedene Kategorien, in denen Daten gespeichert werden sollen:

- Interviewdaten
- Notfallkonzepte
- Notfallpläne
- Betrachtungshorizont

Ich verwende hierfür einen Dialog, den ich auf verschiedene Arten anzeige. Je nach Verwendung werden Steuerelemente ein- beziehungsweise ausgeblendet.

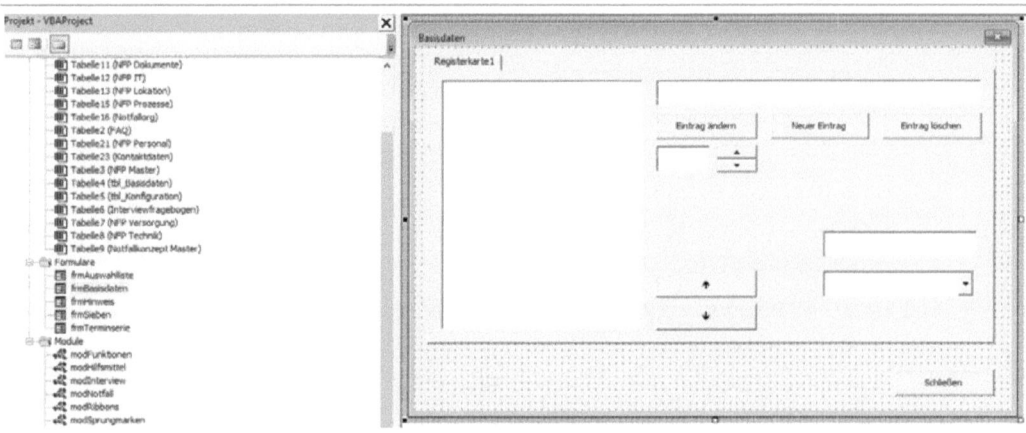

```
If strEinstellung = "Basisdaten" Then
        intAnfang = 1
        intEnde = 11
    ElseIf strEinstellung = "Notfallkonzepte" Then
        intAnfang = 13
        intEnde = 21
    ElseIf strEinstellung = "Notfallplan" Then
        intAnfang = 22
        intEnde = 24
    ElseIf strEinstellung = "Konfiguration" Then
        intAnfang = 1
        intEnde = 2
    ElseIf strEinstellung = "Organisationseinheiten" Then
        intAnfang = 14
        intEnde = 14
    End If
```

```
    For i = intAnfang To intEnde
        Me.tabBasis.Tabs.Add _
            bstrCaption:=xlBlattBasisdaten.Cells(1, _
            i * 2).Value
    Next i
    Me.tabBasis.Tabs.Remove 0
' -- fülle die Registerkarten mit den Texten der ersten Zeile

    If Me.tabBasis.SelectedItem.Caption = "Notbetrieb" Then
' -- Sonderfall: Notbetrieb -> Farbe für bed. Formatierung
        Me.spnFarbe.Visible = True
        Me.txtFarbe.Visible = True
        Me.cmdAuf.Top = 204
        Me.cmdAb.Top = 234
        Me.txtFarbe.Value = ""
        Me.txtFarbe.BackColor = &H80000005
' -- weiße Standardfarbe
    End If
```

Es werden unterschiedliche Tabs eingefügt, die mit den Informationen beschriftet werden, die in den Tabellen hinterlegt sind. Die Listen enthalten die Elemente, die in den Listen angezeigt werden. Beim Schließen des Dialogs und beim Wechseln zu einem anderen Tab werden die Daten zurückgeschrieben.

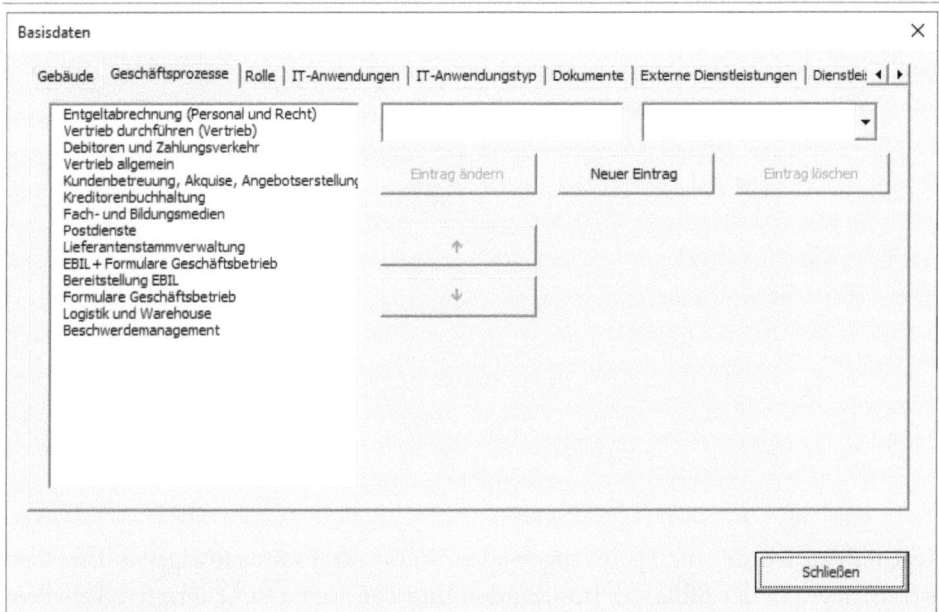

Der Dialog ist dynamisch – das heißt: je nach Auswahl werden entsprechende Symbole ein- und ausgeblendet.

Problem

Es sollen auch Farben für die kritischen Zustände gespeichert/editiert werden. Ich wollte nicht die 16.000.000 Farben zulassen – deshalb habe ich mich auf 100 Farben beschränkt, die Excel hinter dem `ColorIndex` zur Verfügung stellt. Um für mich sicherzustellen, ob die richtige Farbe verwendet wurde, zeige ich die Farbe an. Für die Programmierung verwende ich jedoch nur den Farbwert.

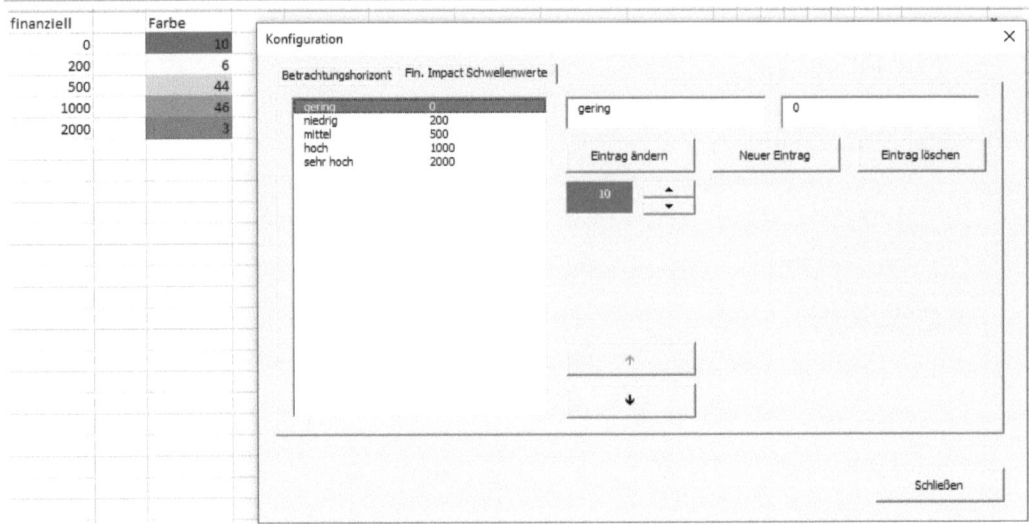

Jedem Registerblatt wurde eine Spalte zugewiesen. Vernünftig wäre ein eigenes Tabellen-blatt gewesen, aber bei der Fülle der Information und den weiteren benötigten Tabellen-blättern war dies eine praktikable Lösung. Die Anzahl der Einträge kann schnell mit

```
Zelle.CurrentRegion.Rows.Count
```

ermittelt werden.

Beim Start des Dialogs werden die Registerkarten generiert.

Beim Wechseln zu einer anderen Registerkarte wird die Liste geleert und erneut gefüllt.

Für einige Sonderfälle werden die Buttons ausgeblendet oder anders positioniert:

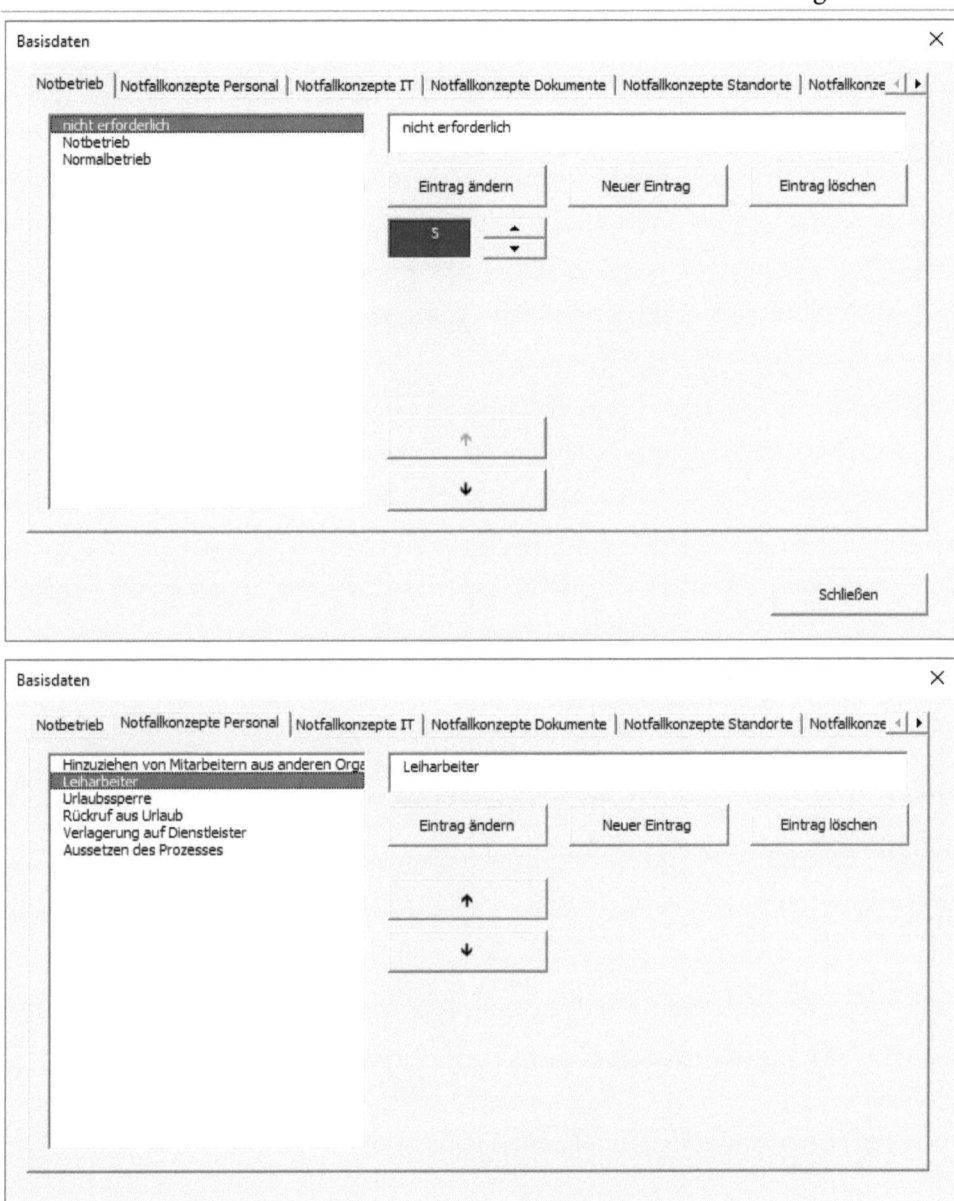

Die Schaltflächen werden inaktiv geschaltet; zuerst muss ein Text eingegeben werden:

Dateneingabe

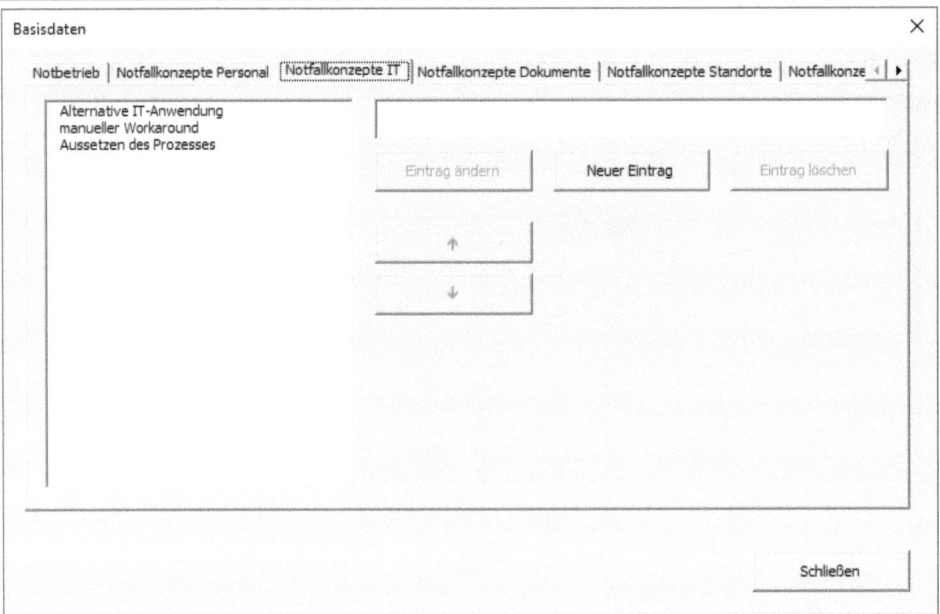

Zusätzlich laufen noch einige Prüfroutinen, die die Werte validieren. Also beispielsweise, ob bereits ein solcher Wert vorhanden ist:

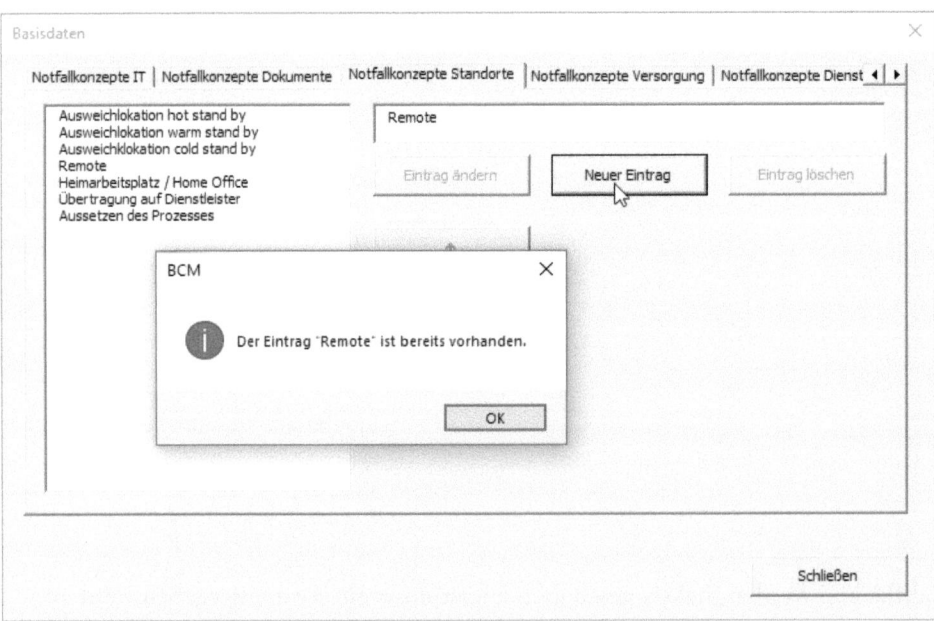

Das Ändern und Löschen der Einträge bewirkt ein Ändern der Daten auf dem Tabellenblatt und im Listenfeld; neue Einträge werden an die Liste angefügt. Die Reihenfolge kann geändert werden (↑ / ↓). All das wird auf den Tabellenblättern gespeichert.

Bei einigen wenigen Listeneinträgen waren Verknüpfungen nötig:

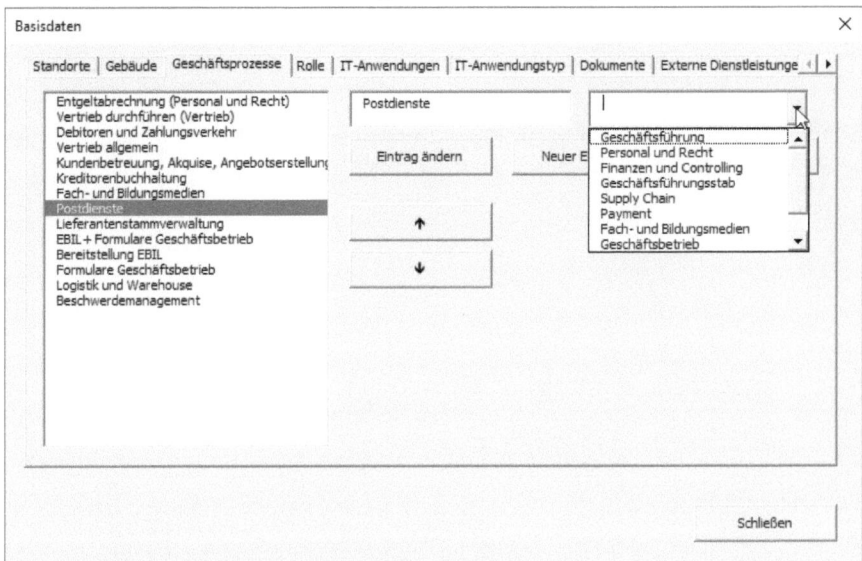

Das habe ich ebenso in der Tabelle abgelegt.

Diese Daten werden als Basis für den Interviewfragebogen verwendet.

 Hinweis
Bevor ich die Daten nach Excel schreibe, werden Leerzeichen mit der Funktion `Trim` entfernt.

Allerdings muss man gut aufpassen – der leere Werte muss abgefangen werden:

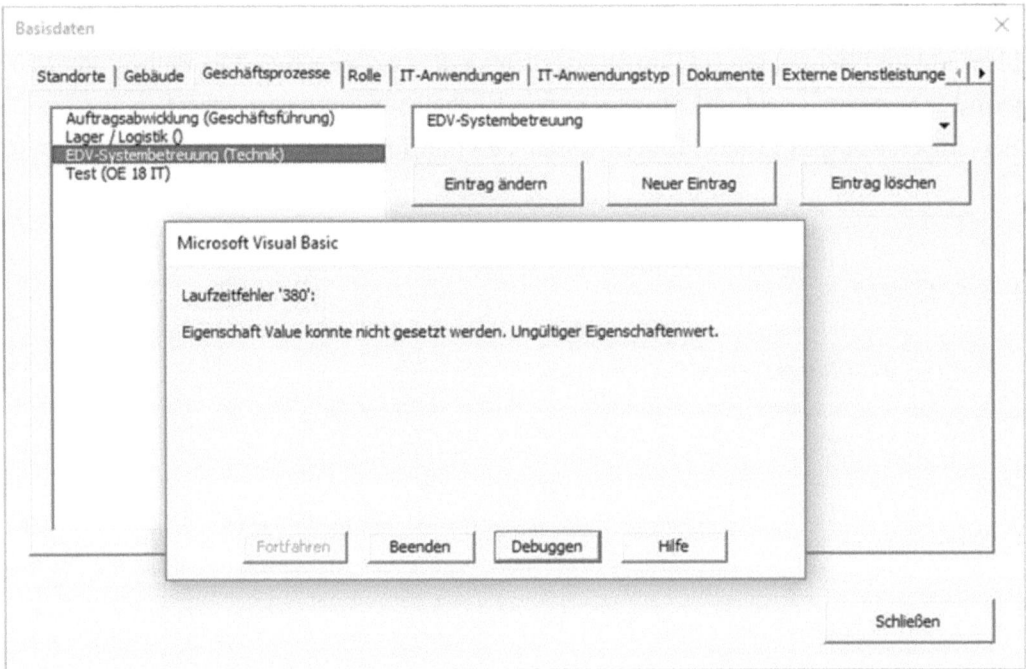

10.4 Datenimport und -export

Das manuelle Erfassen der Daten erwies sich als mühsam. Außerdem könnte es sein, dass in einer älteren Version die Daten erfasst wurden und nun in eine neue Version importiert werden sollte. Kein Problem: zwei Schaltflächen: einen zum Exportieren der Daten; einen zum Importieren:

```
[...]
    Set xmlDok = New MSXML2.DOMDocument60

    Set xmlPI = xmlDok.createProcessingInstruction("xml", _
        "version=""1.0"" encoding=""ISO-8859-1""")
    xmlDok.appendChild xmlPI
    Set xmlWurzel = xmlDok.createElement("BCM")
    xmlDok.appendChild xmlWurzel
```

```
Set xmlAttribut = xmlDok.createAttribute("Version")

xmlAttribut.Value = VERSION

xmlWurzel.Attributes.setNamedItem xmlAttribut

Set xmlAttribut = xmlDok.createAttribute("Datum")

xmlAttribut.Value = DATUM

xmlWurzel.Attributes.setNamedItem xmlAttribut

' -- die beiden Informationen Version und Datum werden
als Attribut im Wurzelelement gespeichert


strBlaetter = "tbl_Basisdaten|tbl_Konfiguration"

For intBlattNummer = 0 To _

    UBound(Split(strBlaetter, "|"))

    strBlatt = Split(strBlaetter, "|")(intBlattNummer)

    If GibtEsBlatt(strBlatt) Then

        Set xmlBlatt = xmlDok.createElement(strBlatt)

        xmlWurzel.appendChild xmlBlatt

[...]
```

```
BCM_Daten.xml*  ⇥ ×
    <?xml version="1.0" encoding="ISO-8859-1"?>
  ⊟<BCM Version="1.2" Datum="05.05.2019">
  ⊟  <tbl_Basisdaten>
  ⊟    <Standorte>
        <Element>Verwaltung</Element>
        <Element>Maschinenproduktion</Element>
        <Element>Lager Maschinenproduktion</Element>
        <Element>Manufaktur</Element>
        <Element>Lager Manufaktur</Element>
        <Element>Lager Kartonagen</Element>
      </Standorte>
  ⊟    <Gebaeude>
        <Element>Verwaltung</Element>
        <Element>Maschinenproduktion</Element>
        <Element>Lager Maschinenproduktion</Element>
        <Element>Manufaktur</Element>
        <Element>Lager Manufaktur</Element>
        <Element>Lager Kartonagen</Element>
      </Gebaeude>
  ⊟    <Geschaeftsprozesse>
        <Element>Auftragsabwicklung (Geschäftsführung)</Element>
        <Element>Arbeitsvorbereitung und Einkauf</Element>
        <Element>Produktrealisierung Individual</Element>
        <Element>Produktrealisierung maschinelle Fertigung</Element>
        <Element>Wartung / Instandhaltung</Element>
        <Element>Lager / Logistik</Element>
        <Element>EDV-Systembetreuung (Technik)</Element>
        <Element>neuer Prozess</Element>
      </Geschaeftsprozesse>
  ⊟    <Rolle>
```

Problem: XML ist ein hervorragendes Medium, um Daten auszutauschen. Allerdings ein denkbar schlechtes, um Daten zu erfassen. Und genau das wollte der Kunde: viele Daten sollten schnell und unkompliziert über eine Exceltabelle eingetragen, geändert und gelöscht werden. Also: Export und Import nach Excel:

```
[...]
    xlDateiExport.Worksheets(1).Name = "tbl_Basisdaten"
    xlDateiExport.Worksheets(2).Name = "tbl_Konfiguration"
' -- Blätter umbenennen

    strBlaetter = "tbl_Basisdaten|tbl_Konfiguration"
    For intBlattNummer = 0 To _
        UBound(Split(strBlaetter, "|"))
' --alle Blätter
        strBlatt = Split(strBlaetter, "|")(intBlattNummer)
```

```
                intSpaltenZaehler = 0
            If GibtEsBlatt(strBlatt) Then
                Set xlBlattExport = _
                    xlDateiExport.Worksheets(strBlatt)
                Set xlZelleExport = xlBlattExport.Range("A1")
                Set xlBlatt = ThisWorkbook.Worksheets(strBlatt)


                For i = 0 To _
xlBlatt.Range("A1").SpecialCells(xlCellTypeLastCell).Column
' -- in allen Spalten
                    strUeberschrift = _
                    xlBlatt.Range("A1").Offset(0, _
                    i).Value ' -- Überschrift der Zeile 1
                    If strUeberschrift <> "" Then
                        xlBlatt.Range(xlBlatt.Range("A1"). _
                        Offset(0, i), _
                        xlBlatt.Range("A1").Offset(0, _
                        i).Offset(xlBlatt.Range("A1"). _
                        Offset(0, i). _
                        CurrentRegion.Rows.Count - 1, 0)).Copy _
                         xlZelleExport.Offset(0, _
                        intSpaltenZaehler)
' -- kopiert die Spalte in die Austauschdatei
                        intSpaltenZaehler = intSpaltenZaehler + 1
                    End If
                Next i
            End If
    Next intBlattNummer
[...]
```

Hinweis

Da ich mir merken wollte aus welcher Version die Daten herausexportiert wurden, habe ich mir die Versionsnummer „gemerkt" – ich habe sie in die Dokumenteigenschaften geschrieben:

```
xlDateiExport.BuiltinDocumentProperties("Title").Value = _
VERSION & "|" & DATUM
```

Übrigens: In die Dokumenteneigenschaften schreibe ich auch den Firmenname:

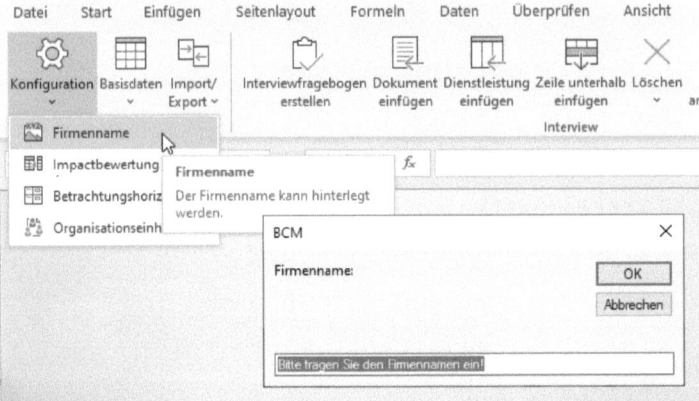

Übrigens: später sollten auch noch die Interviewfragebögen und die Notfallpläne importiert werden ...

10.5 Interviewfragebogen

Aus diesen Daten wird ein Interviewfragebogen erstellt. Natürlich ist er schon vorbereitet ist wurde mit der Eigenschaft `xlSheetVeryHidden` „versteckt". Er wird nicht einfach nur eingeblendet, sondern er wird eingeblendet; die Datei wird unter einem anderen Namen gespeichert, beziehungsweise mehrmals gespeichert.

Hinweis

Dies ist eines der ganz wenigen Fälle, in denen ich die `InputBox` verwende:

```
strAnzahl = InputBox _
("Wie viele Interview-Dateien werden erstellt?", "BCM", "1")
If IsNumeric(strAnzahl) = False Then
```

```
MsgBox "Sie haben keine Zahl eingegeben.", vbCritical, "BCM"
    Exit Sub
End If
intAnzahl = CInt(strAnzahl)
If intAnzahl < 1 Or intAnzahl > 32000 Then
    MsgBox "Bitte geben Sie nur Zahlen zwischen 1 " & _
        "und 32.000 ein!", vbCritical, "BCM"
    Exit Sub
End If
```

Ich lasse einen Zähler hochlaufen, baue mit der Zahl einen Dateinamen zusammen und ermittle die erste Zahl, unter der noch kein Dateiname existiert:

```
strAlterName = ThisWorkbook.FullName
For j = 1 To intAnzahl
    Do
        i = i + 1
        strDateiname = VBA.Replace(strAlterName, ".xlsm", _
"Interview" & VBA.Format(i, "000") & ".xlsm")
    Loop Until VBA.Dir(strDateiname, vbNormal) = "" And _
        GibtEsDatei(strDateiname) = False
    ThisWorkbook.BuiltinDocumentProperties("Keywords"). _
        Value = "Interview" & VBA.Format(i, "000")
    ThisWorkbook.SaveAs Filename:=strDateiname
Next j
Application.ScreenUpdating = True
If intAnzahl = 1 Then
    MsgBox "Bitte verwenden Sie die neu erstellte Datei """ _
    & ThisWorkbook.Name & """.", vbInformation, "BCM"
Else
```

```
      MsgBox "Bitte verwenden Sie eine der " & intAnzahl _
      & " neu erstellten Dateien.", vbInformation, "BCM"
   End If
```

Hinweis

Die Funktion `Dir` liefert einen leeren String, wenn die Datei oder der Ordner nicht vorhanden ist. `vbNormal` steht für Datei; `vbDirectory` für Ordner.

10.6 Der Aufbau des Interviewfragebogens

Auf dem Interviewfragebogen befinden sich verschiedene Eingabefelder:

■ Freie Eingabefelder (beispielsweise Name des Verantwortlichen oder Kursbeschreibung)

■ fest vorgegebene Datenüberprüfungen:

■ Dropdownlisten, die ihre Werte aus dem Tabellenblatt tbl_Basisdaten holen:

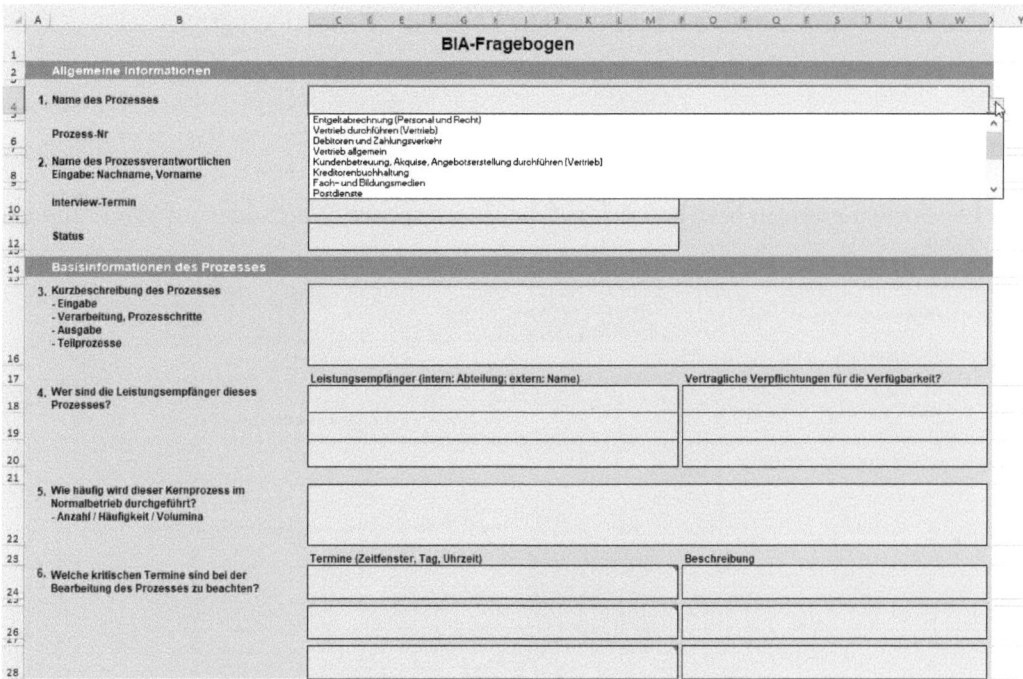

Dialoge, über die Daten eingetragen werden können:

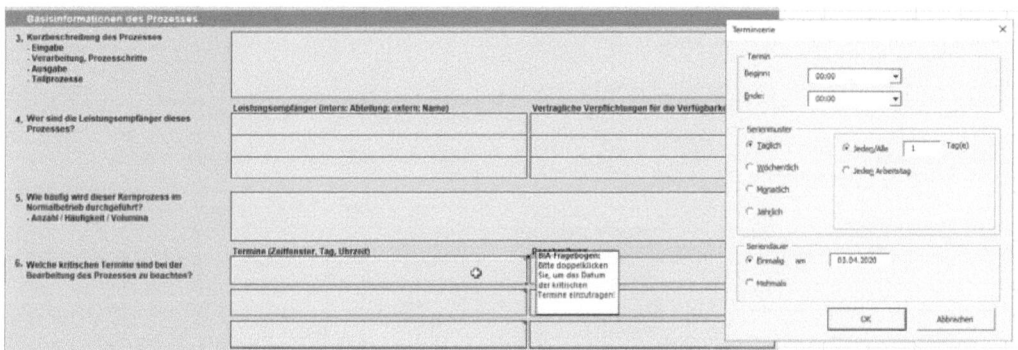

Den Dialog mit seinen Varianten kann man in Abschnitt 7.2 Versionsunabhängig programmieren sehen.

■ Zum Teil liegen hinter den Eingabefeldern bedingte Formatierungen:

7.2. Beeinträchtigung des Gesamtprozesses

| | gering | niedrig | niedrig | mittel | hoch | ▼ | |

Begründung

gering
niedrig
mittel
hoch
sehr hoch

■ Die Formatierungen beziehen sich auf die eingetragenen Werte oder auf Werte anderer Zellen:

	ab 4 h	1 Arbeitstag	2 Tage	3 Tage	4 Tage	5 Tage	10 Tage	20 Tage
8. Start Notbetrieb des Prozesses	nicht erforderlic	erforderlic	Notbetrieb	Notbetrieb	Normalbetrieb			
Kurzbeschreibung Notbetrieb								

nicht erforderlich
Notbetrieb
Normalbetrieb

Mitarbeiterkapazitäten (MAK)

Bitte geben Sie je ausgewähltem Standort die Anzahl der erforderlichen Mitarbeiterkapazitäten für Normal- und Notbetrieb an.

9. Anzahl erforderliche MA-Kapazitäten je Standort	Normal-betrieb	Zwingend erforderlich im Notbetrieb und Wiederanlauf						
		ab 4 h	1 Arbeitstag	2 Tage	3 Tage	4 Tage	5 Tage	10 Tage	20 Tage

10. Im Notbetrieb erforderliche Rollen und Qualifikationen	
Kurzbeschreibung Notbetrieb bei Personalausfall	

Arbeitsplätze

Bitte geben Sie je ausgewähltem Standort die Anzahl der erforderlichen Arbeitsplätze für Normal- und Notbetrieb an.

11. Anzahl erforderlicher Arbeitsplätze je Standort/Gebäude (inkl. Ausstattung mit Standard-AP)	Normal-betrieb	Zwingend erforderlich im Notbetrieb und Wiederanlauf						
		ab 4 h	1 Arbeitstag	2 Tage	3 Tage	4 Tage	5 Tage	10 Tage	20 Tage

Oder einfache Verweisformeln, die eingetragene oder ausgewählte Texte wiederholen:

9. Anzahl erforderliche MA-Kapazitäten je Standort	Normal- betrieb
Stuttgart Wallgraben	
Home Office ▾	
Stuttgart Wallgraben	
Home Office	

10. Im Notbetrieb erforderliche Rollen und Qualifikationen	
Kurzbeschreibung Notbetrieb bei Personalausfall	

Arbeitsplätze

11. Anzahl erforderlicher Arbeitsplätze je Standort/Gebäude (inkl. Ausstattung mit Standard-AP)	Normal- betrieb
Stuttgart Wallgraben	
Home Office	

Einige einfache Formeln runden das Formular ab:

Stuttgart Wallgraben		3	
Home Office		2 ✛	
Anzahl der insgesamt erforderlichen Arbeitsplätze		5	

An einigen Stellen wird ein „x" eingetragen. Dieses soll als Vorgabe in allen rechts daneben stehenden Zellen wiederholt werden. Auch das kann mit einer einfachen Formel realisiert werden. Diese ist überschreibbar:

Betriebsmittel, Technik									
		Bitte geben Sie die erforderliche Arbeitsplatzausstattung oder technische Anlagen an.							
12. Erforderliche Produktionsanlagen, Betriebsmittel, techn. Ausstattung	Normal-betrieb	Zwingend erforderlich im Notbetrieb und Wiederanlauf							
		ab 4 h	1 Arbeitstag	2 Tage	3 Tage	4 Tage	5 Tage	10 Tage	20 Tage
		x	x	x	x	x	x	x	x
			x	x	x	x	x	x	x
				H					
Kurzbeschreibung Notbetrieb bei Ausfall Technik									

=WENN(UND(ZÄHLENWENN($E96:I96;"x")>0;K$93<>"");"x";"")

10.7 Tastenkombination

Ich persönlich gebe ungern Programme weiter, deren Elemente per Tastenkombination aufgerufen werden. Der Grund: man sieht den Shortcut nicht. Zwar kann ein Beschriftungstext darauf hinweisen; jedoch gibt es bequemere Möglichkeiten auf Funktionen zuzugreifen.

Will man einen Shortcut in Excel programmieren, muss beim Start der Datei beim Ergebnis Workbook_Open das Makro auf eine Tastenkombination gelegt werden:

```
Private Sub Workbook_Open()
    Application.OnKey "^q", "ListeAnzeigen"
' Tastenkombination
End Sub
```

170

Beim Schließen sollte diese dann wieder geleert werden:

```
Private Sub Workbook_BeforeClose(Cancel As Boolean)

    Application.OnKey "^q", ""

    ' Tastenkombination entfernen

End Sub
```

10.8 Datenüberprüfung prüfen

Leider gibt es in Excel keine Möglichkeit per VBA festzustellen, ob hinter einer Zelle eine Datenüberprüfung liegt. Die einzige Möglichkeit: man muss so tun als liege eine Datenüberprüfung auf der Zelle und fragt nun nach dem Wert, also fragt die Art der Datenüberprüfung ab:

```
On Error Resume Next
[...]
        i = ActiveCell.Validation.Type
        If Err.Number <> 0 Or i <> 3 Then
            MsgBox "In der Zelle " & ActiveCell.Address & _
                " wurde keine Auswahlliste hinterlegt.", _
                vbInformation, "BCM"
```

Da auf dem Interviewblatt „normale" Datenüberprüfungen vorhanden sein können (Nummer 3), muss dieser Wert abgefangen werden. Würde keine Datenüberprüfung auf der Zelle liegen, wäre ein Fehler die Folge. Dieser kann abgefangen werden.

An einer anderen Stelle wurde dies erneut benötigt und deshalb als Funktion ausgelagert:

```
Public Function GibtEsDatenÜberprüfung(Zelle As Range) _
    As Boolean
    Dim blnVorhanden As Boolean
    Dim s As String

    On Error Resume Next
    Err.Clear
```

171

```
    s = Zelle.Validation.Formula1
    If Err.Number = 0 Then
        blnVorhanden = True
    Else
        blnVorhanden = False
    End If
    Err.Clear
    GibtEsDatenÜberprüfung = blnVorhanden
End Function
```

10.9 Datenüberprüfung zerlegen

Da die Listen der Datenüberprüfung entweder „hart" eingetragen wurden oder als Verweis auf einen Zellbereich, muss dies überprüft werden.

Dann werden die Teile eingetragen:

```
With ActiveCell.Validation
    strElemente = .Formula1
    If strElemente Like "*!*" Then
        strBlatt = Split(strElemente, "!")(0)
        strBlatt = VBA.Replace(strBlatt, "=", "")
        strElemente = Split(strElemente, "!")(1)
        Set xlBereich = _
            ThisWorkbook.Worksheets(strBlatt). _
                Range(strElemente)
        For i = 1 To xlBereich.Rows.Count
            Me.lstAuswahl.AddItem xlBereich.Cells(i)
        Next
    Else ' -- bei "harten" Listen
        For i = 0 To UBound(Split(strElemente, ";"))
            Me.lstAuswahl.AddItem Split(strElemente, ";")(i)
```

```
      Next i
   End If
End With
```

10.10 Zeilen einfügen und löschen

Der Interviewfragebogen soll dynamisch sein. Das heißt: In (fast) jeder Gruppe sollen Zeilen dynamisch hinzugefügt oder gelöscht werden. Der Anwender setzt den Cursor in den entsprechenden Bereich (ActiveCell). Nun muss überprüft werden, ob in diesem Bereich etwas gelöscht oder hinzugefügt werden darf. Außerdem muss überprüft werden, ob der Cursor in der letzten Zeile sitzt – diese darf auch nicht gelöscht werden.

Löschen stellt (fast) kein Problem dar: Schutz aufheben, Zeile löschen, Schutz einschalten. Optional: etwas nachformatieren und Formeln anpassen.

Zeile einfügen ist etwas aufwändiger: Die Zeile wird ausgewählt, kopiert und anschließend die Formeln, Formate und Kommentare eingefügt (Inhalte einfügen). Mögliche Werte werden gelöscht.

```
intZeilennummer = ActiveCell.Row
[...]
ActiveSheet.Cells(intZeilennummer + 1, 1).EntireRow. _
Insert , CopyOrigin:=xlFormatFromLeftOrAbove
' -- füge Zeile ein


ActiveSheet.Cells(intZeilennummer, 1).Range("A1:X1").Copy
ActiveSheet.Cells(intZeilennummer + 1, _
    1).Range("A1:X1").PasteSpecial Paste:=xlPasteFormats
ActiveSheet.Cells(intZeilennummer + 1, _
    1).Range("A1:X1").PasteSpecial Paste:=xlPasteFormulas
ActiveSheet.Cells(intZeilennummer + 1, _
    1).Range("A1:X1").PasteSpecial Paste:=xlPasteComments
ActiveSheet.Cells(intZeilennummer + 1, _
    1).Range("A1:X1").Value = ""
```

Hinweis

Der Befehl `Range("A1:X1")` ist ein relativer Bezug. Ausgehend von der Zelle werden ab dieser diese Zelle und die die nächsten 24 Zellen ausgewählt.

10.11 Interviewfragebogen konfigurieren

Es sollen nicht nur einfache Zeilen eingefügt und gelöscht werden, sondern auch unterschiedliche Gruppen eingefügt werden. Da das Tabellenblatt geschützt ist, wird über ein Dialog neue Kriterien eingefügt oder gelöscht:

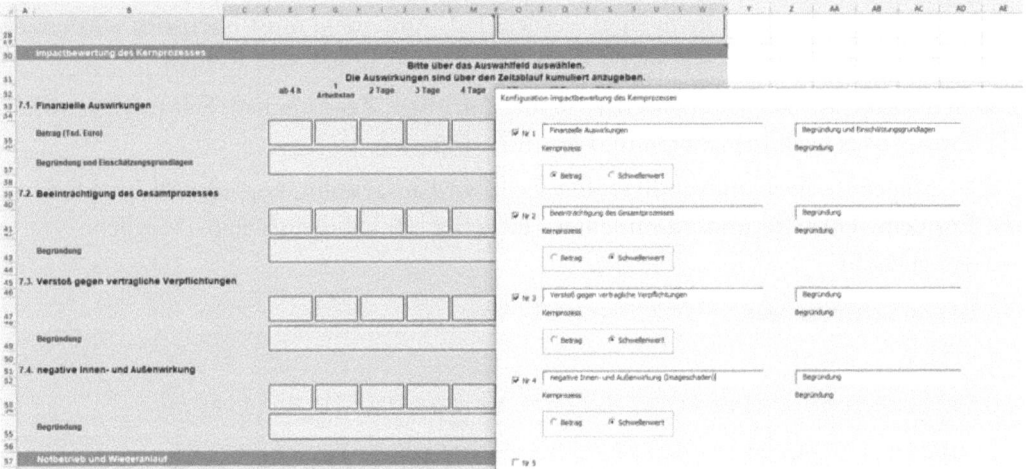

Hinweis

An vielen Stellen befinden sich Formeln in den Tabellenblättern. Die Formeln werden per VBA geändert. Eine Formel wie:

=WENN(E35="";"";WENNFEHLER(INDEX(tbl_Konfiguration!$D$2:$D$10;VERGLEICH(E35;tbl_Konfiguration!$F$2:$F$10;1));""))

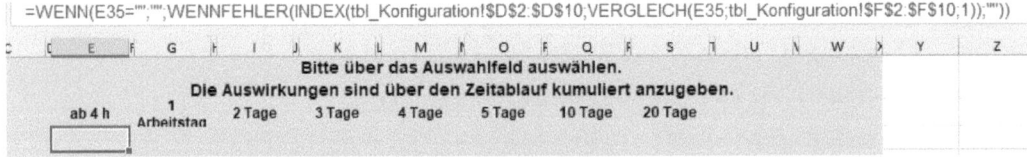

```
=WENN(E35="";"";WENNFEHLER(INDEX(tbl_Konfiguration!
$D$2:$D$10;VERGLEICH(E35;tbl_Konfiguration!
$F$2:$F$10;1));""))
```

Schreibe ich per Hand in die Zelle. Dann verwende ich den Makrorekorder; Makro aufzeichnen; [F2]; [✓]; Aufzeichnung beenden. Der Makrorekorder liefert:

```
ActiveCell.FormulaR1C1 = _
"=IF(R[2]C="""","""",IFERROR(INDEX(tbl_Konfiguration!
"R2C4:R10C4,MATCH(R[2]C,tbl_Konfiguration!
R2C6:R10C6,1)),""""))"
```

Diese wird nun in den Code eingebaut:

```
With xlZelle71
  .Offset(i * 6 + 2, 2 + j * 2).Offset(-2, 0).FormulaR1C1 = _
  "=IF(R[2]C="""","""",IFERROR(INDEX(tbl_Konfiguration!"& _
  "R2C4:R10C4,"MATCH(R[2]C, _
  tbl_Konfiguration!R2C6:R10C6,1)),""""))"
```

Hinweis

An vielen Stellen wird eine bedingte Formatierung eingebaut. Diese habe ich in eine Funktion ausgelagert:

```
Sub MacheBedingteFormatierung(ZelleBedingteFormatierung _
    As Range, Optional Blau As String, _
    Optional Formel As String)
[...]
    ZelleBedingteFormatierung.FormatConditions.Delete
' -- schalte bed. Formatierung aus
    ZelleBedingteFormatierung.Locked = False

    ZelleBedingteFormatierung.FormatConditions.Add _
        Type:=xlExpression, Formula1:="=" & _
        VBA.Left(ZelleBedingteFormatierung.Address, 2) & _
        "$" & intWoStehtNummerKategorie & "=""" & _
        ThisWorkbook.Worksheets("tbl_Basisdaten"). _
        Range(strNotbetrieb & "1").Offset(i, 0).Value & """"
' -- baue die Formel zusammen,
' -- bspw: Formula1:="=$E$63=""nicht erforderlich"""
```

```
With ZelleBedingteFormatierung.FormatConditions(i). _

    Interior

    .PatternColorIndex = xlAutomatic

    .ColorIndex = _

    ThisWorkbook.Worksheets("tbl_Basisdaten"). _

        Range(strFarbe & "1").Offset(i, 0).Value

    .TintAndShade = 0

    .FormatConditions(i).StopIfTrue = False

End With
```

Hinweis

An vielen Stellen wird eine Datenüberprüfung eingebaut. Diese habe ich in eine Funktion ausgelagert:

```
Public Sub MacheDatenüberprüfungListe( _

ZelleDatenüberprüfung As Range, Kategorie As String, _

Blatt As String, Optional Blau As String, _

Optional KeinFehler As String)

[...]

    ZelleDatenüberprüfung.Validation.Delete

' -- schalte Datenüberprüfung aus

    If IsNumeric(ZelleDatenüberprüfung.Value) = True Then

        ZelleDatenüberprüfung.Value = ""

' -- falls umgeschaltet wird von Betrag auf Schwellenwert

    End If

    ZelleDatenüberprüfung.FormatConditions.Delete

' -- schalte bed. vba.formatierung aus

    If ZelleDatenüberprüfung.Locked = True Then

        ZelleDatenüberprüfung.Locked = False

    End If
```

```
With ZelleDatenüberprüfung.Validation
    .Add Type:=xlValidateList, _
        AlertStyle:=xlValidAlertStop, _
        Operator:=xlBetween, _
        Formula1:="=" & Blatt & "!$" & strSpalte & _
        "$2:$" & strSpalte & "$" & intZeilen
    .IgnoreBlank = True
    .InCellDropdown = True
    .InputTitle = ""
    .ErrorTitle = ""
    .InputMessage = ""
    .ErrorMessage = ""
    .ShowInput = True
    .ShowError = False
End With
```

10.12 Gruppen einfügen

An mehreren Stellen werden nicht nur Zeilen eingefügt, sondern Gruppen, die aus mehreren (unterschiedlichen) Zeilen bestehen:

Gruppen einfügen

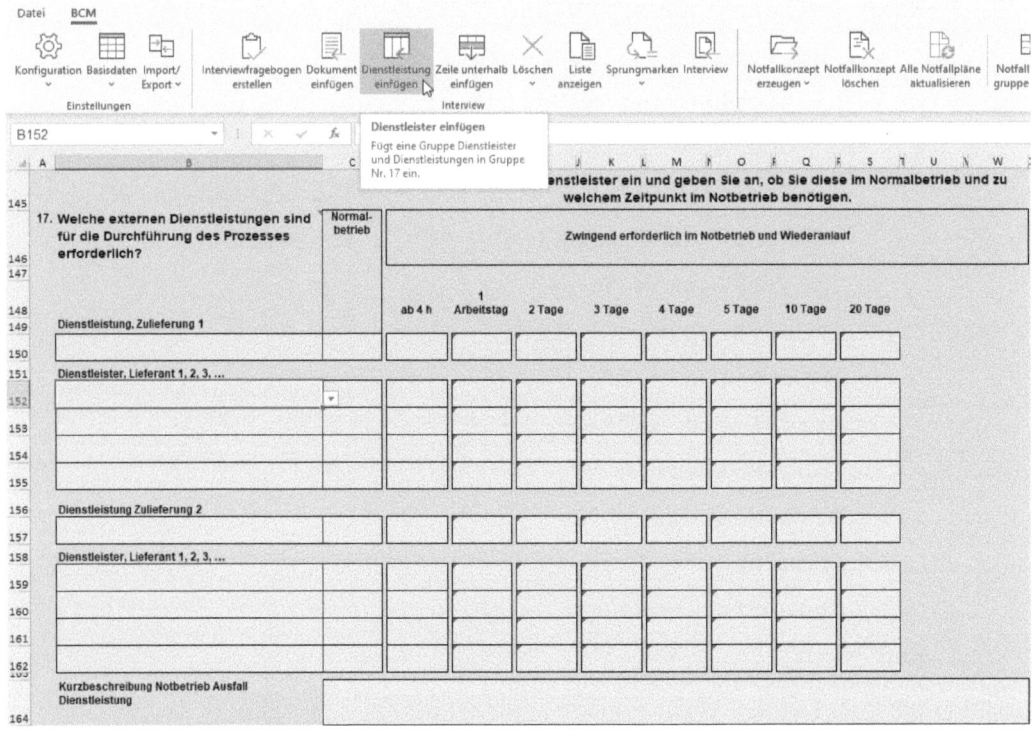

Hierzu muss die Position ermittelt werden, an welche Stelle sie eingefügt werden. Dazu stellt VBA zwei Techniken zur Verfügung:

Man kann mit einer Bedingungsschleife „suchen" lassen:

```
Do Until xlZelleDatenüberprüfung.Row >= intZeilen - 5
    If xlZelleDatenüberprüfung.Value Like _
        "Dokument*" Then
        blnDokument = True
        blnLagerort = False
    ElseIf xlZelleDatenüberprüfung.Value _
        Like "Lagerort*" Then
        blnDokument = False
        blnLagerort = True
    End If
```

Oder auch mit der Excelfunktion VERGLEICH (MATCH), die verwendet werden kann:

```
intWoStehtNummerKategorie = _
    Application.WorksheetFunction.Match("16.", _
    xlBlattInterview.Range("A:A"), 0)
Set xlZelleDatenüberprüfung = xlBlattInterview.Range("B" & _
    intWoStehtNummerKategorie)
```

Die erstere Variante ist sicherlich die flexiblere, die zweite sicherlich die schnellere.

10.13 Nachformatieren

Ab und zu musste ich nach dem Einfügen und Löschen von Zeilen „nachformatieren". Natürlich greift VBA auf die Formatierungen zu, die Excel zur Verfügung stellt:

Zellformate:

■ Schriftart, Schriftgröße, Fett, …:

```
With Zelle
    .Font.Name = "Arial"
    .Font.Size = 10
    .Font.Bold = False
```

Ausrichtung:

■ zentriert, linksbündig, Zeilenumbruch, Zellen verbinden …

```
With Zelle
.VerticalAlignment = xlCenter
.WrapText = True
.MergeCells = False
```

■ Zellfarbe:

```
With xlBlattNotfall.Range("A1:A2").Interior
    .PatternColorIndex = xlAutomatic
    .Color = 15853276 ' -- blaue Füllfarbe
    .TintAndShade = 0
```

179

Hinweis

Jeder Farbe steht ein Wert zur Verfügung. Die Hintergrundfarbe kann über den Makrorekorder ermittelt werden.

Ebenso kann mit der Funktion RGB gearbeitet werden. Die drei Werte für Rot, Grün und Blau findet man im Dialog „Ausfüllen / Weitere Farben":

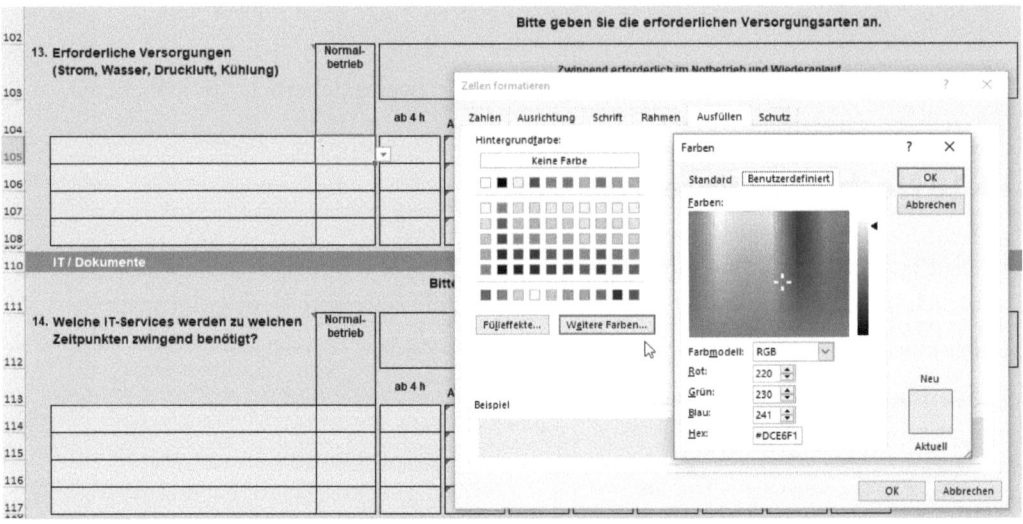

```
xlZelle.Interior.Color = RGB(220, 230, 241)
```

Für die Spaltenbreite (oder Zeilenhöhe) muss auf eine Spalte zugegriffen werden. Dafür stehen verschiedene Varianten zur Verfügung:

```
With ActiveSheet
    .Range("C1").EntireColumn.ColumnWidth = 20
    .Columns(4).ColumnWidth = 20
    .Columns("E").ColumnWidth = 20
    .Columns("F:F").ColumnWidth = 20
End With
```

Die Rahmenlinien stellen ein Problem dar, da sie an allen vier Seiten eingeschaltet (und ebenso ausgeschaltet) werden. Eigentlich auch noch beiden Diagonalen. Ich lagere solche Formatierungen aus:

```
Sub MacheKasten(Bereich As Range)
```

```
Bereich.Borders(xlDiagonalDown).LineStyle = xlNone
Bereich.Borders(xlDiagonalUp).LineStyle = xlNone
With Bereich.Borders(xlEdgeLeft)
    .LineStyle = xlContinuous
    .ColorIndex = 0
    .TintAndShade = 0
    .Weight = xlThin
End With
With Bereich.Borders(xlEdgeTop)
    .LineStyle = xlContinuous
    .ColorIndex = 0
    .TintAndShade = 0
    .Weight = xlThin
End With
```

[...]

Formatierungen können gelöscht werden:

```
ActiveCell.ClearFormats
```

Andere Elemente mit den folgenden Methoden:

```
ActiveCell.ClearContents
ActiveCell.ClearHyperlinks
ActiveCell.ClearNotes
ActiveCell.ClearComments
```

10.14 Kopieren und Einfügen

Während Copy & Paste in Excel – wie in allen Anwendungsprogrammen – zwei Befehle darstellen hat die Methode Copy einen optionalen Parameter Paste:

```
ActiveCell.Copy |
            Copy([Destination]) |
```

Das bedeutet: man kann in zwei Schritten kopieren und einfügen oder in einem Befehl:

```
ActiveCell.Copy Range("C1")
```

Oder eine Zelle kann in einen Bereich kopiert werden:

```
ActiveCell.Copy Range("C1:D4")
```

 Hinweis

Der Bereich `Range("A1:A4")` beschreibt einen relativer Bereich. Das bedeutet:

```
ActiveCell.Copy Range("E4").Range("A1:A4")
```

schreibt den Inhalt in die Zellen "E4:E7".

```
ActiveCell.Copy Range("E4").Range("A1:D4")
```

schreibt den Inhalt in die Zellen "E4:E7".

```
ActiveCell.Copy Range("E4").Range("A1:H7")
```

Das funktioniert auch bei blattübergreifend:

```
xlBlattExport.Range("B6").Copy xlInterviewBlatt.Range("B8")
```

Auch Tabellenblätter können kopiert werden:

```
xlDateiExport.Worksheets(i).Copy _
After:=ThisWorkbook.Worksheets _
(ThisWorkbook.Worksheets.Count)
```

 Achtung

In einer Excelmappe gibt es zwei Tabellenblätter: Tabelle1 und Tabelle2. Tabelle1 liegt links; Tabelle2 rechts. Tabelle2 wird ausgeblendet.

Wenn man nun Tabelle1 kopiert: Kopie erstellen (ans Ende stellen) und anschließend Tabelle2 wieder einblendet: Liegt die Kopie nun links oder rechts von Tabelle2?

Die Lösung: sie liegt links von der ehemals ausgeblendeten Tabelle. „Ans Ende stellen" heißt also: „Ans Ende der sichtbaren Tabellen stellen". Ist das schlimm? Man sieht doch, wo die Tabellen liegen?

Die Antwort:

Wenn Sie per VBA ein Blatt in eine andere Datei kopieren, beispielsweise so:

```
Dim xlBlatt As Worksheet
Dim xlDatei As Workbook
Set xlDatei = Application.Workbooks.Open _
    („D:\Excel\Testdatei.xlsx")
Set xlBlatt = ThisWorkbook.Worksheets(„Tabelle1")
xlBlatt.Copy After:=xlDatei.Worksheets _
    (xlDatei.Worksheets.Count)
MsgBox xlDatei.Worksheets(xlDatei.Worksheets.Count).Name
```

 Achtung
Leider liefert die Methode Copy kein Objekt, also kein Verweis auf ein Tabellenblatt zurück!

10.15 Kopieren und Einfügen – nichts als Probleme!

Da das Interviewblatt seine Informationen von Formeln, bedingten Formatierungen und Datenüberprüfungen aus den Blättern tbl_Basisdaten und tbl_Konfiguration geholt werden bedeutet dies: das Kopieren eines neuen Interviewblatts verweist auf die Datenquelle in der ursprünglichen Datei.

Wird also das Blatt kopiert, passiert nichts. Erst wenn die Datei gespeichert, geschlossen und wieder geöffnet wird, erhält man die Frage nach der Verknüpfung:

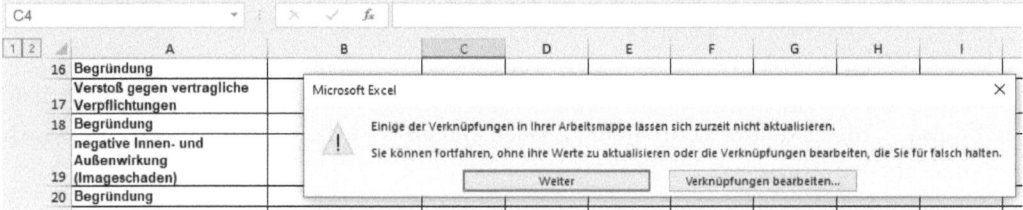

Also müssen sämtliche Formeln, Datenüberprüfungen und bedingte Formatierungen neu geschrieben werden.

10.16 Laufzeit verkürzen

Der Befehl

```
Application.ScreenUpdating = False
```

ist sicherlich bekannt. Damit werden Aktualisierungen am Bildschirm nicht angezeigt. Ein „Flackern" kann zwar nicht verhindert werden, aber das Programm wird schneller.

Ebenso habe ich festgestellt, dass die „Neuberechnungen" sehr zeitaufwändig sind. Vor allem im dritten Schritt – wenn Notfallpläne dazukommen und alles neu konfiguriert werden muss, habe ich Aktualisierungen nur dann durchgeführt, wenn wirklich etwas geändert wurde.

10.17 Sprungmarken

Da das Interviewblatt recht lang ist (mindestens 200 Zeile), waren Sprungmarken sinnvoll.

Sie werden in einem Makro zusammengefasst:

```
Sub Sprungmarken(Sprungtext As String)
```

Der Wert wird gesucht:

```
Set xlZelleB2 = ActiveSheet.Range("B2")

i = 0

strInhalt = xlZelleB2.Offset(i, 0).Value

Do Until strInhalt Like "*" & Sprungtext & "*"
    i = i + 1
    strInhalt = xlZelleB2.Offset(i, 0).Value
    If i > ActiveSheet.Range("A1")._
        SpecialCells(xlCellTypeLastCell).Row Then
        Exit Sub
    End If
Loop


xlZelleB2.Offset(i, 0).Activate
```

Das Problem: der Befehl

```
SpecialCells(xlCellTypeLastCell).Row
```

funktioniert nicht auf einem geschützten Tabellenblatt:

Die Lösung: der Blattschutz muss aufgehoben werden, die Zelle wird angesprungen und danach wird der Blattschutz wieder eingeschaltet.

Hinweis

Übrigens: wenn eine geschützte Zelle angesprungen wird, danach wird der Blattschutz eingeschaltet, so ist nun eine andere – nicht geschützte Zelle – selektiert. Die Lösung:

Nach dem Einschalten des Blattschutzes wird erneut die Zelle selektiert:

```
xlZelleB2.Offset(i, 0).Activate
ActiveSheet.Protect Password:="BCM24"
' -- zuerst Schutz, dann Zelle anspringen!
xlZelleB2.Offset(i, 0).Select
```

10.18 Notfallkonzept erzeugen

Aus dem Interviewfragebogen wird nun eines der acht Notfallkonzepte erzeugt. Ähnlich wie beim Interviewfragebogen liegt das Notfallkonzept bereits als verstecktes Blatt in der Arbeitsmappe vor.

Allerdings muss überprüft werden, ob bereits ein Notfallblatt vorliegt. Wenn ja, öffnet sich ein Meldungsfenster mit der Frage, ob das Blatt gelöscht (oder aktualisiert) werden soll.

Informationen aus dem Interviewfragebogen werden wiederholt. In einer Übersicht werden die Daten des Interviewfragebogens in einer Gruppe verknüpft. Dabei entspricht jede Zeile einer weiteren Gruppe, in der die Informationen erläutert werden:

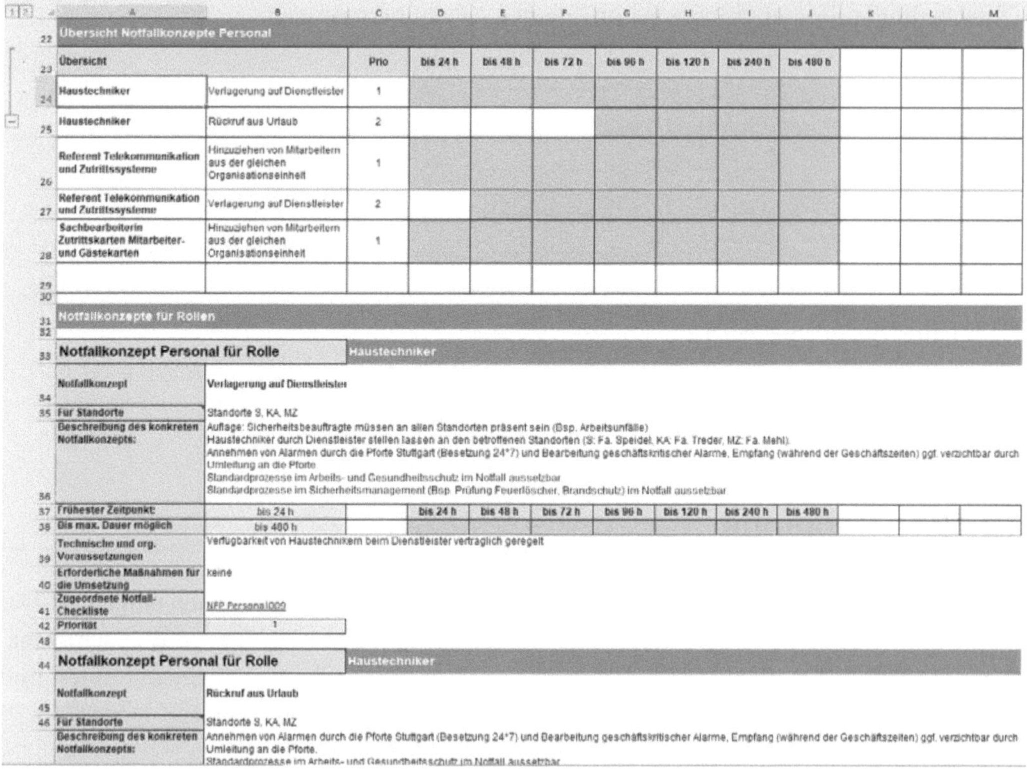

	A	B	C	D	E	F	G	H	I	J	K	L	M
22	Übersicht Notfallkonzepte Personal												
23	Übersicht		Prio	bis 24 h	bis 48 h	bis 72 h	bis 96 h	bis 120 h	bis 240 h	bis 480 h			
24	Haustechniker	Verlagerung auf Dienstleister	1										
25	Haustechniker	Rückruf aus Urlaub	2										
26	Referent Telekommunikation und Zutrittssysteme	Hinzuziehen von Mitarbeitern aus der gleichen Organisationseinheit	1										
27	Referent Telekommunikation und Zutrittssysteme	Verlagerung auf Dienstleister	2										
28	Sachbearbeiterin Zutrittskarten Mitarbeiter- und Gästekarten	Hinzuziehen von Mitarbeitern aus der gleichen Organisationseinheit	1										
29 / 30													
31 / 32	Notfallkonzepte für Rollen												

33	Notfallkonzept Personal für Rolle	Haustechniker

34	Notfallkonzept	Verlagerung auf Dienstleister							
35	Für Standorte	Standorte S, KA, MZ							
36	Beschreibung des konkreten Notfallkonzepts:	Auflage: Sicherheitsbeauftragte müssen an allen Standorten präsent sein (Bsp. Arbeitsunfälle) Haustechniker durch Dienstleister stellen lassen an den betroffenen Standorten (S: Fa. Speidel, KA: Fa. Treder, MZ: Fa. Mehl). Annehmen von Alarmen durch die Pforte Stuttgart (Besetzung 24*7) und Bearbeitung geschäftskritischer Alarme, Empfang (während der Geschäftszeiten) ggf. verzichtbar durch Umleitung an die Pforte. Standardprozesse im Arbeits- und Gesundheitsschutz im Notfall aussetzbar Standardprozesse im Sicherheitsmanagement (Bsp. Prüfung Feuerlöscher, Brandschutz) im Notfall aussetzbar							

37	Frühester Zeitpunkt:	bis 24 h		bis 24 h	bis 48 h	bis 72 h	bis 96 h	bis 120 h	bis 240 h	bis 480 h
38	Bis max. Dauer möglich	bis 480 h								
39	Technische und org. Voraussetzungen	Verfügbarkeit von Haustechnikern beim Dienstleister vertraglich geregelt								
40	Erforderliche Maßnahmen für die Umsetzung	keine								
41	Zugeordnete Notfall-Checkliste	NFP Personal001								
42	Priorität	1								
43										

44	Notfallkonzept Personal für Rolle	Haustechniker

45	Notfallkonzept	Rückruf aus Urlaub
46	Für Standorte	Standorte S, KA, MZ
47	Beschreibung des konkreten Notfallkonzepts:	Annehmen von Alarmen durch die Pforte Stuttgart (Besetzung 24*7) und Bearbeitung geschäftskritischer Alarme, Empfang (während der Geschäftszeiten) ggf. verzichtbar durch Umleitung an die Pforte. Standardprozesse im Arbeits- und Gesundheitsschutz im Notfall aussetzbar

In diesen Untergruppen (Notfallplänen oder Notfallchecklisten) wählt der Anwender aus zwei Dropdownlisten aus, die mit Hilfe einer bedingten Formatierung einen „Balken" aufbauen:

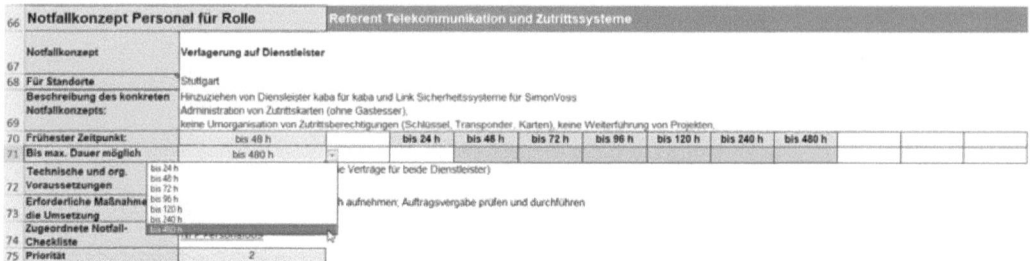

Dahinter steckt die Formel:

```
=UND(SPALTE(A1)>=VERGLEICH($B70;$D$70:$M$70;0);
SPALTE(A1)<=VERGLEICH($B71;$D$70:$M$70;0))
```

Diese bedingte Formatierung wird im „oberen" Teil übernommen:

Übersicht Notfallkonzepte Personal												
Übersicht			Prio	bis 24 h	bis 48 h	bis 72 h	bis 96 h	bis 120 h	bis 240 h	bis 480 h		
Haustechniker	Verlagerung auf Dienstleister		1									
Haustechniker	Rückruf aus Urlaub		2									
Referent Telekommunikation und Zutrittssysteme	Hinzuziehen von Mitarbeitern aus der gleichen Organisationseinheit		1									
Referent Telekommunikation und Zutrittssysteme	Verlagerung auf Dienstleister		2									
Sachbearbeiterin Zutrittskarten Mitarbeiter- und Gästekarten	Hinzuziehen von Mitarbeitern aus der gleichen Organisationseinheit		1									

Dort lautet die Formel ebenso:

```
=UND(SPALTE(A1)>=VERGLEICH($B70;$D$70:$M$70;0);
SPALTE(A1)<=VERGLEICH($B71;$D$70:$M$70;0))
```

10.19 Notfallpläne

Mit einem Klick auf die entsprechende Schaltfläche werden neue Gruppen eingefügt. Das heißt: die letzte Gruppe wird dupliziert, ans Ende der Liste eingefügt und „nachformatiert". Ein neues Tabellenblatt „NFP" wird eingefügt (das heißt: eingeblendet, kopiert und umbenannt) und mit einem Hyperlink vom Tabellenblatt „Notfallkonzept" verknüpft.

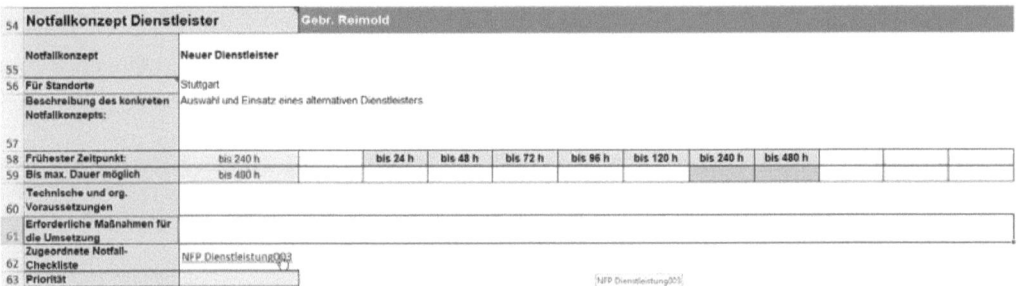

10.20 Dienstleistung und Dienstleister / Standorte und Gebäude

In einer Gruppe sollten die beiden Varianten „Standorte" und „Gebäude" zur Verfügung stehen. Je nach Auswahl sollte ein zweites Dropdownfeld die entsprechenden Werte synchronisieren.

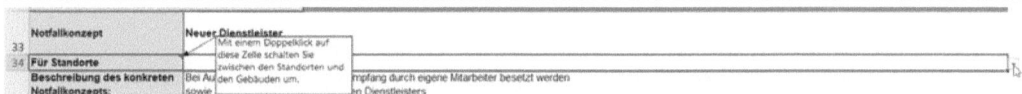

Dies kann man zwar mit Formeln realisieren. Jedoch: wird bei der ersten Auswahl nun der andere Wert gewählt, stimmt er nicht mit der zweiten Auswahl überein. Deshalb habe ich die Synchronisation per VBA umgesetzt:

```vba
If Target.Value = "Für Standorte" Or _
    Target.Value = "Für Gebäude" Then
    ThisWorkbook.Unprotect
    ActiveSheet.Unprotect
    If Target.Value = "Für Standorte" Then
        intZeilen = ThisWorkbook.Worksheets _
            ("tbl_Basisdaten"). _
            Range("D1").CurrentRegion.Rows.Count
        If intZeilen = 1 Then
            ActiveCell.Offset(0, 1).Activate
            MsgBox "Es gibt keine ""Gebäude""", _
            vbInformation, "BCM"
            ActiveSheet.Protect
            End
        End If
    Target.Value = "Für Gebäude"
    With Target.Offset(0, 1).Validation
        .Delete
        If intZeilen > 1 Then
        .Add Type:=xlValidateList, _
            AlertStyle:=xlValidAlertStop, _
            Operator:=xlBetween, _
            Formula1:="=tbl_Basisdaten!$D$2:$D$" & _
            intZeilen
```

189

```
' -- Spalte D bei "Gebäuden"
            End If
        End With
    ElseIf Target.Value = "Für Gebäude" Then
    [...]
```

Diesen Code kann man wunderbar im Ereignis

```
Private Sub Worksheet_BeforeDoubleClick _
    (ByVal Target As Range, Cancel As Boolean)
```

verwenden.

Problem

Macht der Anwender nun einen Doppelklick auf eine andere – verbundene (!) Zelle, ist folgender Fehler die Folge:

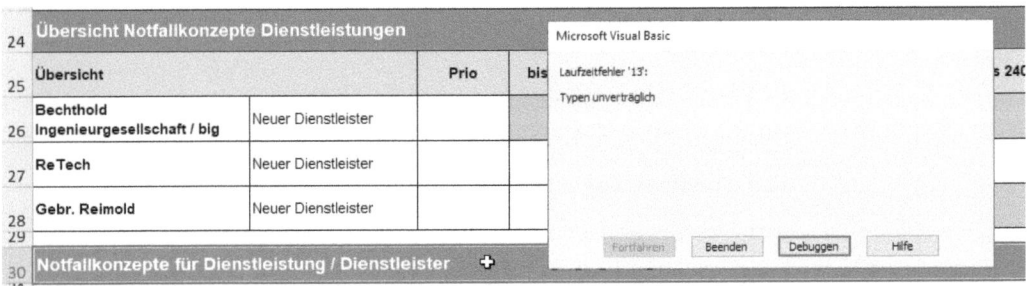

Der Grund: das Objekt `Target` verfügt nicht über einen `Value` !?! Allerdings über eine Sammlung an Zellen (`Cells`), von denen jede einzelne einen Value hat:

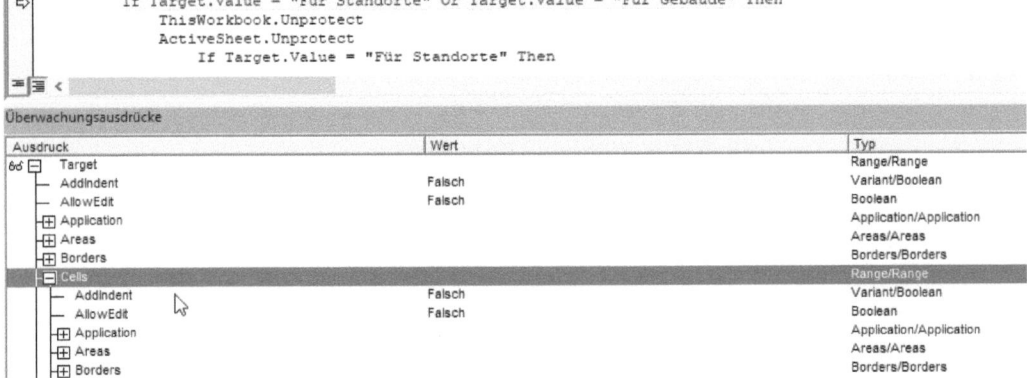

Also muss überprüft werden, ob es nun eine Zelle im Target gibt, auf die doppelt geklickt wurde, oder mehrere:

```
If Target.Cells.Count = 1 Then
    If Target.Value = "Für Standorte" Or _
        Target.Value = "Für Gebäude" Then
```

Das gleiche sollte aber auch auf die Zelle „Notfallkonzept Dienstleistung" und „Notfallkonzept Dienstleister" ausgeführt werden:

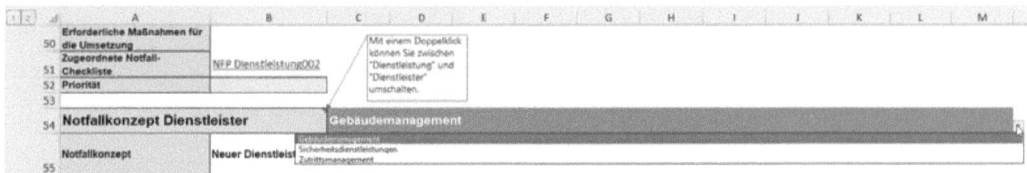

Das Problem – nun liegen zwei Zellen vor. Also wird überprüft, ob zwei Zellen verbunden sind:

```
ElseIf Target.Cells.Count = 2 Then
```

Wenn ja, dann wird die Adresse ausgelesen, beispielsweise $A$54:$B$54:

```
strAdresse = Target.Address
```

Sie wird aufgesplittet. Nur im ersten Teil steht der gewünschte Text:

```
If ActiveSheet.Range(Split(strAdresse, ":")(0)).Value = _
    "Notfallkonzept Dienstleistung" Or _
    ActiveSheet.Range(Split(strAdresse, ":")(0)).Value = _
    "Notfallkonzept Dienstleister" Then
```

Dann wird in diese Zelle der geändert Text geschrieben, beispielsweise:

```
ActiveSheet.Range(Split(strAdresse, ":")(0)).Value = _
"Notfallkonzept Dienstleister"
```

Und in die Zelle daneben die neue Datenüberprüfung. Aber welches ist die Zelle neben $A$54:$B$54? Antwort: die Zelle, die sich eine Zelle rechts daneben befindet:

```
With Target.Offset(0, 1).Validation
    .Delete
    If intZeilen > 1 Then
```

```
        .Add Type:=xlValidateList, _
          AlertStyle:=xlValidAlertStop, _
            Operator:=xlBetween, _
              Formula1:="=tbl_Basisdaten!$R$2:$R$" & intZeilen
  ' -- Spalte R bei "ext. Dienstleister"
    End If
End With
```

Klaro – ich schützte das Blatt (`ActiveSheet.Protect`) und anschließend wirkt der Doppelklick, denn ich verwende ja das Ereignis `BeforeDoubleClick`. Die Lösung ist einfach: ich setze den Cursor auf eine nicht gesperrte Zelle – dann klappt es:

```
Target.Offset(0, 1).Activate
```

Erstaunlicherweise befindet sich DANN der Cursor in keiner Zelle.

10.21 Tabellenblätter ein-/ausblenden

Probleme: Beim Ein-/Ausblenden darf die Datei nicht geschützt sein

Beim Ausblenden muss man darauf achten, dass man nicht das letzte Blatt ausblendet.

Die Registerkarten sind ausgeblendet:

Ich starte das Programm mit dem Ausschalten der Bildschirmaktualisierung:

```
Application.ScreenUpdating = False
```

Ich blende die Registerkarten per VBA wieder ein:

```
ActiveWindow.DisplayWorkbookTabs = True
```

Was passiert? Nichts!

Man muss vor dem Anzeigen die Bildschirmaktualisierung wieder einschalten! (`Application.ScreenUpdating = True`). Dann erst werden die Tabs wieder angezeigt:

Übrigens: Es ist erstaunlich, dass die Eigenschaft „`DisplayWorkbookTabs`" eine Eigenschaft von `ActiveWindow` und nicht von `ActiveWorkbook` ist!

Ich habe eine Datei mit zwei Tabellenblättern. Eines enthält eine Datenliste, ein zweites eine Datenüberprüfung mit einer Liste, die diese Daten aus dem anderen Blatt holt:

Per VBA ziehe ich nun diese beiden Blätter (einzeln!) in eine Masterdatei (man kann es auch per Hand machen. Die Verknüpfung verweist nun auf die alte Datei:

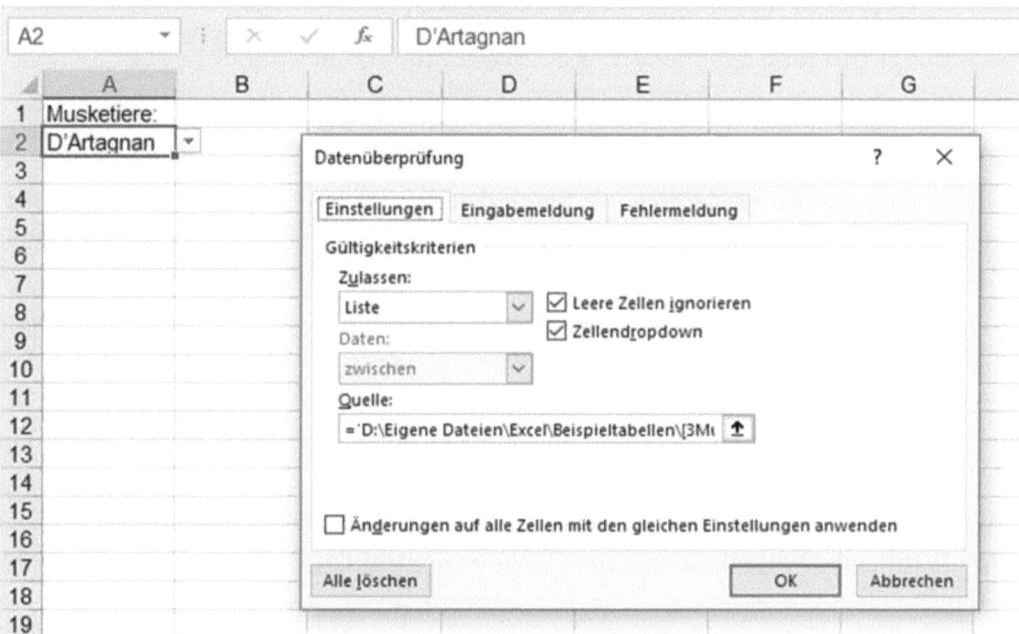

Der Code:

```
Dim xlFremdeDatei As Workbook

Dim xlEigeneDatei As Workbook

Dim xlFremdesBlattDaten As Worksheet

Dim xlFremdesBlattDatenüberprüfung As Worksheet



Set xlEigeneDatei = ThisWorkbook

Set xlFremdeDatei = Application.Workbooks.Open _

    ("D:\Eigene Dateien\Excel\3Musketiere.xlsx")

xlFremdeDatei.Worksheets(2).Copy _

    Before:=xlEigeneDatei.Worksheets(1)

Set xlFremdesBlattDatenüberprüfung = _
```

```
xlEigeneDatei.Worksheets(1)

xlFremdeDatei.Worksheets(1).Copy _
    Before:=xlEigeneDatei.Worksheets(1)

Set xlFremdesBlattDaten = xlEigeneDatei.Worksheets(1)

xlFremdeDatei.Close SaveChanges:=False

xlEigeneDatei.Save
```

Beide Dateien werden geschlossen, die Masterdatei wird geöffnet. Unter Datei / Informationen wird angezeigt, dass sich in dieser Datei eine Verknüpfung (auf eine andere Datei) befindet, die man hier nicht löschen kann. Klar!

Nun setze ich in der Zelle mit der Datenüberprüfung per Hand oder per VBA die Verknüpfung auf die eigene Datei:

Excel zeigt noch immer (unter Datei / Informationen) an, dass sich in der Datei eine Verknüpfung befindet. Diesen Eintrag kann ich nicht löschen! Erst durch das Schließen und wieder Öffnen der Datei ist er verschwunden.

Das Erstaunliche: werden die Tabellenblätter gelöscht, wird die Verknüpfung nicht angezeigt. Werden die Verknüpfungen „nur" behoben, bleibt der Eintrag noch in den Informationen stehen.

Leider funktioniert die beiden Befehle

```
MsgBox Range("A1").CurrentRegion.Rows.Count
MsgBox Range("A1").SpecialCells(xlCellTypeLastCell).Row
```

nicht, wenn das Blatt geschützt ist. Also: Schutz aufheben!

Ja, ja, ich weiß: [Strg] + [A] und [Strg] + [Ende] funktionieren auch nicht in Excel …

11 Anhänge Tastenkombinationen

11.1 Die wichtigsten Tastenkombinationen für Excel auf PC

[Alt] + [F11] VBA-Editor anzeigen

[F1] Online-Hilfe bzw. den Office-Assistenten aufrufen

[F2] Markierte Zelle bearbeiten

[F4] Letzte Aktion wiederholen

[Strg] + [Y] Letzte Aktion wiederholen

[F7] Befehl Rechtschreibung ausführen

[F9] Alle Blätter in allen geöffneten Arbeitsmappen berechnen

[F11] Neues Diagrammblatt einfügen

[Shift] + [F9] Aktives Tabellenblatt berechnen

[Shift] + [F11] Neues Tabellenblatt einfügen

[Strg] + [.] Aktuelles Datum in die markierte/aktive Zelle einfügen

[Strg] + [A] Ganzes Tabellenblatt markieren

[Strg] + [.] Aktuelles Datum einfügen

[Strg] + [Bild oben] Vorheriges Tabellenblatt der Arbeitsmappe aktivieren

[Strg] + [Bild unten] Nächstes Tabellenblatt der Arbeitsmappe aktivieren

[Strg] + [C] Markierung kopieren

[Strg] + [F] Befehl Suchen ausführen

[Strg] + [F4] Aktive Arbeitsmappe schließen

[Strg] + [F6] Zur nächsten Arbeitsmappe wechseln

[Strg] + [N] Neue Arbeitsmappe einfügen

[Strg] + [O] (Buchstabe) Befehl Öffnen ausführen

[Strg] + [P] Befehl Drucken ausführen

[Strg] + [Pfeiltaste] An den Rand des aktuellen Datenbereichs bzw. zur letzten/ ersten Zelle einer Zeile/Spalte bewegen

[Strg] + [Pos1] An den Anfang des Tabellenblatts bewegen

[Strg] + [R] Nach rechts ausfüllen

[Strg] + [S] Befehl Speichern ausführen

[Strg] + [Shift] + [Ende] Markierung bis zur letzten verwendeten Zelle des Tabellenblatts erweitern

[Strg] + [Shift] + [Pos1] Markierung bis zum Anfang des Tabellenblatts erweitern

[Strg] + [U] Nach unten ausfüllen

[Strg] + [V] Daten der Zwischenablage einfügen

[Strg] + [X] Markierung ausschneiden

[Strg] + [Z] Letzte Aktion rückgängig machen

[Shift] + [Strg] + [(] Blendet ausgeblendete Zeilen im markierten Bereich wieder ein

[Shift] + [Strg] + [)] Blendet ausgeblendete Spalten im markierten Bereich wieder ein

[Strg] + [K] zeigt das Dialogfeld Hyperlink einfügen

[Strg] + [F3] zeigt das Dialogfeld „Namensmanager"

[F1] Hilfe vom Office-Assistenten anfordern

11.2 Navigieren mit Shortcuts

[Alt] + [Bild oben] Um eine Bildschirmseite nach rechts bewegen

[Alt] + [Bild unten] Um eine Bildschirmseite nach links bewegen

[Bild oben] Um eine Bildschirmseite nach unten bewegen

[Bild unten] Um eine Bildschirmseite nach oben bewegen

[F6] Zum nächsten Ausschnitt wechseln

[Pfeiltasten] Um eine Zelle in eine bestimmte Richtung bewegen

[Pos1] An den Anfang der Zeile bewegen

[Shift] + [F6] Zum vorherigen Ausschnitt wechseln

[Strg] + [Bild oben] Vorheriges Tabellenblatt der Arbeitsmappe aktivieren

[Strg] + [Bild unten] Nächstes Tabellenblatt der Arbeitsmappe aktivieren

[Strg] + [Ende] Zur letzten verwendeten Zelle des Tabellenblatts bewegen

[Strg] + [F6] Zum nächsten Arbeitsmappenfenster wechseln

[Strg] + [Pfeiltasten] An den Rand des aktuellen Datenbereichs bzw. zur letzten/ ersten Zelle einer Zeile/Spalte bewegen

[Strg] + [Pos1] An den Anfang des Tabellenblatts (A1) bewegen

[Strg] + [Rücktaste] Einen Bildlauf durchführen, um die aktive Zelle anzuzeigen

[Strg] + [Shift] + [F6] Zum vorherigen Arbeitsmappenfenster wechseln

[Strg] + [Shift] + [Tab] Zum vorherigen Arbeitsmappenfenster wechseln

[Strg] + [Tab] Zum nächsten Arbeitsmappenfenster wechseln

[Tab] Zwischen nicht gesperrten Zellen in einem geschützten Tabellenblatt bewegen

[Strg] + [Rückschritt] Bewegt das Tabellenblatt zur aktiven Zelle.

[Alt] + [Shift] + [,] Markiert die sichtbaren Zellen (beispielsweise bei einer gefilterten Liste)

11.3 In Zellen oder Bearbeitungsleiste arbeiten

[=] Formel beginnen

[Alt] + [Eingabe] Neue Zeile in derselben Zelle beginnen

[Strg] + [J] Sucht den manuellen Zeilenumbruch ([Alt] + [Eingabe])

[Alt] + [nach unten] AutoEingabe-Liste anzeigen

[Eingabe] Eingabe in eine Zelle abschließen

[Entf] Zeichen rechts der Einfügemarke löschen

[esc] Eingabe in Zelle oder Bearbeitungsleiste abbrechen

[F3] Name in Formel einfügen

[Rücktaste] Zeichen links der Einfügemarke löschen

[Shift] + [Eingabe] Eingabe in eine Zelle abschließen und die Markierung nach oben bewegen

[Shift] + [Tab] Eingabe in eine Zelle abschließen und die Markierung nach links bewegen

[Strg] + ['] Zwischen der Anzeige von Zellwerten und der Anzeige von Zellformeln wechseln

[Strg] + [.] Aktuelles Datum in die aktive Zelle einfügen

[Strg] + [A] Formeldialog nach der Eingabe eines gültigen Funktionsnamens in eine Formel anzeigen

[Strg] + [Entf] Alle Zeichen bis zum Ende der Zeile löschen

[Strg] + [Shift] + [:] Aktuelle Uhrzeit in die aktive Zelle einfügen

[Strg] + [Shift] + [A] Argumentnamen u. Klammern für eine Funktion nach der Eingabe eines gültigen Funktionsnamens in eine Formel einfügen

[Strg] + [Shift] + [Eingabe] Formel als Matrixformel eingeben (Eingabe abschließen)

[Tab] Eingabe in eine Zelle abschließen und die Markierung nach rechts bewegen

11.4 Formatieren von Daten

[Alt] + [Shift] + ['] Befehl Formatvorlage ausführen

[Strg] + [1] Befehl Zellen ausführen

[Strg] + [2] schaltet fett ein oder aus

[Strg] + [Shift] + [F] schaltet fett ein oder aus

[Strg] + [3] schaltet kursiv ein oder aus

[Strg] + [Shift] + [K] schaltet kursiv ein oder aus

[Strg] + [4] unterstreicht oder schaltet die Unterstreichung aus

[Strg] + [Shift] + [U] unterstreicht oder schaltet die Unterstreichung aus

[Strg] + [5] formatiert Durchgestrichen oder entfernt sie

[Strg] + [6] wechselt zwischen Ein- und Ausblenden von Objekten und dem Anzeigen von Platzhaltern für Objekte

[Strg] + [7] schaltet Gliederung ein oder aus

[Strg] + [8] blendet markierte Spalten aus

[Strg] + [9] blendet markierte Zeilen aus

[Shift] + [Strg] + [(] Blendet ausgeblendete Spalten im markierten Bereich wieder ein

[Shift] + [Strg] + [)] Blendet ausgeblendete Zeilen im markierten Bereich wieder ein

[Strg] + [Shift] + [!] Format Zahl mit zwei Dezimalstellen (einem 1.000er-Trennzeichen und einem - bei negativen Werten) anwenden

[Strg] + [Shift] + ["] Format Wissenschaft mit zwei Dezimalstellen anwenden

[Strg] + [Shift] + [$] Format Währung mit zwei Dezimalstellen anwenden

(negative Zahlenwerte werden rot angezeigt)

[Strg] + [Shift] + [%] Format Prozent ohne Dezimalstellen anwenden

[Strg] + [Shift] + [&] Format Standard (Standardzellformat) anwenden

[Strg] + [Shift] + [^] Format Zeit in Stunden und Minuten anwenden

[Strg] + [Shift] + [_] Einer Markierung einen Gesamtrahmen zuweisen

[Strg] + [Shift] + [§] Format Datum mit Tag, Monat und Jahr anwenden

11.5 Mac-Tastaturkurzbefehle

Durch Drücken einer bestimmten Tastenkombination können Sie Aktionen ausführen, für die Sie normalerweise eine Maus, ein Trackpad oder ein anderes Eingabegerät benötigen.

Um einen Tastaturkurzbefehl zu verwenden, halten Sie mindestens eine Sondertaste gedrückt, während Sie die letzte Taste des Tastaturkurzbefehls drücken. Beispielsweise halten Sie zur Verwendung des Kurzbefehls "Befehlstaste-C" ("Kopieren") die Befehlstaste gedrückt, drücken dann die Taste "C" und lassen anschließend beide Tasten los. Mac-Menüs und -Tastaturen verwenden häufig Symbole für bestimmte Tasten, darunter auch die Sondertasten:

- Befehlstaste (oder Cmd-Taste, Apfel-Taste) ⌘
- Umschalttaste ⇧
- Wahltaste (oder Alt-Taste) ⌥
- Control-Taste (oder Ctrl-Taste) ^
- Feststelltaste ⇪
- Funktionstaste (Fn)

Auf Tastaturen, die für Windows-PCs entwickelt wurden, verwenden Sie die Alt-Taste anstelle der Wahltaste und die Windows-Logo-Taste anstelle der Befehlstaste.

Einige Tasten auf manchen Apple-Tastaturen zeigen besondere Symbole und Funktionen, zum Beispiel für die Display-Helligkeit, die Tastaturhelligkeit, Mission Control und andere. Wenn Ihre Tastatur diese Funktionen nicht zur Verfügung stellt, können Sie einige davon reproduzieren, indem Sie eigene Tastaturkurzbefehle definieren. Um diese Tasten als F1, F2, F3 oder andere standardmäßige Funktionstasten zu verwenden, kombinieren sie mit der Fn-Taste.

11.5.1 Ausschneiden, Kopieren, Einsetzen und andere häufig verwendete Kurzbefehle

⌘-X: Ausgewähltes Objekt aus dem Originaltext löschen und in die Zwischenablage kopieren.

⌘-C: Ausgewähltes Objekt in die Zwischenablage kopieren. Dies funktioniert auch mit Dateien im Finder.

⌘-V: Den Inhalt der Zwischenablage in das aktuelle Dokument oder die aktuelle App einfügen. Dies funktioniert auch mit Dateien im Finder.

⌘-Z: Den vorherigen Befehl widerrufen. Du kannst anschließend zum Wiederholen den Tastaturkurzbefehl Umschalttaste-⌘-Z drücken, um den Widerrufen-Befehl umzukehren. In manchen Apps kannst du mehrere Befehle widerrufen und wiederholen.

⌘-A: Alle Objekte auswählen.

⌘-F: Elemente in einem Dokument suchen oder ein Suchfenster öffnen.

⌘-G: Das nächste Auftreten des gefundenen Objekts suchen (vorwärts suchen). Um das vorherige Auftreten zu suchen (rückwärts suchen), drücke Umschalttaste-⌘-G.

⌘-H: Die Fenster der vordersten App ausblenden. Um nur die vorderste App anzuzeigen und alle anderen Apps auszublenden, drücke Wahltaste-⌘-H.

⌘-M: Das vorderste Fenster im Dock ablegen. Um alle Fenster der vordersten App im Dock abzulegen, drücke Wahltaste-⌘-M.

⌘-O: Das ausgewählte Objekt oder ein Dialogfenster zur Auswahl einer Datei öffnen.

⌘-P: Das aktuelle Dokument drucken.

⌘-S: Das aktuelle Dokument sichern.

⌘-T: Einen neuen Tab öffnen.

⌘-W: Das vorderste Fenster schließen. Um alle Fenster der App zu schließen, drücke Wahltaste-⌘-W.

Wahltaste-⌘-Esc: Beenden einer App erzwingen.

⌘-Leertaste: Das Spotlight-Suchfeld ein- oder ausblenden. Um eine Spotlight-Suche aus einem Finder-Fenster durchzuführen, drücke ⌘-Wahltaste-Leertaste. (Wenn du mehrere Eingabequellen verwendest, um in anderen Sprachen zu schreiben, ändern diese Kurzbefehle die Eingabequelle, anstatt Spotlight anzuzeigen. Hier erfährst du, wie du einen nicht eindeutigen Tastaturkurzbefehl änderst.)

Ctrl-⌘-Leertaste: Die Zeichenübersicht einblenden, in der du Emojis und andere Symbole wählen kannst.

Ctrl-⌘-F: App im Vollbildmodus verwenden, falls die App dies unterstützt.

Leertaste: Übersicht verwenden, um eine Vorschau des ausgewählten Objekts zu sehen.

⌘-Tabulatortaste: Unter den geöffneten Apps zur zuletzt verwendeten wechseln.

Umschalttaste-⌘-5: In macOS Mojave ein Bildschirmfoto oder eine Bildschirmaufnahme erstellen. Verwende bei älteren macOS-Versionen Umschalttaste-⌘-3 oder Umschalttaste-⌘-4, um Bildschirmfotos aufzunehmen. Weitere Informationen zu Bildschirmfotos

Umschalttaste-⌘-N: Einen neuen Ordner im Finder anlegen.

⌘-Komma (,): Einstellungen für die vorderste App öffnen.

11.5.2 Kurzbefehle für Ruhezustand, Abmelden und Ausschalten

Möglicherweise müssen Sie einige dieser Kurzbefehle etwas länger gedrückt halten als andere. So können Sie vermeiden, sie versehentlich zu verwenden.

Ein-/Ausschalter: Drücken, um den Mac einzuschalten oder den Ruhezustand zu beenden. Halten Sie den Schalter 1,5 Sekunden lang gedrückt, um Ihren Mac in den Ruhezustand zu versetzen. Halten Sie den Schalter länger gedrückt, um das Ausschalten des Mac zu erzwingen.

Wahltaste-⌘-Ein-/Ausschalter* oder Wahltaste-⌘-Medienauswurftaste : Ruhezustand des Mac aktivieren.

Ctrl-Umschalttaste-Ein-/Ausschalter* oder Ctrl-Umschalttaste-Medienauswurftaste : Displays in Ruhezustand versetzen.

Ctrl-Ein-/Ausschalter* oder Ctrl-Medienauswurftaste : Ein Dialogfenster anzeigen, das dir die Wahlmöglichkeiten "Neustart", "Ruhezustand" oder Ausschalten" anbietet.

Ctrl-⌘-Ein-/Ausschalter:* Neustart des Mac erzwingen, ohne zum Sichern von geöffneten oder nicht gesicherten Dokumenten aufzufordern.

Ctrl-⌘-Medienauswurftaste : Alle Apps beenden und den Mac anschließend neu starten. Falls geöffnete Dokumente nicht gesicherte Änderungen enthalten, werden Sie gefragt, ob Sie sie sichern möchten.

Ctrl-Wahltaste-⌘-Ein-/Ausschalter* oder Ctrl-Wahltaste-⌘-Medienauswurftaste : Alle Apps beenden und den Mac anschließend ausschalten. Falls geöffnete Dokumente nicht gesicherte Änderungen enthalten, werden Sie gefragt, ob Sie sie sichern möchtest.

Ctrl-⌘-Q: Den Bildschirm sofort sperren.

Umschalttaste-⌘-Q: Von Ihrem macOS-Benutzeraccount abmelden. Sie werden zur Bestätigung des Vorgangs aufgefordert. Um sich sofort ohne Bestätigung abzumelden, drücken Sie Wahltaste-Umschalttaste-⌘-Q.

11.5.3 Finder- und Systemkurzbefehle

⌘-D: Ausgewählte Dateien duplizieren.

⌘-E: Ausgewähltes Laufwerk oder Volume auswerfen.

⌘-F: Eine Spotlight-Suche im Finder-Fenster starten.

⌘-I: Fenster "Informationen" für eine markierte Datei anzeigen.

⌘-R: (1) Wenn im Finder ein Alias ausgewählt ist: ursprüngliche Datei für ausgewählten Alias anzeigen. (2) In einigen Apps wie Kalender oder Safari die Seite aktualisieren oder neu laden. (3) In den Einstellungen für Softwareupdates nochmals nach Updates suchen.

Umschalttaste-⌘-C: Fenster "Computer" öffnen.

Umschalttaste-⌘-D: Ordner "Schreibtisch" öffnen.

Umschalttaste-⌘-F: Fenster "Zuletzt benutzt" öffnen, das alle kürzlich angesehenen oder geänderten Dateien auflistet.

Umschalttaste-⌘-G: Ein Fenster "Gehe zum Ordner" öffnen.

Umschalttaste-⌘-H: Benutzerordner des aktuellen macOS-Benutzeraccounts öffnen.

Umschalttaste-⌘-I: iCloud Drive öffnen.

Umschalttaste-⌘-K: Fenster "Netzwerk" öffnen.

Wahltaste-⌘-L: Ordner "Downloads" öffnen.

Umschalttaste-⌘-N: Neuen Ordner erstellen.

Umschalttaste-⌘-O: Ordner "Dokumente" öffnen.

Umschalttaste-⌘-P: Vorschaufenster in Finder-Fenstern ein- oder ausblenden.

Umschalttaste-⌘-R: Fenster "AirDrop" öffnen.

Umschalttaste-⌘-T: Tableiste in Finder-Fenstern ein- oder ausblenden.

Ctrl-Umschalttaste-⌘-T: Das ausgewählte Finder-Objekt dem Dock hinzufügen (OS X Mavericks oder neuer).

Umschalttaste-⌘-U: Ordner "Dienstprogramme" öffnen.

Wahltaste-⌘-D: Dock ein- oder ausblenden.

Ctrl-⌘-T: Das ausgewählte Objekt der Seitenleiste hinzufügen (OS X Mavericks oder neuer).

Wahltaste-⌘-P: Pfadleiste in Finder-Fenstern ein- oder ausblenden.

Wahltaste-⌘-S: Seitenleiste in Finder-Fenstern ein- oder ausblenden.

⌘-Schrägstrich (/): Statusleiste in Finder-Fenstern ein- oder ausblenden.

⌘-J: Darstellungsoptionen einblenden.

⌘-K: Das Fenster "Mit Server verbinden" öffnen.

Ctrl-⌘-A: Erstelle einen Alias für das ausgewählte Element.

⌘-N: Ein neues Finder-Fenster öffnen.

Wahltaste-⌘-N: Neuen intelligenten Ordner erstellen.

⌘-T: Tableiste ein- oder ausblenden, wenn nur ein Tab im aktuellen Finder geöffnet ist.

Wahltaste-⌘-T: Symbolleiste ein- oder ausblenden, wenn nur ein Tab im aktuellen Finder-Fenster geöffnet ist.

Wahltaste-⌘-V: Dateien in der Zwischenablage von ihrem ursprünglichen zum aktuellen Speicherort bewegen.

⌘-Y: Die Funktion "Übersicht" zum Anzeigen einer Vorschau der ausgewählten Dateien nutzen.

Wahltaste-⌘-Y: In der Übersicht eine Diashow der ausgewählten Dateien anzeigen.

⌘-1: Die Objekte im Finder-Fenster als Symbole anzeigen.

⌘-2: Die Objekte im Finder-Fenster als Liste anzeigen.

⌘-3: Die Objekte im Finder-Fenster in Spalten anzeigen.

⌘-4: Die Objekte im Finder-Fenster in einer Galerie anzeigen.

⌘-linke eckige Klammer ([): Zum vorherigen Ordner wechseln.

⌘-rechte eckige Klammer (]): Zum nächsten Ordner wechseln.

⌘-Aufwärtspfeil: Ordner mit dem aktuellen Ordner öffnen.

⌘-Ctrl-Aufwärtspfeil: Ordner mit dem aktuellen Ordner in einem neuen Fenster öffnen.

⌘-Abwärtspfeil: Ausgewähltes Objekt öffnen.

Rechtspfeil: Ausgewählten Ordner öffnen. Diese Funktion ist nur in der Listendarstellung verfügbar.

Linkspfeil: Ausgewählten Ordner schließen. Diese Funktion ist nur in der Listendarstellung verfügbar.

⌘-Rückschritttaste: Das markierte Objekt in den Papierkorb verschieben.

Umschalttaste-⌘-Rückschritttaste: Den Papierkorb leeren.

Wahltaste-Umschalttaste-⌘-Rückschritttaste: Den Papierkorb ohne Bestätigungsdialog leeren.

⌘-Helligkeit verringern: Videosynchronisation ein- oder ausschalten, wenn dein Mac an mehrere Displays angeschlossen ist.

Wahltaste-Helligkeit erhöhen: Systemeinstellung "Monitore" öffnen. Dies funktioniert mit beiden Helligkeitstasten.

Ctrl-Helligkeit erhöhen oder Ctrl-Helligkeit verringern: Helligkeit des externen Displays ändern (falls vom Display unterstützt).

Wahltaste-Umschalttaste-Helligkeit erhöhen oder Wahltaste-Umschalttaste-Helligkeit verringern: Display-Helligkeit in kleineren Schritten ändern. Füge die Ctrl-Taste hinzu, um die Anpassung am externen Display vorzunehmen, sofern das Display dies unterstützt.

Wahltaste-Mission Control: Systemeinstellung "Mission Control" öffnen.

⌘-Mission Control: Den Schreibtisch anzeigen.

Ctrl-Abwärtspfeil: Alle Fenster der vordersten App einblenden.

Wahltaste-Lauter: Systemeinstellung "Ton" öffnen. Dies funktioniert mit allen Lautstärketasten.

Wahltaste-Umschalttaste-Lauter oder Wahltaste-Umschalttaste-Leiser: Lautstärke in kleineren Schritten regeln.

Wahltaste-Tastaturhelligkeit erhöhen: Systemeinstellung "Tastatur" öffnen. Dies funktioniert mit beiden Tastaturhelligkeitstasten.

Wahltaste-Umschalttaste-Tastaturhelligkeit erhöhen oder Wahltaste-Umschalttaste-Tastaturhelligkeit verringern: Tastaturhelligkeit in kleineren Schritten anpassen.

Wahltaste-Doppelklick: Einen Ordner in einem neuen Fenster öffnen und das aktuelle Fenster schließen.

⌘-Doppelklick: Einen Ordner in einem neuen Tab oder Fenster öffnen.

⌘ beim Ziehen auf ein anderes Volume: Gezogenes Objekt auf ein anderes Volume verschieben, anstatt es zu kopieren.

Wahltaste beim Ziehen: Gezogenes Objekt kopieren. Der Mauszeiger ändert sich, während du das Objekt ziehst.

Wahltaste-⌘ beim Ziehen: Alias des gezogenen Objekts erstellen. Der Mauszeiger ändert sich, während du das Objekt ziehst.

Wahltaste-Klick auf ein Erweiterungsdreieck: Alle Ordner im ausgewählten Ordner öffnen. Diese Funktion ist nur in der Listendarstellung verfügbar.

⌘-Klick auf Fenstertitel: Ordner anzeigen, die den aktuellen Ordner enthalten.

Hier erfährst du, wie du mithilfe von Befehls- oder Umschalttaste mehrere Objekte im Finder auswählst.

Klicke in der Finder-Menüleiste auf das Menü "Gehe zu", um Kurzbefehle zum Öffnen vieler häufig benutzter Ordner zu sehen, z. B. "Programme", "Dokumente", "Downloads", "Dienstprogramme" und "iCloud Drive".

11.6 Die wichtigsten Tastenkombinationen für Excel auf Mac

11.6.1 Funktionstasten

Tastenkombination Zweck

F1 Rückgängig

F2 Ausschneiden von Text aus der aktiven Zelle

UMSCHALT+F2 Bearbeiten eines Zellkommentars

F3 Kopieren von Text aus der aktiven Zelle

UMSCHALT+F3 Öffnen des Formel-Generators

F4 Einfügen von Text in die aktive Zelle

UMSCHALT+F4 Wiederholen des letzten Befehls Suchen (Weitersuchen)

⌘ +F4 Schließen des Fensters

F5 Anzeigen des Dialogfelds Gehe zu

UMSCHALT+F5 Anzeigen des Dialogfelds Suchen

 Wiederherstellen der Fenstergröße

⌘ +F5 Bei dieser Tastenkombination besteht ein Konflikt mit einer Standardtastenbelegung in Mac OS X. Wenn Sie diese Office-Tastenkombination verwenden möchten, müssen Sie zuerst die Mac OS X-Tastenkombination für diese Taste deaktivieren. Klicken Sie im Apple-Menü auf Systemeinstellungen. Klicken Sie unter Hardware auf Tastatur & Maus. Klicken Sie auf die Registerkarte Tastatur-Kurzbefehle, und deaktivieren Sie das Kontrollkästchen Ein für die entsprechende Tastenbelegung.

F6 Wechseln zum nächsten Ausschnitt in einer geteilten Arbeitsmappe

UMSCHALT+F6 Wechseln zum vorherigen Ausschnitt in einer geteilten Arbeitsmappe

⌘ +F6 Wechseln zum nächsten Arbeitsmappenfenster

CTRL+UMSCHALT+F6 Wechseln zum vorherigen Arbeitsmappenfenster

F7 Rechtschreibprüfung

F8 Aktivieren des erweiterten Auswahlmodus, mit Pfeiltasten oder Cursor verwendet

UMSCHALT+F8 Hinzufügen zur Markierung

WAHL+F8 Anzeigen des Dialogfelds Makro

Berechnen aller Blätter in allen geöffneten Arbeitsmappen

F9 Bei dieser Tastenkombination besteht ein Konflikt mit den Standardtastenbelegungen für das Exposé-Feature in Mac OS X, Version 10.3 und höher. Wenn Sie diese Office-Tastenkombination verwenden möchten, müssen Sie zuerst die Exposé-Tastenkombination für diese Taste deaktivieren. Klicken Sie im Apple-Menü auf Systemeinstellungen. Klicken Sie unter Persönlich auf Dashboard & Exposé. Klicken Sie unter Tastatur-Kurzbefehle im Popupmenü für die zu deaktivierende Tastenkombination auf –.

Berechnen des aktiven Arbeitsblatts

UMSCHALT+F9 Bei dieser Tastenkombination besteht ein Konflikt mit den Standardtastenbelegungen für das Exposé-Feature in Mac OS X, Version 10.3 und höher. Wenn Sie diese Office-Tastenkombination verwenden möchten, müssen Sie zuerst die Exposé-

Tastenkombination für diese Taste deaktivieren. Klicken Sie im Apple-Menü auf Systemeinstellungen. Klicken Sie unter Persönlich auf Dashboard & Exposé. Klicken Sie unter Tastatur-Kurzbefehle im Popupmenü für die zu deaktivierende Tastenkombination auf –.

Anzeigen eines Kontextmenüs

UMSCHALT+F10 Bei dieser Tastenkombination besteht ein Konflikt mit den Standardtastenbelegungen für das Exposé-Feature in Mac OS X, Version 10.3 und höher. Wenn Sie diese Office-Tastenkombination verwenden möchten, müssen Sie zuerst die Exposé-Tastenkombination für diese Taste deaktivieren. Klicken Sie im Apple-Menü auf Systemeinstellungen. Klicken Sie unter Persönlich auf Dashboard & Exposé. Klicken Sie unter Tastatur-Kurzbefehle im Popupmenü für die zu deaktivierende Tastenkombination auf –.

⌘ +F10 Maximieren oder Wiederherstellen des Arbeitsmappenfensters

WAHL+F10 Festlegen der ersten Schaltfläche auf einer unverankerten Symbolleiste als aktiv

Einfügen eines neuen Diagrammblatts

F11 Bei dieser Tastenkombination besteht ein Konflikt mit den Standardtastenbelegungen für das Exposé-Feature in Mac OS X, Version 10.3 und höher. Wenn Sie diese Office-Tastenkombination verwenden möchten, müssen Sie zuerst die Exposé-Tastenkombination für diese Taste deaktivieren. Klicken Sie im Apple-Menü auf Systemeinstellungen. Klicken Sie unter Persönlich auf Dashboard & Exposé. Klicken Sie unter Tastatur-Kurzbefehle im Popupmenü für die zu deaktivierende Tastenkombination auf –.

Einfügen eines neuen Arbeitsblatts

UMSCHALT+F11 Bei dieser Tastenkombination besteht ein Konflikt mit den Standardtastenbelegungen für das Exposé-Feature in Mac OS X, Version 10.3 und höher. Wenn Sie diese Office-Tastenkombination verwenden möchten, müssen Sie zuerst die Exposé-Tastenkombination für diese Taste deaktivieren. Klicken Sie im Apple-Menü auf Systemeinstellungen. Klicken Sie unter Persönlich auf Dashboard & Exposé. Klicken Sie unter Tastatur-Kurzbefehle im Popupmenü für die zu deaktivierende Tastenkombination auf –.

⌘ +F11 Einfügen einer Excel 4.0-Makrovorlage

Anzeigen des Dialogfelds Speichern unter

F12 Bei dieser Tastenkombination besteht ein Konflikt mit den Standardtastenbelegungen für das Exposé-Feature in Mac OS X, Version 10.3 und höher. Wenn Sie diese

Office-Tastenkombination verwenden möchten, müssen Sie zuerst die Exposé-Tastenkombination für diese Taste deaktivieren. Klicken Sie im Apple-Menü auf Systemeinstellungen. Klicken Sie unter Persönlich auf Dashboard & Exposé. Klicken Sie unter Tastatur-Kurzbefehle im Popupmenü für die zu deaktivierende Tastenkombination auf –.

⌘ +F12 Anzeigen des Dialogfelds Öffnen

CTRL+UMSCHALT+F12 Anzeigen des Dialogfelds Drucken

11.6.2 Navigieren und Bildlauf auf einem Blatt oder in einer Arbeitsmappe

Tastenkombination Zweck

Pfeiltasten Bewegen um eine Zelle nach oben, unten, links oder rechts

CTRL+Pfeiltaste Bewegen an den Rand des aktuellen Datenbereichs

POS1 Bewegen an den Anfang der Zeile

CTRL+POS1 Bewegen an den Anfang des Blatts

CTRL+ENDE Bewegen zur letzten verwendeten Zelle im Arbeitsblatt, d. h. der Zelle am Schnittpunkt der am weitesten rechts liegenden Spalte mit der untersten Zeile (untere rechte Ecke), oder der Zelle gegenüber der ersten Zelle (normalerweise A1)

BILD-AB Bewegen um eine Bildschirmseite nach unten

BILD-AUF Bewegen um eine Bildschirmseite nach oben

WAHL+BILD-AB Bewegen um eine Bildschirmseite nach rechts

WAHL+BILD-AUF Bewegen um eine Bildschirmseite nach links

CTRL+BILD-AB Wechseln zum nächsten Blatt in der Arbeitsmappe

CTRL+BILD-AUF Wechseln zum vorherigen Blatt in der Arbeitsmappe

CTRL+TAB Wechseln zur nächsten Arbeitsmappe bzw. zum nächsten Fenster

CTRL+UMSCHALT+TAB Wechseln zur vorherigen Arbeitsmappe bzw. zum vorherigen Fenster

F6 Wechseln zum nächsten Ausschnitt in einer geteilten Arbeitsmappe

UMSCHALT+F6 Wechseln zum vorherigen Ausschnitt in einer geteilten Arbeitsmappe

CTRL+ENTF Bildlauf, um die aktive Zelle anzuzeigen

CTRL+G Anzeigen des Dialogfelds Gehe zu

⌘ +F Anzeigen des Dialogfelds Suchen

⌘ +G Wiederholen des letzten Befehls Suchen (Weitersuchen)

TAB Wechseln zwischen nicht gesperrten Zellen in einem geschützten Arbeitsblatt

11.6.3 Vorschau und Drucken
Tastenkombination Zweck

⌘ +P Anzeigen des Dialogfelds Drucken

Pfeiltasten Bewegen auf einer Seite bei vergrößerter Seitenansicht

BILD-AUF Bewegen um eine Seite bei verkleinerter Seitenansicht

CTRL+NACH-OBEN Wechseln zur ersten Seite bei verkleinerter Seitenansicht

CTRL+NACH-UNTEN Wechseln zur letzten Seite bei verkleinerter Seitenansicht

11.6.4 Eingeben von Daten auf einem Arbeitsblatt
Tastenkombination Zweck

EINGABETASTE Abschließen einer Zelleingabe und Bewegen nach unten in der Markierung

CTRL+WAHL+EINGABE Beginnen einer neuen Zeile in derselben Zelle

CTRL+EINGABE Ausfüllen des ausgewählten Zellbereichs mit dem eingegebenen Text

UMSCHALT+EINGABETASTE Abschließen einer Zelleingabe und Bewegen nach oben in der Markierung

TAB Abschließen einer Zelleingabe und Bewegen nach rechts in der Markierung

UMSCHALT+TAB Abschließen einer Zelleingabe und Bewegen nach links in der Markierung

ESC Abbrechen einer Zelleingabe

RÜCKSCHRITTTASTE Löschen des Zeichens links von der Einfügemarke oder Löschen der Markierung

ENTF Löschen des Zeichens rechts von der Einfügemarke oder Löschen der Markierung

CTRL+ENTF Löschen des Texts bis zum Ende der Zeile

Pfeiltasten Bewegen um ein Zeichen nach oben, unten, links oder rechts

POS1 Bewegen an den Anfang der Zeile

⌘ +Y Wiederholen der letzten Aktion

UMSCHALT+F2 Bearbeiten eines Zellkommentars

CTRL+D Ausfüllen nach unten

CTRL+R Ausfüllen nach rechts

CTRL+L Festlegen eines Namens

11.6.5 Arbeiten in Zellen oder auf der Funktionsleiste

Tastenkombination Zweck

RÜCKSCHRITTTASTE Bearbeiten der aktiven Zelle und anschließendes Löschen des Zellinhalts oder Löschen des Zeichens links von der Einfügemarke in der aktiven Zelle, während der Zellinhalt bearbeitet wird

EINGABETASTE Abschließen einer Zelleingabe

CTRL+WAHL+EINGABE Eingeben einer Formel als Matrixformel

ESC Abbrechen der Eingabe in die Zelle oder Funktionsleiste

CTRL+A Anzeigen des Formel-Generators nach der Eingabe eines gültigen Funktionsnamens in eine Formel

⌘ +K Einfügen eines Links

EINGABETASTE (in einer Zelle mit einem Link) Aktivieren eines Links

CTRL+U Bearbeiten der aktiven Zelle und Positionieren der Einfügemarke am Ende der Zeile

UMSCHALT+F3 Öffnen des Formel-Generators

⌘ += Berechnen aller Blätter in allen geöffneten Arbeitsmappen

⌘ +UMSCHALT+= Berechnen des aktiven Arbeitsblatts

= Beginnen einer Formel

⌘ +T Umschalten zwischen absoluter, relativer und gemischter Formelschreibweise

⌘ +UMSCHALT+T Einfügen der Formel "AutoSumme"

CTRL+SEMIKOLON (;) Eingeben des Datums

⌘ +SEMIKOLON (;) Eingeben der Uhrzeit

CTRL + UMSCHALT + ANFÜHRUNGSZEICHEN (") Kopieren des Werts aus der Zelle oberhalb der aktiven Zelle in die Zelle oder Funktionsleiste

CTRL+GRAVISZEICHEN (`) Wechseln zwischen der Anzeige von Zellwerten und der Anzeige von Zellformeln

CTRL+APOSTROPH (') Kopieren einer Formel aus der Zelle oberhalb der aktiven Zelle in die Zelle oder Funktionsleiste

WAHL+NACH-UNTEN Anzeigen der AutoVervollständigen-Liste

CTRL+L Festlegen eines Namens

11.6.6 Formatieren und Bearbeiten von Daten

Tastenkombination Zweck

⌘ +UMSCHALT+L Anzeigen des Dialogfelds Formatvorlage

⌘ +1 Anzeigen des Dialogfelds Zellen formatieren

CTRL+UMSCHALT+~ Anwenden des Standardzahlenformats

CTRL+UMSCHALT+$ Anwenden des Währungsformats mit zwei Dezimalstellen (negative Zahlen werden rot und in Klammern angezeigt)

CTRL+UMSCHALT+% Anwenden des Prozentformats ohne Dezimalstellen

CTRL+UMSCHALT+^ Anwenden des exponentiellen Zahlenformats mit zwei Dezimalstellen

CTRL+UMSCHALT+# Anwenden des Datumsformats mit Tag, Monat und Jahr

CTRL+UMSCHALT+@ Anwenden des Uhrzeitformats mit Stunden und Minuten und Angabe von A.M. oder P.M.

CTRL+UMSCHALT+! Anwenden des Zahlenformats mit zwei Dezimalstellen, einem 1000er-Trennzeichen und einem Minuszeichen (-) bei negativen Werten

⌘ +WAHL+0 (NULL) Anwenden eines Außenrahmens auf die markierten Zellen

⌘ +WAHLTASTE+NACH-RECHTS Hinzufügen eines Außenrahmens rechts neben der Markierung

⌘ +WAHL+NACH-LINKS Hinzufügen eines Außenrahmens links neben der Markierung

⌘ +WAHL+NACH-OBEN Hinzufügen eines Außenrahmens oberhalb der Markierung

⌘ +WAHL+NACH-UNTEN Hinzufügen eines Außenrahmens unterhalb der Markierung

⌘ +WAHL+BINDESTRICH Entfernen von Außenrahmen

⌘ +B Zuweisen oder Aufheben der Fettformatierung

⌘ +I Zuweisen oder Aufheben der Kursivformatierung

⌘ +U Zuweisen oder Entfernen von Unterstreichungen

⌘ +UMSCHALT+EINGABE Zuweisen oder Aufheben einer durchgestrichenen Formatierung

CTRL+9 Ausblenden von Zeilen

CTRL+UMSCHALT+(Einblenden von Zeilen

CTRL+0 (NULL) Ausblenden von Spalten

CTRL+UMSCHALT+) Einblenden von Spalten

⌘ +UMSCHALT+W Hinzufügen oder Entfernen des Effekts "Schatten"

 +UMSCHALT+D Hinzufügen oder Entfernen des Effekts "Kontur"

CTRL+U Bearbeiten der aktiven Zelle

ESC Abbrechen der Eingabe in die Zelle oder Funktionsleiste

RÜCKSCHRITTTASTE Bearbeiten der aktiven Zelle und anschließendes Löschen des Zellinhalts oder Löschen des Zeichens links von der Einfügemarke in der aktiven Zelle, während der Zellinhalt bearbeitet wird

⌘ +V Einfügen von Text in die aktive Zelle

EINGABETASTE Abschließen einer Zelleingabe

CTRL+WAHL+EINGABE Eingeben einer Formel als Matrixformel

CTRL+A Anzeigen des Formel-Generators nach der Eingabe eines gültigen Funktionsnamens in eine Formel

11.6.7 Arbeiten mit einer Markierung

Tastenkombination Zweck

⌘ +C Kopieren der Markierung

⌘ +X Ausschneiden der Markierung

⌘ +V Einfügen der Markierung

ENTF Löschen des Inhalts der Markierung

CTRL+BINDESTRICH Löschen der Markierung

⌘ +Z Rückgängigmachen der letzten Aktion

CTRL+UMSCHALT+PLUSZEICHEN Aktivieren der Ansicht Formeln anzeigen

EINGABETASTE Bewegen des Cursors von oben nach unten in der Markierung (abwärts) oder Bewegen in die Richtung, die im Dialogfeld Einstellungen (Menü Excel, Befehl Einstellungen) unter Bearbeiten aktiviert wurde

UMSCHALT+EINGABETASTE Bewegen des Cursors von unten nach oben in der Markierung (aufwärts) oder Bewegen in die Richtung, die der Richtung entgegengesetzt ist, die im Dialogfeld Einstellungen (Menü Excel, Befehl Einstellungen) unter Bearbeiten aktiviert wurde

TAB Bewegen des Cursors von links nach rechts in der Markierung oder Abwärtsbewegen um eine Zelle, wenn nur eine Spalte markiert ist

UMSCHALT+TAB Bewegen des Cursors von rechts nach links in der Markierung oder Aufwärtsbewegen um eine Zelle, wenn nur eine Spalte markiert ist

CTRL+PUNKT Bewegen im Uhrzeigersinn zur nächsten Ecke der Markierung

CTRL+WAHL+NACH-RECHTS Bewegen des Cursors nach rechts in nicht nebeneinander liegenden Markierungen

CTRL+WAHL+NACH-LINKS Bewegen des Cursors nach links in nicht nebeneinander liegenden Markierungen

11.6.8 Markieren von Zellen, Spalten oder Zeilen

Tastenkombination Zweck

CTRL+UMSCHALT+STERNCHEN Markieren des aktuellen Bereichs um die aktive Zelle (der aktuelle Bereich ist ein Datenbereich, der von leeren Zeilen und Spalten umgeben ist)

UMSCHALT+PFEILTASTE Erweitern der Markierung um eine Zelle

CTRL+UMSCHALT+PFEILTASTE Erweitern der Markierung bis zur letzten nicht leeren Zelle in derselben Spalte oder Zeile wie die aktive Zelle

UMSCHALT+ANFANG Erweitern der Markierung bis zum Anfang der Zeile

CTRL+UMSCHALT+ANFANG Erweitert die Markierung bis zum Anfang des Blatts

CTRL+UMSCHALT+ENDE Erweitern der Markierung bis zur letzten verwendeten Zelle des Arbeitsblatts (rechte untere Ecke)

CTRL+LEERTASTE Markieren der gesamten Spalte

UMSCHALT+LEERTASTE Markieren der gesamten Zeile

⌘ +A Markieren des gesamten Blatts

UMSCHALT+ENTF Ausschließliches Markieren der aktiven Zelle, wenn mehrere Zellen markiert sind

UMSCHALT+BILD-AB Erweitern der Markierung um eine Bildschirmseite nach unten

UMSCHALT+BILD-AUF Erweitern der Markierung um eine Bildschirmseite nach oben

CTRL+UMSCHALT+LEERTASTE Markieren aller Objekte in einem Blatt, wenn ein Objekt markiert ist

CTRL+6 Wechseln zwischen dem Ein- und Ausblenden von Objekten und dem Anzeigen von Platzhaltern für Objekte

CTRL+7 Ein- oder Ausblenden der Standardsymbolleiste

F8 Aktivieren der Option zum Erweitern einer Markierung mit Hilfe der Pfeiltasten

UMSCHALT+F8 Hinzufügen eines weiteren Zellbereichs zur Markierung oder Verwenden der Pfeiltasten zum Bewegen des Cursors zum Anfang des hinzuzufügenden Bereichs. Drücken Sie anschließend F8 und die Pfeiltasten, um den nächsten Bereich auszuwählen.

CTRL+/ Markieren der aktuellen Matrix, bei der es sich um die Matrix handelt, zu der die aktive Zelle gehört

⌘ +UMSCHALT+O (Buchstabe O) Markieren aller Zellen mit Kommentaren

CTRL+\ Markieren der Zellen in einer Zeile, die nicht dem Wert in der aktiven Zelle dieser Zeile entsprechen. Sie müssen die Zeile beginnend mit der aktiven Zelle markieren.

CTRL+UMSCHALT+| Ausschließliches Markieren der Zellen, auf die Formeln innerhalb der Markierung direkt verweisen

CTRL+[Markieren der Zellen in einer Spalte, die nicht dem Wert in der aktiven Zelle dieser Spalte entsprechen. Sie müssen die Spalte beginnend mit der aktiven Zelle markieren.

CTRL+UMSCHALT+{ Markieren aller Zellen, auf die Formeln innerhalb der Markierung direkt oder indirekt verweisen

CTRL+] Ausschließliches Markieren der Zellen mit Formeln, die direkt auf die aktive Zelle verweisen

CTRL+UMSCHALT+} Markieren aller Zellen mit Formeln, die direkt oder indirekt auf die aktive Zelle verweisen

⌘ +UMSCHALT+Z Ausschließliches Markieren sichtbarer Zellen in der aktuellen Markierung

12 Index

Ein Wort zu mir

Seit 1990 unterrichte ich Softwareprodukte von verschiedenen Herstellern aus verschiedenen Bereichen. Dabei zählt Excel zu meinen bevorzugten Programmen. Nicht nur, weil es in viele verschiedene Wissensgebiete eingreift, sondern auch, weil an dieses Produkt immer wieder neue Anforderungen gestellt werden, die es zu lösen gilt. Vielleicht, weil es in Excel

oft ums Knobeln, Denken, Probleme Lösen, … geht – ich habe Spaß daran.

Ich sehe übrigens auch nicht aus wie auf dem Foto – das Bild ist 5 x 3 cm groß und ziemlich flach – ich dagegen bin rund, habe Volumen und Format, bin etwas länger und nicht in Pixel auflösbar.

Und: gerne biete ich Ihnen Excel-Schulungen an. Und natürlich auch Schulungen im Bereich (Excel) VBA.

Weitere Infos über mich finden Sie auf meiner Seite www.compurem.de.

Und meinen Blog: www.excel-nervt.de

Neben meiner Unterrichtstätigkeit programmiere ich auch (beispielsweise VBA in Excel oder VS.NET mit Excel), schreibe Bücher und Zeitschriftenartikel und erstelle Lernvideos für LinkedIn learning.

Hier einige der Lernvideos, die ich bei LinkedIn learning erstellt habe:

Daneben:

- Excel Makros
- Funktionen zum Nachschlagen und Verweisen
- Technische und mathematische Berechnungen
- Tipps, Tricks, Techniken

Und hier einige der Bücher, die ich geschrieben habe: